陳寅恪 著

熊存瑞 編校

陳寅恪 六朝隋唐史論

上海人民出版社

目録

序

　　二十世紀上半葉是國學大師輩出的時代，當時的清華國學研究院薈萃著一批堪稱大師的學術精英，如梁啓超、王國維、趙元任、陳寅恪、胡適、李濟等。其中陳寅恪尤以博學多聞而著稱。我所接觸到的知名學者——夏鼐、王賡武、崔瑞德（Denis Twitchett）、余英時等先生——無不盛讚其學識。①

　　首先，陳寅恪對中古文史典籍的嫻熟程度超凡絕倫。一九四五年雙目失明後，他仍可憑記憶開設研究生課，並寫出《元白詩箋證稿》《柳如是別傳》等以文獻研究爲主的重要學術著作。他不僅掌握了英、法、德、日等東西方主要學術語言，而且對蒙、藏、滿、梵、巴利、波斯、突厥、西夏、拉丁、希臘等文字也有一定造詣。②

---

① 關于陳寅恪的生平，可參見汪榮祖《史家陳寅恪傳》（台北：聯經出版公司，1997）。關于他在海外的活動，參見陳懷宇《在西方發現陳寅恪》（北京：北京師範大學出版社，2013）。

② 關于陳寅恪所諳語言問題，衆說紛紜，從十三到二十二種不等，其多種語言的掌握程度亦難以判定。根據季羨林的回忆，陳寅恪留下的筆記可分爲二十二類，涉及多種語言。但這並不意味著，他對所學過的語言門門精通。見季羨林《從學習筆記本看陳寅恪（轉下頁）

對陳寅恪而言，文獻、語言本身不是目的，而僅僅是研究文史的工具。一九三二年在評價中國史學史現狀時，他説道："舊派失之滯……其缺點是只有死材料而没有解釋。"①與重記述而輕闡釋的傳統史學方法不同，陳寅恪治史强調要對史實問爲什麽，并對之作出解釋。②這不禁使人聯想起被譽爲西方歷史之父的古希臘学者希羅多德（Herodotus）。在古代，從兩河流域到古埃及，歷史都僅停留在對史實的記述上。希羅多德筆下的歷史（historia）首次超越了這一局限，對史實進行探究（inquiry）。從此探究就成爲西方史學有别于其他史學的關鍵特征。③陳寅恪在清華任教之前曾在西歐、北美遊學多年，對古典希臘文化似情有獨鍾，在基本研究方法上與西方史學相類，則不足爲怪。

陳寅恪學術研究的特點之一是十分重視史料的收集、考證，頗有乾嘉樸學的遺風，④而在史料的選擇上則要比後者廣泛得多，除正史之外，經常引用佛道典籍、筆記小説、敦煌文獻、碑刻墓志等。然而，陳寅恪在熟練運用考證方法的同時，亦深感清代史學的缺

（接上頁）先生的治學範圍和途徑》，《紀念陳寅恪教授國際學術討論會文集》（廣州：中山大學出版社，1989），頁74—87。

① 陳弱水：《現代中國史學史上的陳寅恪——歷史解釋及相關問題》，《中國文化》2002，頁65。

② 同上，頁71。

③ John Burrow，*A History of Histories：Epics，Chronicles，Romances and Inquiries from Herodotus and Thucydides to the Twentieth Century*（New York：Alfred A. Knopf. 2007），pp.3-5.

④ 關于陳寅恪與乾嘉學派的關系，學術界有不同意見。詳見羅志田《從歷史記憶看陳寅恪與乾嘉考證的關系》，《二十一世紀》雙月刊2000年6月，頁99—104。

陷："其謹願者,既止于解釋文句,而不能討論問題。其誇誕者,又流于奇詭悠謬,而不可究詰。"究其原因,則"經學發展過甚,所以轉至史學之不振"。①在傳統史學上,陳寅恪推崇宋學,稱"中國史學莫盛于宋",而清朝的史學"則遠不逮宋人"。②然宋代史家"于宗教往往疏略,此不獨由于意執之偏蔽,亦其知見之狹陋有以至之"。③

一九一零年起,陳寅恪長年在德國、瑞士、法國、美國留學,深受西洋東方學者的影響,如法國的伯希和(Paul Pelliot)、德國的穆勒(Friedrich W.K. Müller)、俄國的巴托爾德(Wilhelm Barthold)等。④

不少學者指出,在史學上,陳寅恪與德國史學家蘭克(Leopold von Ranke)之間的關係。⑤蘭克被公認爲十九世紀下半葉至二十世紀初西方史學界第一人,是所謂現代歷史科學(moderne Geschichtswissenschaft)的鼻祖。其對歷史的研究可分爲三個層次:其一是對個案進行的微觀歷史調查,其二涉及個案與大語境的關係,其三是對全人類統一歷史的研究。其最大特點是強調歷史研究的客觀性(Objektivität)和文獻收集、考證的重要性。⑥陳寅恪的史學研究顯

① 陳寅恪:《陳垣元西域人華化考序》,《金明館叢稿二編》(上海:上海古籍出版社,1980),頁 239。
② 陳寅恪:《陳垣明季滇黔佛教考序》,《金明館叢稿二編》,頁 240;《華化考序》,頁 238。
③ 陳寅恪:《佛教考序》,頁 240。
④ 蔣天樞:《陳寅恪先生編年事輯》(上海:上海古籍出版社,1981),頁 50—51。
⑤ 關于蘭克對陳寅恪史學研究的影響,見張伯偉《現代學術史中的"教外別傳"——陳寅恪"以文證史"法新探》,《文學評論》2017 年第 3 期,頁 7—9。
⑥ Allen Megill (Frank Ankersmit and Hans Kellner, eds., *A New Philosophy of History*, Chicago: University of Chicago Press, 1995), pp.157-158; Ernst Breisach, *Historiography: Ancient, Medieval, and Modern* (Chicago: University of Chicago Press, 2008), pp.232-233。陳弱水:《現代中國史學史上的陳寅恪》,頁 65。

然受益于蘭克,特別是在第一層次上。

在研究風格上,陳寅恪與蘭克有明顯相同之處,喜用歸納法(induction)。現代歸納法的出現要歸功于十七世紀英國的培根(Francis Bacon),其理論至十九世紀又得到密爾(John Stuart Mill)進一步探討和闡發。歸納法是從個案到整體、從特殊到一般的研究方法。它與西方哲學界喜用的演繹法(deduction)形成對照。陳寅恪用歸納法的特點之一是以小見大,旁征博引以闡釋社會等級、宗法關系、民族、宗教等大問題。他對盲目套用西方社會科學理論于中國歷史的做法不甚以爲然,曾説道:"新派失之誣……他們以外國社會科學理論解釋中國材料。此種理論,不過是假設的理論。"

陳寅恪一九二五年離開德國。此後不久,歐洲再遭戰爭浩劫,學術凋零。戰後,特別是六十年代末以後,歐洲學術界受到了後現代社會理論(social theory)的沖擊。①謹嚴的研究方法和寫作風格受到挑戰。後現代學者在哲學上否認絕對真理的存在,否認客觀性的存在;在寫作上,喜用演繹法,而不好歸納法。②總言之,後現代主義與蘭克、陳寅恪所倡導的歷史研究法格格不入。這一風氣在

---

① 關于後現代主義對西方歷史學界的負面影響,見 Keith Windschuttle, "A Critique of the Postmodern Turn in Western Historiography",載 Q Edward Wang and Georg G. Iggers, *Turning Points in Historiography: A Cross Cultural Perspective* (Rochester, NY: The University of Rochester Press, 2002), pp.271-285。

② Keith Windschuttle, *The Killing of History: How Literary Critics and Social Theorists Are Murdering Our Past* (New York: The Free Press, 1997), pp.211-215.

美國學術界也風靡一時。記得在九十年代,美國的中國科技史泰斗席文(Nathan Sivin)到我校舉行講座,大談"客觀"一詞不可再用。當我問用何物可以代替之時,他回答道,"impartial"(不偏不倚、公允),顯然受後現代思潮影響。

　　關于後現代的研究方法,僅舉一簡單的例子,加以説明。後現代大師、歷史學者福柯(Michel Foucault)於一九六六年出版成名作《詞與物》(*Les Mots et les choses*,或按英文書名 *The Order of Things* 譯作《事物的秩序》),其靈感來自一部叫《仁知天藏》的中國類書。該類書將世間事物分成若干種,如屬于皇帝的、用香膏處理過的、受過訓練的、乳豬、人魚、絕妙的、迷途的狗、屬于此表的、顫抖似癲狂者、數不清的、用細駝毛筆畫的、剛剛打碎花瓶的、從遠處看像蒼蠅的,等等。殊不知,所徵引的類書及其荒誕無稽的分類法是阿根廷的後現代主義作家博爾赫斯(Jorge Luis Borges)憑空杜撰的。①這恰恰説明後現代主義對史實的蔑視和對文獻引用的草率態度。

　　今日,後現代主義已不再是西方學術界的主導思潮,但其對美國學界的影響仍在發酵。後現代社會理論(social theory)者所津津樂道的主題——性、種族、階級(sex, race, class)——仍受到學者的青睞。美國大學校園中如雨後春筍般湧現的"文化研究"(cultural studies)、"(女)性研究"(gender studies)、"民族研究"(ethnic

---

① Windschuttle, *The Killing of History*,pp.253-255.

studies)等專業就是社會理論的產物。後現代學者福柯、德里達(Jacques Derrida)等人的著作仍被不少人視爲圭臬。

自從陳寅恪一九二九年發表第一篇論文《元代漢人譯名考》以來，九十多個年頭已經過去了，然而，在今天的文化環境裏，重讀其史學論著仍具有重大意義。誠然，陳寅恪對六朝隋唐史的觀點和研究方法亦存在不足之處。比如，他喜好在大量排比文獻後再作簡扼述評，而有時徵引文獻過多，會偏離主題。他常在“略云”之後，壓縮引文內容。此方法學術界早已不再使用。其有些看法或僅據於孤證，或缺少足夠證據，會招致商榷。然而，對於自己的研究成果，陳寅恪總是持有虛懷若谷的態度，以期待就教於有識君子。這正説明其謙謙君子的風範。如天上有靈，他對商榷之論是不會介意的。

本書共收二十一篇文章，試圖反映陳寅恪史學研究的重點，即中古和六朝隋唐時期。

在關涉六朝的文章中，《天師道與濱海地域之關系》論述從東漢到劉宋，道教信仰與叛亂、叛逆之間的關系（如黃巾之亂、西晉趙王司馬倫之亂、東晉孫恩之亂、劉宋劉劭弑逆等），以及北魏太武帝崇道、兩晉南北朝天師道世家以及天師道與書法的關系等。

《論東晉王導之功業》將江左的權勢集團細分爲來自北方的武力强宗、文化士族以及後起的南方土著豪族（如陳霸先），認爲晉滅吳之後，江東豪族仍有很强的政治勢力。東晉股肱之臣王導在籠絡地方勢力(尤其是士族)方面起到舉足輕重的作用。此説批判了清人貶損王氏功業之陳説。

在南北對峙晚期成書的《魏書》中,保留了一些以北方立場記述南方民族的記録。《魏書司馬睿傳江東民族條釋證及推論》通過考證《魏書》所記載民族,諸如貉子、巴、蜀、蠻、僚、谿、俚、楚、越等,推論源于北方的、在江左建國的善戰階級的變遷,及其與南朝境内其他民族的關系。

北魏太武帝時權臣崔浩是民族動蕩後留居北方的儒家大族代表性人物,天師道人物寇謙之是對北魏皇朝頗具影響的道教領袖。《崔浩與寇謙之》記述二人的家世、事迹和影響,並通過剖析二人之間的關系,論述當時北方胡漢之間的政治聯合與民族仇怨。

《桃花源記旁證》將陶淵明名篇中的桃花源定於北方的弘農或上洛,而不是南方的武陵;並指出篇中提到桃花源居民先世所逃避的秦是指符氏前秦而非嬴氏秦朝。其觀點新穎,頗具創意。文章發表二十年後,唐長孺曾撰文商榷。

《陶淵明之思想與清談之關係》以詩文爲據,分析、探討陶淵明的"新自然説"。此新自然説承襲了魏晉清談餘風,受家傳天師道的影響,雖崇尚自然卻無服食長生之志。它既不同於嵇康、阮籍等輩所代表的舊自然説,又否定何曾之流所主張的名教,而是一種別有發明的創解。

《哀江南賦》爲寓留北方的南方仕人庾信所著的一篇賦文。

《讀哀江南賦》從風格、歷史背景出發，提出其"古典""新典"並用的觀點。

除單篇文章外，陳寅恪離世後，閉門弟子萬繩楠整理出版了《魏晉南北朝史講演録》。①這部六朝史學研究集大成者的專著，反映了其對諸多容易被忽略的重要問題的獨特見解，諸如漢化、胡化、鮮卑化、五胡種族、徙戎、天師道與叛亂之關系、人口流動、東晉與江南士族、六鎮起兵、南北對立與差異、府兵制的創立及改革等。

相比六朝而言，陳寅恪對隋唐時期的研究更具系統性。

《論隋末唐初所謂"山東豪傑"》探討活躍於當時山東諸州（相當於今日魯、冀、豫、晉地區）一驍勇善戰的特殊群體。其成員在推翻隋朝建立唐朝的過程中起到舉足輕重的作用。

《記唐代之李武章楊婚姻集團》研究初唐、盛唐的中央權力中心，认为自高宗初年至玄宗之末，最高統治集團以李氏、武氏为核心，以韋氏、楊氏为辅助。《論唐代之蕃將與府兵》強調蕃兵、蕃將在创立、巩固唐政权过程中所起到的关键作用，绝非府兵可以替代。

《李太白氏族之疑問》提出李白之父爲西域胡人的觀點。《論韓愈》將韓愈視爲唐代文化學術史上承先啓後、轉舊爲新關捩點之人物。《讀東城老父傳》考證此唐代傳奇故事的作者名字、人物及

---

① 陳寅恪：《魏晉南北朝史講演録》，萬繩楠整理（合肥：黄山書社，1987）。

語彙。《武曌與佛教》著重研究武則天的身世、佛教信仰以及如何利用《大雲經》鞏固其政治地位。

《李唐氏族之推測》《李唐武周先世事蹟雜考》兩篇文章對於李淵隴西李氏郡望和西涼王之後的説法提出質疑,並猜測李唐氏族最初爲趙郡李氏的"破落户",可能爲李初古拔之後裔;而祖籍隴西乃由於宇文泰入關後令其部下更改郡望的結果。①

《李唐氏族之推測後記》進一步推證,李唐氏族或出於趙郡李氏衰微之支派,或出於鄰居同姓之攀;其血統於娶獨孤、竇氏等胡姓之前,純爲漢族。《三論李唐氏族問題》在前文的基礎上,對李氏封唐提出新見解,認爲李虎追封唐國公之唐實爲唐堯之唐,而且絶非得已。

《論唐高祖稱臣於突厥事》重新發掘李淵臣服於突厥始畢可汗這一諸史試圖淡化之史實。

陳寅恪隋唐史研究最重要的著述是兩部專著。第一部《隋唐制度淵源略論稿》論述隋唐兩朝的禮儀、都城建築、職官、刑律、音樂、府兵制、財政等制度的嬗變;追溯隋唐制度淵源有三:其一是北魏、北齊,其二是梁、陳,其三是西魏、北周。三者之中,又以北魏、北齊的作用最爲關鍵。在都城制度上,陳寅恪批判了那波利貞氏隋唐長安北來説的觀點,並代之以西來説。在此問題上,鄙不能苟

---

① 關於李唐祖籍的推斷亦引起一番爭論。在海外,陳三平同意法琳和尚的觀點,認爲李唐氏族出於鮮卑。參 Chen Sanping, *Multicultural China in the Early Middle Ages*(Philadelphia: University of Pennsylvania Press, 2012), pp.4-38。

同，曾撰文商榷。

　　本書《兵制》一篇即爲《略論稿》之一章節，探討府兵制由最初的鮮卑兵農分離制向華夏兵農合一制的演變，而隋代爲此轉變之關鍵時期。

　　陳寅恪隋唐史研究第二部專著《唐代政治史述論稿》由三部分組成：其一，統治階級之氏族及其升降；其二，政治革命及黨派分野；其三，外族盛衰之連環性及外患與内政之關系。書中最有影響的是"關隴集團"和"關中本位制"的理論。"關隴集團"指郡望關中（今陝西渭河流域）、隴西（今甘肅東南）的軍事、政治集團。北朝隋唐初期，關隴集團成員實行所謂"關中本位制"，在相互提攜的同時，排斥與之抗衡的"山東集團"（今山西、山東、河北、河南），長期把持軍政大權。這種狀況持續到武則天時開始走向衰亡。而科舉制度的推行，導致社會中新生力量逐漸代替舊族的統治地位。此説至今被多數學者所接受，但持異議者亦不在少數，包括韋克斯勒（Howard Wechsler）、岑仲勉、黄永年和鄙人。①

　　本書末篇《讀鶯鶯傳》爲出文入史之作（後收入《元白詩箋証稿》），以元稹傳奇小説爲切入點，探究故事的創作始末以及主角的

① Howard J. Wechsler（Arthur Wright and Denis Twitchett, eds., *Perspectives on the T'ang*, New Haven: Yale University Press），pp.87-104；岑仲勉：《隋唐史》（北京：中華書局，1982），頁187—188；黄永年：《六至九世紀中國政治史》（上海：上海書店出版社，2004），頁40—76；Victor Xiong, "Reevaluation of the Naba-Chen Theory on the Exoticism of Daxingcheng, the First Sui Capital," *Papers on Far Eastern History* 35（March 1987），pp.136-166。

歷史淵源。

爲方便讀者閱讀，編校過程中對原文作了一些調整補充：

（一）按現今習慣增添了部分標點。

（二）對陳氏原文中的人名、地名、朝代、年號、官職、封號、少數民族、小宗教名、地方機構名等，標以專名線。（全書的序、腳註、篇名及正文中的各級標題、書名等，則不加專名線。）

（三）書中所有腳註均爲編者所加。正文夾註中，方頭括號【】內文字爲陳寅恪注，普通方括號[]內文字爲蔣天樞補注，圓括號（）內文字爲編者注。

熊存瑞，2019 年
於密歇根州波蒂奇城（Portage）

天師道與濱海地域之關係

一、引言

東晉孫恩之亂與濱海地域之關係，舊史紀之已詳，且爲世人所習知者也。若通計先後三百餘年間之史實，自後漢順帝之時，迄於北魏太武、劉宋文帝之世，凡天師道與政治社會有關者，如漢末黄巾米賊之起原，西晉趙王倫之廢立，東晉孫恩之作亂，北魏太武之崇道，劉宋二凶之弒逆，以及東西晉、南北朝人士所以奉道之故等，悉用濱海地域一貫之觀念以爲解釋者，則尚未之見。故不自量，鈎索綜合，成此短篇。或能補前人之所未逮，而爲讀國史者别進一新解歟？

二、黄巾米賊之起原

自戰國騶衍傳大九州之説，至秦始皇、漢武帝時方士迂怪之論，據《太史公書》所載【《始皇本紀》《封禪書》《孟子荀卿列傳》等】，皆出於燕、齊之域。蓋濱海之地應早有海上交通，受外來之影響。以其不易證明，姑置不論。但神仙學説之起原及其道術之傳授，必與此濱海地域有連,則無可疑者。故漢末黃巾之亂亦不能與此區域無關係。

《後漢書》陸拾下《襄楷傳》略云:

> 襄楷字公矩,平原隰陰人也。好學博古,善天文陰陽之術。延熹九年(公元一六六年),楷自家詣闕,上疏曰:"臣前上琅邪宮崇受于吉神書,不合明德。"復上書曰:"前者宮崇所獻神書,專以奉天地順五行爲本,亦有興國廣嗣之術。其文易曉。而順帝不行,故國胤不興。"初,順帝時,琅邪【琅邪當今地詳見於下第七章】宮崇詣闕,上其師于吉於曲陽泉水上所得神書百七十卷,皆縹白素、朱介、青首、朱目,號《太平清領書》。其言以陰陽五行爲家,而多巫覡雜語。有司奏崇所上妖妄不經,乃收藏之。後張角頗有其書焉。

章懷太子注以地名有三曲陽,而定此曲陽爲東海之曲陽。其説云:

> 海州有曲陽城,北有羽潭水。而于吉、宮崇并琅邪人,蓋東海曲陽【在今江蘇省東海縣西南】是也。【凡篇中古代郡邑之名其約略相當現今何地悉附注於本文之下,以便參考。但以在海濱地域,而又與本篇主旨之說明有關者爲限。】

《三國志·吳書》壹《孫策傳》注引《江表傳》略云:

> 時有道士琅邪于吉,先寓居東方,往來吳會,立精舍,燒香,讀道書,製作符水以治病。吳會人多事之。策嘗於郡城門樓上集會諸將賓客,吉趨度門下。諸將賓客三分之二下樓迎

拜之，掌賓者禁呵不能止。

案，《江表傳》所言與時代不合，雖未可盡信，而天師道起自東方，傳於吳會，似爲史實，亦不盡誣妄。是于吉、宫崇皆海濱區域之人，而張角之道術亦傳自海濱，顯與之有關也。

又據《三國志・魏書》捌《張魯傳》及《後漢書》壹佰伍《劉焉傳》等，張道陵順帝時始居蜀，本爲沛國豐【今江蘇省豐縣】人。其生與宫崇同時【宋濂《翰苑別集》卷六《漢天師世家叙》云：“道陵建武十年（公元三十四年）生於吳之天目山。”殊不足信，故不依以爲説】，豐沛又距東海不遠，其道術淵源來自東，而不自西，亦可想見。此後漢之黄巾米賊之起原有關於海濱區域者也。

三、趙王倫之廢立

西晉八王之亂，其中心人物爲趙王倫。趙王倫之謀主爲孫秀，大將爲張林。林、秀二人《晉書》皆無專傳。其事蹟悉見於《晉書》伍玖《趙王倫傳》中。以予考之，秀固確爲天師道之信徒，林亦疑與之同教者也。《三國志・魏書》捌《張燕傳》裴注引陸機《晉惠帝起居注》曰：

> 門下通事令史張林，飛燕之曾孫。林與趙王倫爲亂，未及周年，位至尚書令、衛將軍，封郡公。尋爲倫所殺。

據此，張林爲黄巾同類黑山之苗裔，其家世傳統信仰當與黄巾相近。《晉書》壹佰《孫恩傳》云：

孫恩字靈秀，琅邪人，孫秀之族也。世奉五斗米道。

以"世奉五斗米道"之語推之，秀自當與恩同奉一教。匪獨孫秀、張林爲五斗米道中人，即趙王倫亦奉天師道者。茲迻寫《晉書》本傳及其他史料中有關事實，略附以説明。

《晉書》伍玖《趙王倫傳》云：

趙王倫，宣帝第九子也。武帝受禪，封琅邪郡王。及之國，行東中郎將、宣威將軍。咸寧中，改封於趙。

《世説新語・賢媛篇》注引傅暢《晉諸公贊》曰：

孫秀字俊忠，琅邪人。初趙王倫封琅邪，秀給爲近職小吏。倫數使秀作書疏，文才稱倫意。倫封趙，秀徙户爲趙人，用爲侍郎，信任之。

又《仇隙篇》注引王隱《晉書》曰：

岳父文德爲琅邪太守。【《晉書》伍伍《潘岳傳》云："父芘琅邪内史。"】孫秀爲小吏給使。岳數蹴蹋秀，而不以人遇之也。

案，琅邪爲于吉、宫崇之本土，實天師道之發源地。倫始封琅邪，而又曾之國。則感受環境風習之傳染，自不足異。孫秀爲琅邪土著，其信奉天師道由於地域關係，更不待言。

又《晉書・趙王倫傳》云：

倫、秀並惑巫鬼，聽妖邪之説。秀使牙門趙奉詐爲宣帝神語，命倫早入西宫。又言宣帝於北芒爲趙王佐助，於是別立宣帝廟於芒山，謂逆謀可成。

又云：

使楊珍晝夜詣宣帝別廟祈請，輒言宣帝謝陛下【指趙王倫】，某日當破賊。拜道士胡沃爲太平將軍，以招福祐。秀家日爲淫祀，作厭勝之文，使巫祝選擇戰日。又令近親於嵩山著羽衣，詐稱仙人王喬，作《神仙書》，述倫祚長久以惑衆。

案，陶弘景《真誥》壹陸《闡幽微》第二謂晉宣帝爲西明公①賓友，則在天師道諸鬼官中位置頗高。其所以立別廟於北芒山者，殆以鬼道儀軌祀之，不同於太廟祖宗之常祭也。《三國志·吳書》壹《孫堅傳》云："中平元年（公元一八四年）黄巾賊帥張角起於魏郡，自稱黄天泰平。"《魏書》捌《張魯傳》注引《典略》言："張角【《後漢書》壹佰伍《劉焉傳》注引《典略》作張脩】爲太平道。"而宫崇所上于吉神書又名《太平清領書》，今倫拜道士爲將軍，以太平爲稱號。戰陣則乞靈於巫鬼。其行事如此，非天師道之信徒而何？又云：

許超、士猗、孫會等軍既並還，乃與秀謀，或欲收餘卒出戰，或欲焚燒宫室，誅殺不附己者，挾倫南就孫旂、孟觀等，或欲乘船東走入海。

考《晉書》壹佰《孫恩傳》云：

諸賊皆燒倉廩，焚邑屋，刊木堙井，虜掠財貨，相率聚於會稽。其婦女有嬰累不能去者，囊簏盛嬰兒投於水，而告之曰："賀汝先登仙堂，我尋後就汝。"

又云：

———————

① 指周文王。

劉裕與劉敬宣并軍躡之於郁洲,恩遂遠迸海中。及桓玄用事,恩復寇臨海,太守辛景討破之。恩窮蹙,乃赴海自沉,妖黨及妓妾謂之"水仙",投水從死者百數。

《晉書》捌肆《劉牢之傳》云:

恩浮海奄至京口,戰士十萬,樓船千餘。聞牢之已還京口,乃走郁洲。

夫郁洲爲孫恩棲泊之所。《抱朴子内篇》肆《金丹篇》云:

海中大島嶼,若徐州之鬱洲。【即郁洲,在今江蘇省灌雲縣東北,昔爲島嶼,今已與大陸連接。】

又《水經注》叄拾《淮水篇》云:

東北海中有大洲謂之郁洲,《山海經》所謂郁山在海中者也。言是山自蒼梧徙此云,山上猶有南方草木。今郁州治。故崔季珪之《叙述初賦》言:"郁州者故蒼梧之山也。心悦而怪之。聞其上有僊士石室也,乃往觀焉。見一道人獨處休休然,不談不對。顧非己及也。"

據此,可知郁洲之地爲神仙居處,而適與于吉、宫崇之神書所出處至近。孫恩、盧循武力以水師爲主,所率徒黨必習於舟檝之海畔居民。其以投水爲登"仙堂",自沉爲成"水仙",皆海濱宗教之特徵。孫秀之"欲乘船東走入海",即後來其族孫敗則入海,返其舊巢之慣技。若明乎此,則知孫、盧之所以爲海嶼妖賊者,蓋有環境之薰習,家世之遺傳,決非一朝一夕偶然遭際所致。自來讀史者惜俱不知綜貫會通而言之也。

四、孫恩之亂

　　晉代天師道之傳播於世胄高門，本爲隱伏之勢力，若漸染及於皇族，則政治上立即發生鉅變。西晉趙王倫之廢惠帝而自立，是其一例，前已證明。東晉孫恩之亂，其主因亦由於皇室中心人物早成天師教之信徒。茲略舉數證，並附以説明。

　　《晉書》叁貳《孝武文李太后傳》云：

　　　　始簡文帝爲會稽王，有三子，俱夭。自道生廢黜，獻王早世，其後諸姬絕孕將十年。帝令卜者扈謙筮之。曰："後房中有一女，當育二貴男，其一終盛晉室。"時徐貴人生新安公主，以德美見寵。帝常冀之有娠，而彌年無子。會有道士許邁者，朝臣時望多稱其得道。帝從容問焉，答曰："當從扈謙之言，以存廣接之道。"帝然之，更加採納。又數年無子。乃令善相者召諸愛妾而示之，皆云："非其人。"又悉以諸婢媵示焉。時后爲宮人，在織坊中，形長而色黑，宮人皆謂之崑崙。既至，相者驚云："此其人也。"帝以大計，召之侍寢，遂生孝武帝及會稽文孝王、鄱陽長公主。

　　《真誥》捌《甄命授》第四【涵芬樓重印《道藏》本】云：

　　　　我按《九合内志文》曰：竹者爲北機上精，受氣於玄軒之宿也。所以圓虛内鮮，重陰含素。亦皆植根敷實，結繁衆多矣。公【寅恪案，後注云"凡云公者，皆簡文帝爲相王時也"】試可種竹於內北宇之外,使美者遊其下焉。爾乃天感機神,大致繼嗣,孕既保全,誕亦壽考。微著之興,常守利貞。此玄人之祕規,行之者甚驗。

六月二十三日中侯夫人告公。【孝武壬戌生。此應是辛酉年。】

靈草廳玄方。仰感旋曜精。洗洗【詵詵】繁茂萌。重德必克昌。

紫薇夫人作。

福和者當有二子。盛德命世。【福和似是李夫人賤時小名也。今《晉書》名俊容。二子即孝武並弟道子也。寅恪案,俊容,《晉書·孝武文李太后傳》作陵容,當據此改正。】

同夜中侯告。

【右三條楊書。又掾寫。】
又《太平御覽》陸陸陸引《太平經》曰:

濮陽者不知何許人。事道專心,祈請皆驗。晉簡文廢世子無嗣時,使人祈請於陽。於是中夜有黃氣起自西南,遙墮室。爾時李皇后懷孝武。【劉敬叔《異苑》肆亦載此事。】
據簡文帝求嗣事,可知孝武帝及會稽王道子皆長育於天師道環境中。簡文帝字道萬,其子又名道生、道子。俱足證其與天師道之關係。六朝人最重家諱，而"之""道"等字則在不避之列，所以然之故雖不能詳知，要是與宗教信仰有關。王鳴盛因齊梁世系"道""之"等字之名，而疑《梁書》《南史》所載梁室世系倒誤【見《十七史商榷》伍伍"蕭氏世系"條】，殊不知此類代表宗教信仰之字，父子兄弟皆可取以命名，而不能據以定世次也。【參考《燕京學報》第四期陳垣《史諱舉例》第五十三"南北朝父子不嫌同名例"條。】又鍾嶸《詩品》上"宋臨川太守謝靈運"條云：

> 錢唐杜明師夜夢東南有人來入其館，是夕即靈運生於會稽。旬日而謝玄亡。其家以子孫難得，送靈運於杜治養之，十五方還都，故名客兒。【原注：治音稚。奉道之家靖室也。】

按，仲偉①所記此條，不獨可以解釋康樂②所以名客兒之故，兼可以説明所以以"靈"字爲名之故。錢唐杜氏爲天師道世家【見後第七章】，康樂寄養其靖室以求護佑，宜其即從其信仰以命名也。

又孝武帝名曜，字昌明，其名字皆見於紫薇夫人詩中。此詩爲後來附會追作，或竟實有此詩，簡文即取其中之語以名其子，皆可不必深論。但可注意者，天師道對於竹之爲物，極稱賞其功用。琅邪王氏世奉天師道，故世傳王子猷③之好竹如是之甚。【見《世説新語・簡傲篇》、《御覽》叁捌玖引《語林》及《晉書》捌拾《王徽之傳》等。】疑不僅高人逸致，或亦與宗教信仰有關。姑附識於此，以質博雅

---

① 即鍾嶸。
② 即謝靈運。
③ 即王徽之。

君子。

《晉書》壹佰《孫恩傳》云：

> 恩叔父泰，字敬遠，師事錢唐【見下第七章】杜子恭。而子
> 恭有祕術。子恭死，泰傳其術。然浮狡有小才，誑誘百姓，愚
> 者敬之如神，皆竭財産，進子女，以求福慶。王珣言於會稽王
> 道子，流之於廣州。廣州刺史王懷之以泰行鬱林太守，南越亦
> 歸之。太子少傅王雅先與泰善，言於孝武帝，以泰知養性之
> 方，因召還。道子以爲徐州主簿，猶以道術眩惑士庶。稍遷輔
> 國將軍新安太守。會稽世子元顯亦數詣泰求其祕術。泰見天
> 下兵起，以爲晉祚將終，乃扇動百姓，私集徒衆。三吳士庶多
> 從之。於時朝士皆懼泰爲亂，以其與元顯交厚，咸莫敢言。

《晉書》捌肆《王恭傳》云：

> 淮陵内史虞珧子妻裴氏有服食之術，常衣黄衣，狀如天
> 師。[會稽王]道子甚悦之，令與賓客談論，時人皆爲降節。恭
> 抗言曰："未聞宰相之坐有失行婦人。"坐賓莫不反側，道子甚
> 愧之。

寅恪案，道子雖從王珣之言，暫流孫泰於廣州，但後仍召還任
用，且喜裴氏服食之術，是終與天師道術有關。然則孝武帝、會稽
王道子及會稽世子元顯等東晉當日皇室之中心人物皆爲天師道浸
淫傳染，宜其有孫、盧之亂也。

至盧循之家世及姻黨尚有可注意者。《三國志‧魏書》貳貳
《盧毓傳》注引《盧諶別傳》云：

永和六年(公元三五零年)，卒於胡中，子孫過江。妖賊帥盧循，諶之曾孫。

《晉書》壹佰《盧循傳》略云：

[盧循,]司空從事中郎諶之曾孫也。娶孫恩妹。及恩作亂，與循通謀。

案，盧諶爲范陽涿人，似與濱海地域無關。然《晉書》肆肆其伯祖《盧欽傳》云：

累遷琅邪太守。

同卷附《盧諶傳》云：

[劉]琨妻即諶之從母，既加親愛，又重其才地。

《晉書》陸貳《劉琨傳》云：

趙王倫執政，以琨爲記室督，轉從事中郎。倫子荂，即琨姊婿也，故琨父子兄弟並爲倫所委任。及篡，荂爲皇太子，琨爲荂詹事。三王之討倫也，以琨爲冠軍、假節，與孫秀子會率宿衛兵三萬距成都王穎，琨大敗而還，焚河橋以自固。及齊王冏輔政，以其父兄皆有當世之望，故特宥之。

案，劉琨爲趙王倫死黨，盧諶既與之爲姻戚，而伯祖欽又曾官琅邪，是其家世環境殊有奉天師道之可能。故因循妻爲孫恩之妹，而疑盧氏亦五斗米世家。否則南朝士族婚嫁最重門第，以范陽盧氏之奕世高華，而連姻於妖寒之孫氏，其理殊不可解也。

又《魏書》玖柒《島夷劉裕傳》云：

其【指盧循】黨琅邪人徐道覆爲始興相。

案,徐道覆爲循之死黨,又循之姊夫【詳見《晉書》壹佰《盧循傳》】。其世系雖不可考,然爲海濱地域之人,且以其命名及姻黨之關係言之,當亦五斗米世家無疑也。

又《晉書》捌《廢帝海西公紀》云:

> 咸安二年(公元三七二年)十一月,妖賊盧悚遣弟子殿中監許龍晨到其門,稱太后密詔,奉迎興復。帝初欲從之,納保母諫而止。因叱左右縛之,龍懼而走。

案,此事可參閱《法苑珠林》陸玖《破邪篇·妖亂惑衆第四》"彭城道士盧悚"條。許龍或即許邁同族,盧悚或即循同族,彭城或爲僑居之地,而非郡望。此皆無可考,不能決定【《魏書》玖陸《僭晉司馬叡傳》稱徐州小吏盧悚】,姑附記於此,以見東晉末年天師道與政治之關係焉。

五、劉劭之弑逆

宋元凶劭之弑逆,實由於信惑女巫嚴道育。《宋書》玖玖《二凶傳》【《南史》壹肆略同】云:

> 上【文帝】時務在本業,勸課耕桑,使宮內皆蠶,欲以諷勵天下。有女巫嚴道育,本吳興【今浙江省舊湖州府】人。自言通靈,能役使鬼物。夫爲劫,坐没入奚官。劭[1]姊東陽公主應

---

[1]　即劉劭。

閹婢<u>王鸚鵡</u>白公主云："<u>道育</u>通靈有異術。"主乃白上，託云善
蠱，求召入，見許。<u>道育</u>既入，自言服食，主及<u>劭</u>並信惑之。<u>始
興王濬</u>素佞事<u>劭</u>，與<u>劭</u>並多過失，慮上知，使<u>道育</u>祈請，欲令過
不上聞。<u>道育</u>輒云：自上天陳請，必不泄露。<u>劭</u>等敬事，號曰
"天師"。及<u>劭</u>將敗，[<u>濬</u>]勸<u>劭</u>入海，輦珍寶繒帛下船，與<u>劭</u>書
曰："船故未至，尼已入臺。願與之明日決也。"人情離散，故行
計不果。<u>濬</u>書所云尼，即<u>嚴道育</u>也。當時不見傳國璽，問<u>劭</u>，
云：在<u>嚴道育</u>處。

《隋書》叁伍《經籍志‧道經部》云：

> [梁]武帝弱年好事，先受道法，及即位，猶自上章，朝士受道
> 者眾。三吳及邊海之際，信之踰甚。<u>陳武</u>世居<u>吳興</u>，故亦奉焉。

寅恪案，<u>嚴道育</u>以道字命名，生地爲<u>吳興</u>，號爲"天師"。又<u>唐
法琳</u>《破邪論》【見<u>道宣</u>《廣弘明集》壹壹及<u>唐彥琮</u>《護法沙門法琳別
傳》】歷舉古來道士破家破國爲逆亂者，如<u>張魯</u>、<u>孫恩</u>之類。其中有
一條云："<u>道育</u>醮祭而禍<u>宋</u>。出《宋書》。"則<u>法琳</u>亦以<u>嚴道育</u>爲<u>天師
道</u>也。凡此皆足以證其爲<u>五斗米教</u>中人。故<u>南朝</u>元嘉太初之際宮
廷之慘變，實<u>天師道</u>傳入皇族中心所致，而其主動之人固與濱海地
域有關係也。

六、魏太武之崇道

凡信仰<u>天師道</u>者，其人家世或本身十分之九與濱海地域有關。

《隋書·經籍志·道經部》謂"三吳及邊海之際，信之踰甚"。《晉書·孫恩傳》亦言"三吳士庶多從之【孫泰】"。蓋邊海之際本其教之發源地。三吳區域或以鄰接海濱，或以重要都會所在，居南朝政治之中心，爲北來信徒若琅邪王氏等所僑聚之地。但《隋志》僅就南朝言之，其實北朝亦何獨不然。兹節取舊史所載魏太武崇道事，條列於後，以證成吾説。《魏書》壹壹肆《釋老志》云：

> 世祖時，道士寇謙之，字輔真，南雍州刺史讚之弟，自云寇恂之十三世孫。早好仙道，有絶俗之心。少修張魯之術。

《魏書》肆貳《寇讚傳》云：

> 寇讚，字奉國，上谷人，因難徙馮翊萬年。父脩之，字延期，苻堅東萊太守。【東萊郡，今山東省舊登、萊二府之地。】讚弟謙之有道術，世祖敬重之。

案，謙之自附於寇恂之後裔，故稱上谷人。魏收亦謂其"自云"，明不足信也。但其父既任東萊太守，即曾居濱海地域。父子俱又以"之"字命名，是其家世遺傳，環境薰習，皆與天師道有關，所以"少修張魯之術"也。

復次，《元和姓纂》玖"去聲五十候"條云：

> 寇，上谷昌平恂，後漢執金吾、雍奴侯；曾孫榮；榮孫孟，魏馮翊太守，徙家馮翊。

羅振玉《雪堂金石文字·〈寇臻誌〉跋》云：

> 誌稱臻漢相威侯之裔，[寇]榮十世之允【胤】；榮之子孫，前魏因官，遂寓馮翊。

　　寅恪案，寇氏實以前魏時徙居馮翊，所謂因難或因官，其真偽姑不深論，考《三國·魏志》壹伍《張既傳》云：

　　　　〔張〕魯降，既說太祖拔漢中民數萬戶以實長安及三輔。

故頗疑寇氏本爲米賊之黨，魏武帝平張魯，遂徙其族於馮翊，寇氏自謂徙家馮翊在前魏時，實即後漢建安時，特以其時漢祚已危，魏武已霸主專政，遂混稱爲前魏時耳。此謙之所以世修張魯道術之由來歟？【又《高僧傳》壹貳《宋僞魏平城釋玄高傳》云："釋玄高姓魏，馮翊萬年人也，母寇氏本信外道。"是玄高之母亦謙之之族也，附記於此，以備參考。】

　　《魏書》叁伍《崔浩傳》略云：

　　　　崔浩，字伯淵，清河人也，白馬公玄伯之長子。初，浩父疾篤，浩乃剪爪截髮，夜在庭中仰禱斗極，爲父請命，求以身代，叩頭流血，歲餘不息。性不好老莊之書，每讀不過數十行，輒棄之。

　　又《魏書·釋老志》云：

　　　　始光初，〔寇謙之〕奉其書而獻之，時朝野聞之，若存若亡，未全信也。崔浩獨異其言，因師事之，受其法術。於是上疏，讚明其事。世祖欣然崇奉天師，顯揚新法。

　　又《魏書》貳肆《崔玄伯傳》云：

　　　　〔苻〕堅亡，避難於齊、魯之間，爲丁零翟釗及司馬昌明叛將張願所留縶。慕容垂以爲吏部郎、尚書左丞、高陽內史。太祖征慕容寶，次於常山。玄伯棄郡，東走海濱。

又《魏書》叁伍《崔浩傳》云：

> 浩母盧氏，諶孫也。

案，玄伯妻為盧諶孫女，即孫恩妹婿盧循之姑母，是崔浩、盧循兩人實中表兄弟，其家世相傳之信仰，自屬天師道無疑。觀浩剪爪截髮，夜禱斗極，為父請命【參閱《梁書》肆柒及《南史》伍拾《庾黔婁傳》】，正似後來道家北斗七星延命之術。【今《道藏》為字號有《北斗七星燈儀》及《北斗本命延壽燈儀》等書，此等自為後世撰述，而《佛藏·密教部》亦有《北斗七星延命經》，及其他類似之經殊多。頗疑此種禳禱之方譯出雖晚，要是天竺早已有之，道家之術或仍間接傳自西方，特不肯顯言之耳。】至其不好老莊之書者，蓋天師道之道術與老莊之玄理本自不同，此與浩之信仰天師道，並無衝突也。故浩之所以與謙之之道獨有契合，助成其事者，最主要因實在少時所受於其母之家庭教育。況浩父玄伯既避亂於齊魯之間，後復東走海濱，是浩之父系與濱海地域亦有一段因緣，不僅受母氏外家信仰之漸染而已也。【又浩宗人頤與方士韋文秀詣王屋山造金丹，見《魏書》叁貳、《北史》貳肆。或亦崔氏本來奉道之旁證。】此點為北朝佛道廢興關鍵所繫，前人似尚無言及之者，特為發其覆如此。

七、東西晉南北朝之天師道世家

凡東西晉南北朝奉天師道之世家，舊史記載可得而考者，大抵與濱海地域有關。故青、徐數州，吳、會諸郡，實為天師道之傳教區。觀《風俗通》玖《怪神篇》"城陽景王祠"條、《三國志·魏書》壹《武帝紀》注引王沈《魏書》詳述琅邪及青州諸郡淫祀之俗。【兼可參考《後漢書》肆壹《劉盆子傳》所載赤眉軍中常有齊巫鼓舞祠城陽景王以求福助事。】又《江表傳》"于吉先寓居東方，往來吳、會"之語，最足以見東漢末年天師道分佈地域之情況。茲除去前已論及者外，略詮次舊記條列於後。

琅邪【晉琅邪國約當今山東省舊兗、青、沂、萊四府東南境及膠州之地】王氏

　　《晉書》捌拾《王羲之傳》云：

　　　　與道士許邁共修服食，採藥石不遠千里。次[子]凝之①亦工草隸。仕歷江州刺史、左將軍、會稽內史。王氏世事張氏五斗米道，凝之彌篤。孫恩之攻會稽，寮佐請爲之備，凝之不從。方入靖室請禱，出語諸將曰："吾已請大道許鬼兵相助，賊自破矣。"既不設備，遂爲孫恩所害。

　　　　案，《真誥》壹陸《闡幽微》第二云："王廙爲部鬼將軍。"廙爲凝之之叔祖，既領鬼兵，更宜凝之請以相助。夫琅邪王氏爲五斗米世家，讀史者所習知。茲特上溯其先世，至於西漢之王吉，拈出地域環境與學說思想關係之公案以供學者參決，姑記其可疑者於此，非敢多所附會也。

　　　　《新唐書》柒貳中《宰相世系表》云：

————————

① 　王羲之次子。

王氏

元避秦亂，遷於琅邪，後徙臨沂【今山東省臨沂縣】。四世孫吉，字子陽，漢諫議大夫，始家皋虞【漢侯國，今山東省即墨縣東北地】。後徙臨沂都鄉南仁里。生駿，字偉山，御史大夫。二子：崇、游。崇字德禮，大司空、扶平侯。生遵，字伯業，後漢中大夫、義鄉侯。生二子：峕、音。音字少玄，大將軍掾。四子：誼、叡、典、融。融字巨偉。二子：祥、覽。

《晉書》叄叄《王祥傳》云：

王祥字休徵，琅邪臨沂人，漢諫議大夫吉之後也。祖仁，青州刺史。父融，公府辟不就。

案，《唐書·表》所載世系，其見於《漢書·王吉傳》者，自屬可信。其後諸世當有脫誤，然爲王吉之後，要無可疑。今節錄《漢書》柒貳《王吉傳》推論之。《傳》云：

王吉字子陽，琅邪皋虞人也。上疏言得失曰："陛下躬聖質，總萬方，帝王圖籍日陳於前，惟思世務，將興太平。公卿幸得遭遇其時，言聽諫從，然未有建萬世之長策，舉明主於三代之隆者也。其務在於期會簿書斷獄聽訟而已，此非太平之基也。臣願陛下承天心，發大業，與公卿大臣延及儒生述舊禮，明王制，毆一世之民，躋之仁壽之域，則俗何以不若成康，壽何以不若高宗①? 竊見當世趨務不合於道者，謹條奏，唯陛下財

---

① 指商王武丁。

擇焉。"亘意以爲"夫婦，人倫大綱，夭壽之萌也。世俗嫁娶太早，未知爲人父母之道而有子，是以教化不明，而民多夭。聘妻送女亡節，則貧人不及，故不舉子。又漢家列侯尚公主，諸侯則國人承翁主，使男事女，夫詘於婦，逆陰陽之位，故多女亂"云云。自亘至崇①，皆好車馬衣服，其自奉養極爲鮮明，而亡金銀錦繡之物。及遷徙去處，所載不過囊衣，不蓄積餘財。去位家居，亦布衣疏食。天下服其廉而怪其奢，故俗傳王陽②能作黄金。

案，《後漢書》叁③拾下《襄楷傳》言："順帝時，琅邪宫崇詣闕，上其師于吉於曲陽泉水上④所得神書百七十卷，號《太平清領書》。""專以奉天地順五行爲本，亦有興國廣嗣之術。"

章懷注引《太平經·興帝王篇》略曰：

真人問神人曰："吾欲使帝王立致太平，豈可聞邪？"神人言："但順天地之道，不失銖分，則立致太平延年不疑也。"又問曰："今何故其生子少也？"天師曰："今太平氣到。或有不生子者，反斷絶天地之統，使國少人。理國之道，多人則國富，少人則國貧。"

案，《漢書》與王吉同傳者有貢禹。禹亦琅邪人。其所言調和

---

① 王崇，王吉之孫。
② 即王吉。
③ 原文作"陸"，據《後漢書》改。
④ 原文作"上水"，據《後漢書》改。

陰陽，興致太平，減少宮女，令兒七歲乃出口錢，其旨趣與王吉相似。後來之于吉《太平清領神書》興國廣嗣之言，實不能外此。又《漢書》柒伍《李尋傳》載成帝時，齊人甘可忠詐造《天官曆》《包元太平經》，其徒黨夏賀良等陳說哀帝，以爲成帝不應天命，故嗣絕，今宜急改元易號，則得延年益壽，皇子生，災異息矣。哀帝從其議，改元太初（公元前五年），易號曰陳聖劉太平皇帝。其言亦與後來《太平清領書》所記興國廣嗣之術約略相似。殆所謂齊學，即濱海地域之學說也。夫《漢書》既載“俗傳王陽能作黃金”，則王陽當時所處之環境中作黃金之觀念必已盛行，然後始能致茲傳說。故據此可以推見其時社會情況。而應仲遠①不明斯義，轉以此譏孟堅②【見《風俗通・過失篇》】，過矣。

又《真誥》壹陸《闡幽微》第二云：

【上略】夫至廉者不食非己之食，不衣非己之布帛。王陽有似也。【原注：此目應以夷齊③爲摽。高士中亦多此例，而今乃舉王陽。當年淳德自然，非故爲皎潔者也。王陽先漢人也。】【下略】

右五條皆積行獲仙，不學而得。

天師道以王吉爲得仙，此實一確證，故吾人雖不敢謂琅邪王氏之祖宗在西漢時即與後來之天師道直接有關，但地域風習影響於

---

① 即應劭。
② 即班固。
③ 伯夷、叔齊。

思想信仰者至深且鉅。若王吉、貢禹、甘忠可等者,可謂上承齊學有淵源,下啓天師之道術。而後來琅邪王氏子孫之爲五斗米教徒,必其地域薰習,家世遺傳,由來已久。此蓋以前讀史之人所未曾注意者也。

高平郗氏

《晉書》陸柒《郗鑒傳》云:

> 郗鑒字道徽,高平金鄉人。【晉高平國治昌邑,在今山東省金鄉縣西北。】趙王倫辟爲掾,知倫有不臣之迹,稱疾去職。及倫篡,其黨皆至大官,而鑒閉門自守,不染逆節。二子:愔、曇。愔字方回。與姉夫王羲之、高士許恂【詢】竝有邁世之風,俱棲心絕穀,修黃老之術。子超,一字嘉賓。愔事天師道,而超奉佛。曇字重熙,子恢,字道胤。

又鑒叔父《隆傳》云:

> 隆字弘始,少爲趙王倫所善。及倫專擅,召爲散騎常侍。倫之篡也,以爲揚州刺史。齊王冏檄至,中州人在軍者皆欲赴義。隆以兄子鑒爲趙王掾,諸子悉在京洛,故猶豫未決。停檄六日,將士憤怒,扶[王]邃爲主而攻之,隆父子皆死。

又《晉書》柒柒《何充傳》云:

> 於時郗愔及弟曇奉天師道,而充與弟準崇信釋氏。謝萬譏之云:二郗諂於道,二何佞於佛。【《世說新語·排調篇》同。】

又《世說新語·術解篇》云:

> 郗愔信道甚精勤,常患腹內惡,諸醫不可療。聞于法開有

名,往迎之。既來,便脉云:君侯所患,正是精進太過所致耳。合一劑湯與之。一服即大下,去數段許紙如拳大,剖看,乃先所服符也。

又《太平御覽》陸陸陸引《太平經》云:

　　郗愔心尚道法,密自遵行。善隸書,與右軍①相埒。手自起寫道經,將盈百卷,於今多有在者。

案,《晉書》壹肆《地理志》金鄉爲兗州高平國之屬縣,距海濱雖略遠,然觀郗氏一門在西晉時與趙王倫關係之密切如此,則郗隆父子與孫秀等實皆倫之死黨,事敗俱以身殉,不過一處中樞,一居方鎮之別耳。故以東晉時愔、曇之篤信天師道,及鑒字道徽,恢字道胤而推論之,疑其先代在西晉時即已崇奉此教,至嘉賓②之奉佛,與其家風習特異者,猶之愔忠於王室,而超黨於桓氏,宗教信仰及政治趨向皆與其父背馳也。

吳郡杜氏

《晉書》壹佰《孫恩傳》云:

　　恩叔父泰,字敬遠,師事錢唐【見下】杜子恭。而子恭有秘術,嘗就人借瓜刀,其主求之,子恭曰:“當即相還耳。”既而其刀主行至嘉興,有魚躍入船中,破魚得瓜刀。其爲神效往往如此。子恭死,泰傳其術。

―――――――

① 即王羲之。
② 即郗超。

《南齊書》伍肆《高逸傳》云：

> 杜京產字景齊，吳郡錢唐人。【晉吳郡錢唐縣，今浙江省杭縣。】杜子恭玄孫也。祖運，爲劉毅衛軍參軍，父道鞠，州從事，善彈棊，世傳五斗米道，至京產及子栖。【《南史》柒伍《隱逸傳》同。】

《真誥》壹玖《翼真檢》第一《真誥叙録》云：

> [許]黃民乃奉經入剡【見下】。錢唐杜道鞠【即居士京產之父】道業富盛，數相招致。於時諸人並未知尋閱經法，止稟奉而已。

又鍾嶸《詩品》載謝靈運寄養於錢唐杜明師家，前已論及，兹不重出。

案，杜子恭爲孫泰之師，其歷代相傳至後裔杜栖，多有時名，爲南朝天師最著之世家，而錢唐又屬濱海地域也。

會稽孔氏

《晉書》壹佰《孫恩傳》略云：

> 黃門郎孔道、鄱陽太守桓放之、驃騎諮議周勰等皆敬事之【指孫泰】。中書郎孔道等皆遇害。

《晉書》柒捌《孔愉傳》云：

> 孔愉字敬康，會稽山陰【晉會稽郡治山陰，今浙江省紹興縣】人也。其先世居梁國。曾祖潛，太子少傅，漢末避地會稽，因家焉。吳平，愉遷於洛。惠帝末，東還會稽，入新安山中，改姓孫氏。後忽捨去，皆謂爲神人，而爲之立祠。

《世說新語·棲逸篇》云：

> 孔車騎少有嘉遁意，自稱孔郎，遊散名山。百姓謂有道術，爲生立廟。今猶有孔郎廟。

劉孝標注引《孔愉別傳》曰：

> 永嘉大亂，愉入臨海【晉臨海郡治章安，今浙江省臨海縣】山中，不求聞達。

《南齊書》肆捌《孔稚珪傳》【《南史》肆玖《孔稚珪傳》同】云：

> 孔稚珪字德璋，會稽山陰人也。祖道隆，位侍中。父靈產，泰始中罷晉安太守。有隱遁之懷，於禹井山立館，事道精篤。吉日於靜屋四向朝拜，涕泗滂沱，東出過錢塘北郭，輒於舟中遙拜杜子恭墓，自此至都，東向坐，不敢背側。

《南史》柒伍《隱逸傳》云：

> 孔道徽，守志業不仕，與[杜]京產友善。道徽父祐，至行通神，隱於四明山【在今浙江省鄞縣西南一百五十里，餘姚縣南一百十里】。嘗見山谷中有數百斛錢，視之如瓦石不異。採樵者競取，入手即成砂礫。王僧虔與張緒書曰："孔祐，敬康曾孫也。古之遺德也。"道徽少屬高行，能世其家風。

《真誥》壹玖《翼真檢》第一《真誥敍錄》云：

> 元興三年(公元四〇四年)京畿紛亂，[許]黃民乃奉經入剡【今浙江省嵊縣】。至義熙中，魯國孔默崇奉道教，爲晉安太守。【晉晉安郡故治在今福建省閩侯縣東北。】罷職，還至錢唐。聞有許郎先人得《道經書》俱存，乃往詣許。許不與相見，

孔膝行稽顙，積有旬日，兼獻奉殷勤，用情甚至。許不獲已，始乃傳之。孔仍令晉安郡吏王興繕寫。【興善有心尚，又能書畫，故以委之。】孔還都，唯寶錄而已，竟未修用。元嘉中，復爲廣州刺史。及亡後，其子熙先、休先才學敏贍，竊取看覽，見《大洞真經説》云："誦之萬遍，則能得仙。大致譏誚，殊謂不然。"以爲仙道必須丹藥鍊形，乃可超舉，豈可空積聲詠，以致羽服。兼有諸道人助毀其法。或謂不宜蓄此。因一時焚蕩，無復子遺。

《宋書》陸捌《彭城王義康傳》【《南史》壹叁同】云：

上【太祖】疾嘗危殆，[祭酒魯郡孔]胤秀等輒就尚書儀曹索晉咸康末立康帝舊事。及太祖疾豫，微聞之。[元嘉]十七年（公元四四零年）十月，誅大將軍錄事參軍劉敬文、賊曹參軍孔邵秀、主簿孔胤秀、丹陽丞孔文秀、司空從事中郎司馬亮等。胤秀始以書記見任，漸預機密。文秀、邵秀，皆其兄也。司馬亮，孔氏中表，並由胤秀而進。

又《宋書》陸玖《范曄傳》【《南史》叁叁同】略云：

初，魯國孔熙先博學有縱橫才志，文史星算，無不兼善。初，熙先父默之爲廣州刺史，以臟貨得罪下廷尉，大將軍彭城王義康保持之，故得免。及義康被黜，熙先密懷報效。以曄[1]意志不滿，欲引之。極辭譬説，其意乃定。熙先素善天文，云：

---

[1] 范曄。

"太祖必以非道晏駕，當由骨肉相殘。江州應出天子。"以爲義康當之。有法略道人，先爲義康所供養，粗被知待。又有工國寺法靜尼，亦出入義康家內，皆感激舊恩，規相拯拔，並與熙先往來，使法略罷道。本姓孫，改名景玄，以爲臧質寧遠參軍。熙先善於治病，兼能診脈。法靜尼妹夫許耀，領隊在臺，宿衞殿省。嘗有病，因法靜尼就熙先乞治，爲合湯一劑，耀疾即損。耀自往酬謝，熙先深相待結，因告逆謀，耀許爲內應。熙先於獄中上書，所陳竝天文占候，讖【《南史》作誠】上有骨肉相殘之禍，其言深切。

《真誥》貳拾《翼真檢》第二云：

> 孔璪賤時，杜居士京産將諸經書往剡南堁大墟住，始與顧歡、戚景玄、朱僧標等數人共相料視，於是分別選出，凡有經傳四五卷，真嘌七八篇，今猶在杜家。

案，孔璪事迹見《宋書》捌肆及《南史》貳柒《孔覬傳》。孔覬等起兵應晉安王子勛，實璪爲之謀主，亦天師道信徒也。

又會稽孔氏其居山陰之孔愉一門及孔道隆、靈産、稚珪三世，與居剡之孔默之、孔熙先父子及孔胤秀、文秀、邵秀兄弟，是否本爲一族？不能詳考。然孔愉自謂先世居梁國，孔默之父子、孔胤秀兄弟自稱魯郡，皆託爲孔子後裔，來從北方。【見《新唐書》柒伍下《宰相世系表》"孔氏"及林寶《元和姓纂》陸"山陰孔氏"各條。】其事之真僞，且不置論，而其俱居濱海地域，俱有與天師道相關之跡象，則無疑義。故稱之爲奉天師道之世家，當無不可。至《晉書‧孫恩傳》中敬事孫泰之黃門郎孔道即同傳下文遇害之中書郎孔道，與山陰孔氏疑是一族。《南齊書·孔稚珪傳》稚珪祖爲侍中道隆，以稚珪父靈產奉道如此之篤推之，孔道隆恐即孔道。以唐人傳寫避諱，略書名下一字，而侍中之官或者又因死難之故所追贈歟？姑記於此，以俟考。孔熙先之爲天師道信徒，不待論。而法略本孫氏，法靜妹夫許耀又爲許氏，皆有天師道家世之嫌疑。宋文帝初不死於彭城王義康及孔熙先，而卒死於元凶劭及嚴道育。其被弒之人雖殊，而俱與天師道有關則一，故謂之死於天師道之手實無不可。至於范蔚宗以謀逆誅，王西莊①【《十七史商榷》陸壹】、陳蘭甫②【《東塾集》附《申范》一卷】皆著論辨誣，而不知其死由於孔熙先，熙先爲天師道世家。然則謂蔚宗之死實由於天師道，固亦無不可也。

又蔚宗之著《後漢書》，體大思精，信稱良史，獨《方術》一傳附載不經之談，竟與《搜神記》《列仙傳》無別，故在全書中最爲不類。遂來劉子玄之譏評【見《史通》伍《採撰篇》及壹柒《雜說篇》中諸晉史條】，亦有疑其非范氏原文，而爲後人附益者【見王先謙《後漢集解》捌貳下黃山校補】。其實讀史者苟明乎蔚宗與天師道之關係，則知此傳全文本出蔚宗之手，不必致疑也。

義興周氏

《晉書·孫恩傳》言驃騎諮議周勰敬事孫泰。今《晉書》伍捌有

---

① 即王鳴盛。
② 即陳澧。

《周勰傳》，勰爲義興陽羨人，周處之孫，終以臨淮太守，然其所生時代較早，當非一人。但義興周氏實有信奉天師道之嫌疑。據《晉書》伍捌周勰之叔父札《傳》云：

時有道士李脱者，妖術惑衆，自言八百歲，故號李八百。自中州至建鄴，以鬼道療病，又署人官位，時人多信事之。弟子李弘養徒灊山，云應讖當王。故〔王〕敦使盧江太守李恒告札及其諸兄子與脱謀圖不軌。時莚【札兄子】爲敦諮議參軍，即營中殺莚及脱、弘，又遣參軍賀鸞就沈充盡掩殺札兄弟子，既而進軍會稽，襲札。札出距之，兵散見殺。【《太平御覽》陸佰柒拾引《集仙録》、《太平廣記》柒引《神仙傳》等，皆有李八百事。】

《抱朴子内篇》玖《道意篇》云：

諸妖道百餘種，皆煞生血食。獨有李家道無爲，爲小差。或問："李氏之道起於何時？"余答曰："吴太帝時，蜀中有李阿者，穴居不食，傳世見之，號爲八百歲公。後一旦忽去，不知所在。後有一人，姓李名寬，到吴，而蜀語，能祝水，治病頗愈，於是遠近翕然，謂寬爲李阿，因共呼之爲李八百，而實非也。自公卿以下，莫不雲集其門。於是避役之吏民依寬爲弟子者，恒近千人。余親識多有及見寬者。寬弟子轉相教受，佈滿江表，動有千許。"

案，葛稚川①之言與《晉書》雖有異同，今觀其所述，亦天師道之

---

① 即葛洪。

一派也。當時李氏妖黨之盛,可以想見。李恒告周札及其諸兄子與李脱同謀不軌,蓋當日李氏妖黨自吳迄晉佈滿江表,義陽周氏爲吳地世族之最著者,疑本與李氏道術有連,故王敦等得藉爲口實。故曰敬事孫泰之周勰縱非義陽周氏,而義陽周氏之勰者,固曾陷於妖黨之嫌疑,則爲史實也。

陳郡殷氏

《晉書》捌肆《殷仲堪傳》云:

> 殷仲堪,陳郡人也。父師,驃騎諮議參軍、晉陵太守、沙陽男。父病積年,仲堪衣不解帶,躬學醫術,究其精妙。少奉天師道,又精心事神,不吝財賄,而急行仁義,嗇於周急,及[桓]玄來攻,猶勤請禱。然善取人情,病者自爲診脉分藥。

《世説新語・文學篇》"羊孚弟娶王永言女"條劉孝標注引《殷氏譜》曰:

> 仲堪娶琅邪王臨之女,字英彦。

又《世説新語・術解篇》叙仲堪伯父浩精通醫術事云:

> 殷中軍①妙解經脉,中年都廢。有常所給使,忽叩頭流血。浩問其故,云:"有死事,終不可説。"詰問良久,乃云:"小人母年垂百歲,抱疾來久,若蒙官一脉,便有活理。訖就屠戮無恨。"浩感其至性,遂令昇來,爲診脉處方。始服一劑湯便愈。於是

---

① 即殷浩。余嘉錫認爲殷中軍爲殷仲堪之誤。見氏著《世説新語箋疏》(中華書局,1983)卷二十,頁710—712。

悉焚經方。

《真誥》壹伍《闡幽微》第一云：

　　殷浩侍帝晨①，與何晏對。

又云：

　　侍帝晨有八人：徐庶、龐德、爰愉、李廣、王嘉、何晏、解結、殷浩。如世之侍中。

　　案，殷仲堪爲陳郡長平人。陳郡非濱海地域。雖妻爲琅邪王氏，本天師道世家，然疑仲堪之奉道，必已家世相傳，由來甚久，而不可考矣。今所傳《黃帝内經·素問》，雖出後人僞造，實爲中國醫術古籍，而與天師道有關。其《天元紀大論》殆即張機《傷寒論序》所稱陰陽大論。故其文中託爲黃帝與天師問答之語，是其明證。殷仲堪之伯父殷浩即已妙解經脉，然則仲堪之精於醫術【《隋書》叁肆《經籍志·子部·醫方類》：《殷荆州要方》一卷，殷仲堪撰，亡】，亦當爲家門風習漸染所致，非偶因父病始從事學醫也。

　　故參以晉代神仙家葛洪之綜練醫術【《晉書》柒貳《葛洪傳》。又《隋書·經籍志》：《肘後方》六卷，葛洪撰，梁二卷。陶弘景補闕《肘後百一方》，九卷，亡】，宋代天師道世家孔熙先善療病，治愈許耀之故事【《宋書》陸玖《范曄傳》】，梁代神仙家陶弘景祖孫父子之尤明醫術本草【見《梁書》伍貳、《南史》柒陸《陶弘景傳》】，又《雲笈七籤》壹佰柒下陶翊撰《華陽隱居先生本起録》云："祖隆兼解藥性，常

---

① "帝"，指"天帝"；"晨"通"宸"，帝居。

行拯救爲務。父貞寶深解藥術。"及北朝天師道世家清河崔氏一門若崔彧、崔景哲、崔景鸞、崔冏等累代皆精通醫術,爲尚藥典御【《魏書》玖壹《術藝傳》,《北史》貳肆】等事實,推定陳郡殷氏爲天師道世家,明乎吾國醫術與道教之關係者,當不以此爲無稽之説也。

丹陽葛氏及東海鮑氏

抱朴子之學雖有異於黃巾米賊,然實亦與之同出一源,不過流派略別耳。抱朴子之著述及其師鮑靚之行事今皆不論,僅就其家世籍貫與海濱之關係,略綴數語,以闡明此篇主旨。

《晉書》柒貳《葛洪傳》云:

> 葛洪字稚川,丹楊句容人也。【句容今江蘇省句容縣。】尤好神仙導養之法。從祖玄,吳時學道得仙,號曰葛仙公。以其鍊丹秘術授弟子鄭隱。洪就隱學,悉得其法焉。後師事南海太守上黨鮑玄。玄見洪深重之,以女妻洪。洪傳玄業,並綜練醫術。

《晉書》玖伍《藝術傳·鮑靚傳》云:

> 鮑靚,字太玄,東海人也。【晉東海郡在惠帝元康元年(公元二九一年)未分置蘭陵郡以前,統縣十二,其境約當今山東省舊兗州府東南至江蘇省舊海州之地。】年五歲語父母云:本是曲陽李家兒,九歲墜井死。其父母尋訪得李氏,推問皆符驗。靚學兼內外,明天文、河洛書,爲南海太守。嘗見仙人陰君,受道訣,百餘歲卒。

案,神仙之説於此可不置論。以地域言,丹陽東海皆《隋書·

經籍志》所謂"三吳及邊①海之際"者也【見上文】。然葛氏之居丹
陽，亦由海濱遷來，其家世信仰蓋遠有所承受。據《抱朴子·自叙
篇》云：洪曩祖爲荊州刺史。王莽之篡，與翟義共起兵，爲莽所敗，
遇赦免禍，莽乃徙君於琅邪。君之子盧佐光武，封下邳僮縣侯。託
他行遂南渡江，家於句容。《太平御覽》陸陸叁引《列仙傳》作"葛洪，
字稚川，琅邪人"。陶弘景《吳太極左仙公葛公之碑》云："本屬琅邪，
後漢驃騎僮侯盧，讓國於弟，來居此土。"【見《陶弘景集》及《道藏》虞
字號譚嗣先《太極葛仙翁傳》。】是葛氏本琅邪人。琅邪固天師道
發源之地，與史實尤相適合。又《太平御覽》陸陸肆引《神仙傳》云：
"鮑靚，字太玄，琅邪人。一說上黨人。漢司徒鮑宣之後。"又《太平
御覽》肆壹引袁宏《羅浮山記》云："鮑靚，字子玄，上黨人。"考靚所以
作上黨人者，蓋據《漢書》柒貳《鮑宣傳》中"宣既被刑，乃徙之上黨，
遂家於長子"之語。既以靚爲宣之後裔，故宜云然。其實此類依託
華胄之言，殊不足信，自無待論。而鮑靚之爲琅邪人，更不容疑也。
至《晉書·靚傳》中靚自稱"本是曲陽李家兒"之曲陽，即《後漢書·
襄楷傳》于吉"於曲陽泉水上得神書"之曲陽，章懷注所謂東海之曲
陽是也。於此轉可證成靚實爲東海人，或琅邪人，皆屬濱海地域。
所謂上黨人者，不過自託於子都②之後裔而已。近人注《晉書》以
《鮑靚傳》作東海爲誤。又以上黨與曲陽地相近，殆未詳考。【見吳

① 原文作"濱"，今據《隋書》改。
② 即鮑宣。

土鑑《晉書斠注》柒伍《鮑靚傳注》。】《雲笈七籤》卷壹佰陸有《鮑靚真人傳》作陳留人。此較後之説，不如《晉書》等之足據也。

丹陽許氏

丹陽許氏爲南朝最著之天師道世家。據其自稱，爲漢順帝司徒汝南平輿許敬之後。敬子光始渡江，居丹陽句容。《真誥》卷末附有《真冑世譜》，詳載其世系，然細核之，殊有可疑。蓋《真誥》貳《運象篇》第二"八月十七日夜保命仙君小茅口授與許長史"之文云：

肇祖植德【即謂七世祖許肇也】。

又壹貳《稽神樞》第二云：

亦如子七世祖父許肇字子阿者有賑死之仁，拯饑之德。故令雲蔭流後，陰功垂澤，是以今得有好尚仙真之心者，亦有由而然也。此紫陽真人六月二十日受。

【右一條有揉寫。】

又壹陸《闡幽微》第二云：

許肇今爲東明公右帥晨。帥晨之任如世間中書監。【許肇字子阿，即長史七代祖司徒敬也。雖有賑救之功，而非陰德，故未蒙受化。既福流後葉，方使上拔，然後爲九宮之仙耳。】

又《真冑世譜》云：

《真誥》云："長史七世祖肇字子阿有振惠之功。"今檢《譜》，七世祖名敬，字鴻卿，後漢安帝時爲光禄，順帝永建元年（公元一二六年）拜司徒。【寅恪案，范氏《後漢書》陸《順帝紀》云：永建二年(公元一二七年)七月光禄勳許敬爲司徒。《通鑑》伍壹亦同。袁宏《後漢紀》繫此事於永建元年。與此同。】名字與《真誥》不同,未詳所以牴異。

案,《許氏家譜》與《真誥》互相牴異,毋寧信《真誥》爲較近真。蓋《真誥》中託爲保命仙君及紫陽真人等對許氏言其祖宗名字,且託爲許氏親筆記録。其事雖不可信,而此點却不應謬誤也。至家譜則於六朝時往往爲寒門攀附華族以作婚宦之資者,尤多所改易。故丹陽許氏確否自汝南南徙,尚不可知。或如葛氏之比,原自琅邪遷來。或如鮑氏之比,本爲東海,而自附於上黨,今皆無考。要之,吴地居民本多天師道信徒,許氏既世居丹陽,想其宗教信仰之遺傳必已甚久。又後漢靈帝熹平元年(公元一七二年)有會稽妖賊許昌起於勾章,自稱陽明皇帝,扇動諸縣,衆以萬數。【見《三國志‧吴書》壹《孫堅傳》、貳《孫策傳》裴注、《東觀漢記》、《後漢書》捌捌《臧洪傳》及《續漢書‧天文志》等。】許昌既稱妖賊,又以陽明爲號,必係天師道,此許氏雖不必與丹陽之許同出一源,要爲濱海地域天師道之黨,與三張之徒先後同起者,則無可疑也。

丹陽陶氏

周嘉猷《南北史世系表》叁《丹陽陶氏表》云:

> 陶隱居弘景,字通明,尤著名於梁代,蓋基之裔也。世系無可考。

案,《雲笈七籤》壹佰柒有陶弘景從子翊字木羽者所撰《華陽隱居先生本起録》,詳載世系。周氏謂無可考者,非也。兹録取其有關者之語於下：

> 隱居先生諱弘景，字通明，丹陽人也。宅在白楊巷南岡之東。宋初土斷，仍割秣陵縣西鄉之桐下里，至今居之。十三世祖超，漢末渡江，始居丹陽。七世祖濬，交州刺史璜之弟，與孫皓俱降晉，拜議郎、散騎常侍、尚書。祖隆，好學，讀書善寫，兼解藥性，常行拯救爲務。父諱貞寶，善藥隸書，家貧，以寫經爲業，一紙直價四十。深解藥術。先生尤好五行陰陽，風角炁候、太一遁甲、星曆算數、山川地理、方國所産，及醫方香藥分劑、蟲鳥草木、考校名類，莫不該悉。善隸書，不類常式，別作一家，骨體勁媚。

案，陶濬附見《晉書》伍柒《陶璜傳》。《璜傳》云：“自基至綏四世爲交州者五人。”是陶氏一門與南部濱海之地關係至切。匪獨陶氏如是，即鮑靚、葛洪，及孫泰、盧循諸人亦莫不然。豈交、廣二州之區域不但丹沙靈藥可爲修鍊之資，且因鄰近海濱，爲道教徒衆所居之地。以有信仰之環境，故其道術之吸收與傳授，較易於距海遼遠之地域歟？觀陶翊之所述，則天師道世家皆通醫藥之術，尤有確證。中國儒家雖稱格物致知，然其所殫精致意者，實僅人與人之關係。而道家則研究人與物之關係。故吾國之醫藥學術之發達出於道教之貢獻爲多。其中固有怪誕不經之説，而尚能注意於人與物之關係，較之佛教，實爲近於常識人情之宗教。然則道教之所以爲中國自造之宗教，而與自印度所輸入之佛教終有區別者，或即在此等處也。

吳興沈氏

《宋書》壹佰《自序》【《南史》伍柒《沈約傳》同】云：

> 初，錢唐人杜子恭【《南史》作杜炅，字子恭】通靈，有道術，東土豪家及京邑貴望，竝事之爲弟子，執在三之敬。[沈]警累世事道，亦敬事子恭。子恭死，門徒孫泰、泰弟子恩傳其業，警復事之。隆安三年（公元三九九年），恩於會稽作亂，自稱征東將軍，三吳皆響應。[警子]穆夫時在會稽，恩以爲前部參軍、振武將軍、餘姚令。其年十二月二十八日，恩爲劉牢之所破，輔國將軍高素於山陰回踵埭，執穆夫及僞吳郡太守陸瓌之、吳興太守丘尫，竝見害，函首送京邑。先是宗人沈預素無士行，爲警所疾。至是警聞穆夫預亂，逃藏將免矣。預以告官，警及穆夫、弟仲夫、任夫、預夫、佩夫竝遇害，惟穆夫子淵子、雲子、田子、林子、虔子獲全。

《梁書》壹叁《沈約傳》【《南史》伍柒同】略云：

> 沈約，字休文，吳興武康【今浙江省武康縣】人也。祖林子，宋征虜將軍。因病，夢齊和帝以劍斷其舌，召巫視之，巫言如夢。乃呼道士奏赤章於天，稱禪代之事，不由己出。[梁]高祖聞赤章事，大怒，中使譴責者數焉，約懼，遂卒。

案，吳興爲濱海地域。沈約爲林子之孫，穆夫之曾孫，警之玄孫，累世奉天師道。警、穆夫皆孫恩妖黨。恩敗，幾舉族殉之。據此，則休文受其家傳統信仰之薰習，不言可知。赤章之事即其一例也。請以王獻之事證之。《世說新語‧德行篇》【參閱《晉書》捌拾

《王羲之傳》附《王獻之傳》及《太平御覽》卷陸肆壹引《語林》】云：

> 王子敬①病篤，道家上章應首過，問子敬由來有何異同得失？子敬云：不覺有餘事，唯憶與郗家離婚。【劉孝標注引《王氏譜》曰：獻之娶郗曇女，名道茂。寅恪案，以道茂之名觀之，亦郗氏奉道之旁證。】

案，沈隱侯②雖歸命釋迦，平生著述如《均聖論》《答陶隱居難均聖論》《內典序》《佛記序》《六道相續作佛義》《形神論》《神不滅論》《難范縝神滅論》《究竟慈悲論》《千僧會願文》《捨身願疏》及《懺悔文》等【見《廣弘明集》伍、壹伍、壹玖、貳貳、貳陸、貳捌等】，皆闡明佛教之説。迨其臨終之際，仍用道家上章首過之法。然則家世信仰之至深且固，不易滷除，有如是者。明乎此義，始可與言吾國中古文化史也。

又《南史》叁柒《沈慶之傳》附《僧昭傳》云：

> 僧昭別名法朗，少事天師道士，常以甲子及甲午日夜，著黃巾，衣褐，醮於私室。時記人吉凶，頗有應驗。自云爲太山錄事，幽司中有所收錄，必僧昭署名。中年爲山陰縣。梁武陵王紀爲會稽太守，宴坐池亭，蛙鳴聒耳。王曰："殊廢絲竹之聽。"僧昭呪厭十許口便息。及日晚，王又曰："欲其復鳴。"僧昭曰："王歡已闌，今恣汝鳴。"即便喧聒。又嘗校獵，中道而還。

---

① 即王獻之。
② 即沈約。

左右問其故,答曰:"國家有邊事,須還處分。"問何以知之,曰:
"向聞南山虎嘯知耳。"俄而使至。復謂人曰:"吾昔爲幽司所
使,實爲煩碎,今已自解。"乃開匣出黃紙書,上有一大字,字不
可識。曰:"教分判如此。"及太清初(約公元五四七年),謂親知
曰:"明年海內喪亂,生靈十不一存。"乃苦求東歸。既不獲許,
及亂,百口皆殲。

寅恪案,此吳興沈氏世事天師道之又一確證也。

八、天師道與書法之關係

東西晉南北朝之天師道爲家世相傳之宗教,其書法亦往往爲
家世相傳之藝術,如北魏之崔、盧,東晉之王、郗,是其最著之例。
舊史所載奉道世家與善書世家二者之符會,雖或爲偶値之事,然藝
術之發展多受宗教之影響。而宗教之傳播,亦多倚藝術爲資用。
治吾國佛教美藝史者類能言佛陀之宗教與建築雕塑繪畫等藝術之
關係,獨於天師道與書法二者互相利用之史實,似尚未有注意及之
者。因論地域關係既竟,略舉舊籍中涉及二者相互關係之記載,以
質正於治吾國宗教美術史者。

《魏書》貳肆【《北史》貳壹】《崔玄伯傳》云:

　　玄伯尤善草隸行押之書,爲世摹楷。玄伯祖悦與范陽盧
諶,竝以博藝著名。諶法鍾繇,悦法衛瓘,而俱習索靖之草,皆
盡其妙。諶傳子偃,偃傳子邈,悦傳子潛,潛傳玄伯。世不替

業。故魏初重崔、盧之書。次子簡，字沖亮，一名覽，好學，少以善書知名。

又《魏書》叁伍【《北史》貳貳】《崔浩傳》云：

> 崔浩，玄伯之長子。既工書，人多託寫《急就章》。從少至老，初不憚勞，所書蓋以百數。浩書體勢及其先人，而妙巧不如也。世寶其迹，多裁割綴連，以爲模楷。

案，崔、盧皆天師道世家，前已證明。史云："魏初重崔、盧之書。"然則北朝最著之能書世家即奉道之世家也。南朝能書者之家世事迹可考者較北朝爲多，兹不廣徵，僅摘録一最顯著簡單之例如下：

王羲之父子之書法，其地位不待論。兹但言亞於二王者。《南齊書》叁叁【《南史》貳壹】《王僧虔傳》載僧虔論書之語云：

> 郗愔章草亞於右軍。郗嘉賓草亞於二王。

可知即依王氏之言，郗氏父子之書亦止亞於二王。然則南朝書法自應以王、郗二氏父子爲冠，而王氏、郗氏皆天師道之世家，是南朝最著之能書世家即奉道之世家也。兹逐録天師道經典數則於下，以解釋天師道與書法之關係。

《真誥》壹玖《叙録》述寫經畫符事云：

> 三君【楊君羲、許長史謐、許掾翽】手跡，楊君書最工，不今不古，能大能細。大較雖祖效郗法，筆力規矩並於二王，而名不顯者，當以地微，兼爲二王所抑故也。掾書乃是學楊，而字體勁利，偏善寫經，畫符與楊相似，鬱勃鋒勢，殆非人功所逮。

長史章草乃能，而正書古拙，符又不巧，故不寫經也。

又《真誥》貳拾《翼真檢》第二"孔璪賤時"條注云：

樓【惠明家】、鍾【義山家】間經亦互相通涉，雖各摹符，殊多龎略。唯加意潤色滑澤取好，了無復規矩鋒勢，寫經又多浮謬。至庚午歲【齊武帝永明八年(公元四九零年)】[陶]隱居入東陽道，諸晚學者漸效爲精。時人今知摹二王法書，而永不悟摹真經，經正起隱居手爾。亦不必皆須郭填，但一筆就畫，勢力殆不異真，至於符無大小，故宜皆應郭填也。

《太平御覽》陸陸陸引《太平經》云：

郗愔心尚道法，密自遵行。善隸書，與右軍相埒。手自起寫道經，將盈百卷，於今多有在者。【已見前。】

《雲笈七籤》壹佰柒陶翊撰《華陽隱居先生本起錄》云：

[隱居先生]祖隆，好學讀書，善寫。父諱貞寶，善藁隸書，家貧，以寫經爲業，一紙直價四十。【已見前。】

唐張彥遠《法書要錄》貳載梁中書侍郎虞龢《論書表》【亦見《晉書》捌拾《王羲之傳》及《太平廣記》貳佰柒書類引《圖書會粹》等】云：

[王]羲之性好鵝。山陰曇礦【一作釀】村有一道士，養好鵝十餘。王清旦乘小船故往。意大願樂。乃告求市易，道士不與。百方譬説，不能得。道士乃言："性好道，久欲寫《河上公老子》，縑素早辦，而無人能書。府君若能自屈書《道德經》各兩章，便合群以奉。"羲之便住半日爲寫畢，籠鵝而歸。

《法書要錄》叁褚遂良撰《晉右軍王羲之書目》【《宣和書譜》壹

伍略同】載：

> 《正書都》五卷，共四十帖。
>
> 第二《黄庭經》六十行，與山陰道士。

　　據此，知道家學經及畫符必以能書者任之。故學道者必訪尋真跡，以供摹寫。適與學書者之訪尋碑帖無異。【可參閱《道藏》翔字號賈嵩撰《華陽隱居先生内傳》所紀。】是書法之藝術實供道教之利用。而寫經又爲一種功德。如《太平經》記"郗愔之性尚道法，多寫道經"是其一例。畫符郭填之法或與後來之雙鉤有關，兹不詳論。至王右軍爲山陰道士寫經換鵝故事，無論右軍是否真有斯事，及其所書爲《道德經》或《黄庭經》，姑不深考。【參考《容齋四筆》伍"《黄庭》換鵝"條、程大昌《考古編》捌"《黄庭經》"條、《演繁露》壹貳"換鵝是《黄庭經》"條及袁文《甕牖閒評》伍等。】然此流傳後世之物語既見於梁虞龢《論書表》，則必爲六朝人所造作可知，昔人亦疑鵝與書法筆勢有關，故右軍好之。如陳師道《後山談叢》壹云：

> 蘇、黄兩公①皆喜書，不能懸手。逸少②非好鵝，效其腕頸耳。正謂懸手轉腕。而蘇公論書，以手抵案，使腕不動爲法，此其異也。【參考葉夢得《石林避暑錄話》肆"《晉史》言王逸少性愛鵝"條引張正素語。】

　　又包世臣《藝舟雙楫》伍《述書》上云：

---

① 即蘇軾、黄庭堅。
② 即王羲之。

其要在執筆，食指須高鈎，大指加食指中指之間，使食指如鵝頭昂曲者。中指内鈎，小指貼［無］名指外距，如鵝之兩掌撥水者。故右軍愛鵝，玩其兩掌行水之勢也。

寅恪案，後山及安吳①之説特善於附會耳，非能得其真解也。據陶隱居《名醫別録》，鵝列上品。唐孟詵《食療本草》則以鵝爲“與服丹石人相宜”。【悉見唐慎微《重修政和經史證類本草》壹玖及李時珍《本草綱目》肆柒禽部所引。】本草藥物之學出於道家。《抱朴子内篇》壹壹《仙藥篇》引《神農經》曰：“上藥令人身安命延，昇天神，遨遊上下，使役萬靈，體生毛羽，行廚立至。”又《名醫別録》【《重修政和經史證類本草》壹所引】云：“上藥一百二十種。爲君，主養命以應天。無毒，多服久服不傷人。欲輕身益氣不老延年者，本上經。”然則依醫家言，鵝之爲物，有解五臟丹毒之功用，既於本草列爲上品，則其重視可知。醫家與道家古代原不可分。故山陰道士之養鵝，與右軍之好鵝，其旨趣實相契合，非右軍高逸，而道士鄙俗也。道士之請右軍書道經，及右軍之爲之寫者，亦非道士僅爲愛好書法，及右軍喜此觌觌之羣有合於執筆之姿勢也，實以道經非倩能書者寫之不可。寫經又爲宗教上之功德，故此段故事適足表示道士與右軍二人之行事皆有天師道信仰之關係存乎其間也。此雖末節，然涉及宗教與藝術相互之影響，世人每不能得其真諦，因並附論及之。【《太平御覽》壹壹玖引《世説》云：“會稽有孤居老姥養一

———

① 後山、安吳指陳師道、包世臣。

鵝。王逸少爲太守,既求市之,未得。乃徑觀之。姥聞二千石當來,即烹以待之。逸少既至,殊喪生意,歎息彌日。"寅恪案,《晉書》捌拾《王羲之傳》竝載羲之爲山陰道士寫經換鵝,及會稽孤姥烹鵝餉羲之兩事。而烹鵝事《御覽》雖言出《世說》,然實不見於今傳本《世說新語》中,必非指康王①之書。且此姥既不欲售其所愛之鵝於太守,何得又因太守來看,而烹鵝相餉,意義前後相矛盾至於此極,必後人依仿寫經換鵝故事,偽撰此説,而不悟其詞旨之不可通也。故據《太平御覽》此條殊不足以難吾所立之説。】又十六國中前蜀李氏之建國,與西晉之衰亂分裂,最有關係。而巴賨爲篤信天師道之民族,范長生本爲天師道之教主,故其拯李氏於幾亡之時,又勸其稱帝者,實有宗教之背景。否則范氏以漢族儒者,竟倒行逆施,助賨逐華。誠如夏曾佑所言,其用心殆不可解矣。【見夏氏《中國歷史》第三冊第二章第十四節。】然此事不直接關涉濱海地域問題,若詳論之,將軼出本篇主旨之外,故不復旁及,僅附著其意於此,以供治中國宗教與政治關係史者之參究。

九、附論

東西晉南北朝時之士大夫,其行事遵周孔之名教【如嚴避家諱等】,言論演老莊之自然。玄儒文史之學著於外表,傳於後世者,亦

① 即劉義慶。

未嘗不使人想慕其高風盛況。然一詳考其內容，則多數之世家其安身立命之秘，遺家訓子之傳，實爲惑世誣民之鬼道，良可嘅矣。凡前所舉此時期宮廷政治之劇變多出於<u>天師道</u>之陰謀，考史者自不可得而忽視。溯其信仰之流傳多起於濱海地域，頗疑接受外來之影響。蓋二種不同民族之接觸，其關於武事之方面者，則多在交通阻塞之點，即山嶺險要之地。其關於文化方面者，則多在交通便利之點，即海濱灣港之地。凡史籍所紀之大戰爭，若考其殺人流血之舊墟，往往同在一地。吾國自來著述多侈言地形險要，非必盡由書生妄誕之習，喜言兵事，實亦因人類之行動如戰爭者，常受地形天然之限制，故人事與地勢之關係遂往往爲讀史者議論之所及也。海濱爲不同文化接觸最先之地，中外古今史中其例頗多。斯篇之作，不過欲於此議復加一新證。並以見吾國政治革命，其興起之時往往雜有宗教神秘性質，雖至今日，尚未能盡脫此歷史之慣例。好學深思之士當能心知其意也。篇中間及<u>逸少</u>之換鵝，<u>子猷</u>①之愛竹等故事，所附之新解，即謂近乎傅會，然俱有徵於舊文，倘藉此而得承教於通人，則誠著者之大幸也。茲請引《世說新語·言語篇》"<u>王中郎</u>令<u>伏玄度</u>②、<u>習鑿齒</u>論<u>青</u>、<u>楚</u>人物"條<u>劉</u>③注所載<u>彥威</u>④之言，以結此篇。其言曰：

---

① 即王徽之。
② 王中郎：王坦之；伏玄度：伏滔。
③ 劉孝標。
④ 即習鑿齒。

尋其事,則未有赤眉、黃巾之賊。此何如青州邪?

　　若更參之以《後漢書·劉盆子傳》所記赤眉本末,應劭《風俗通義》玖《怪神篇》"城陽景王祠"條,及《魏志》壹《武帝紀》注引王沈《魏書》等,則知赤眉與天師道之祖先復有關係。故後漢之所以得興,及其所以致亡,莫不由於青、徐濱海妖巫之賊黨。殆所謂"君以此始,必以此終"者歟?因其事亦軼出本文範圍,不能詳論,遂並識此意於篇末,俟他日與李蜀范長生之事共推證焉。

　　原載一九三三年《中央研究院歷史語言研究所集刊》第叁本第肆分

述東晉王導之功業

王鳴盛《十七史商榷》伍拾"《晉書·王導傳》多溢美"條云：

> 《王導傳》一篇凡六千餘字,殊多溢美,要之看似煌煌一代名臣,其實乃並無一事,徒有門閥顯榮,子孫官秩而已。所謂翼戴中興稱"江左夷吾"者,吾不知其何在也。以懼婦爲蔡謨所嘲,乃斥之云："吾少遊洛中,何知有蔡克兒?"導之所以驕人者,不過以門閥耳。

寅恪案,王氏爲清代史學名家,此書復爲世所習知,而此條所言乖謬特甚,故本文考辨史實,證明茂弘①實爲民族之功臣。至若斥蔡謨一節,《晉書》殆採自《世説新語·輕詆類》"王丞相輕蔡公"條及劉注所引《妒記》,源出小説,事涉個人末節,無關本文宏旨,不足深論。又門閥一端乃當時政治社會經濟文化有關之大問題,不在本文範圍之内,是以亦不涉及。本文僅據當日情勢,闡明王導在東晉初期之功業一點,或可供讀史者之參考也。

東漢之末,三國鼎峙,司馬氏滅蜀篡魏,然後平吳,中國統一。吳、蜀之人同爲被征服者,而其對征服者司馬氏之政權態度不同,觀下引史料可知也。

———————————

① 即王導。

《晉書》伍貳《華譚傳》略云：

> 華譚，廣陵人也。祖融，吳左將軍、錄尚書事。父諝，吳黄
> 門郎。太康中，刺史嵇紹舉譚秀才。譚至洛陽，武帝策曰："吳、
> 蜀恃險，今既蕩平。蜀人服化，無攜貳之心；而吳人趑雎，屢作
> 妖寇。豈蜀人敦樸，易可化誘，吳人輕銳，難安易動乎？今將
> 欲綏静新附，何以爲先？"對曰："蜀染化日久，風教遂成；吳始
> 初附，未改其化，非爲蜀人敦愨，而吳人易動也。然殊俗遠境，
> 風土不同。吳阻長江，舊俗輕悍。所安之計，當先籌其人士，
> 使雲翔闒閬，進其賢才，待以異禮；明選牧伯，致以威風；輕其
> 賦斂，將順咸悦，可以永保無窮，長爲人臣者也。"

同書陸捌《賀循傳》略云：

> 賀循，會稽山陰人也。曾祖齊，仕吳爲名將。祖景，滅賊
> 校尉。父邵，中書令。著作郎陸機上疏薦循曰：伏見武康令賀
> 循，前蒸陽令郭訥，皆出自新邦，朝無知己。今揚州無郎，而荆
> 州江南乃無一人爲京城職者，誠非聖朝待四方之本心。至於
> 才望資品，循可尚書郎，訥可太子洗馬、舍人。

寅恪案，吳、蜀之人對洛陽統治政權態度不同，雖與被征服時
間之長短有關，然非其主因，其主因在兩國統治者之階級性各殊所
致。蜀漢與曹魏固是死敵，但曹操出身寒族，以法術爲治。劉備雖
自云漢之宗室，然淵源既遠，不能紀其世數，與漢之光武迥異，實亦
等於寒族。諸葛亮爲諸葛豐之後，乃亦家世相傳之法家，故兩國施
政之道正復相同。蜀亡以後，西晉政亂，洛陽政府失去統治權，然

終能恢復獨立者非蜀漢舊境內之漢人，而是自漢中北徙，乘機南返之巴賨部落，蓋蜀漢境內無強宗大族之漢人組織，地方反抗力薄弱，洛陽征服者易於統治，此晉武帝所謂"蜀人服化，無攜貳之心"者是也。吳之情勢則大不然，孫氏之建國乃由江淮地域之強宗大族因漢末之擾亂，擁戴江東地域具有戰鬥力之豪族，即當時不以文化見稱之次等士族孫氏，借其武力，以求保全而組織之政權。故其政治社會之勢力全操於地方豪族之手，西晉滅吳以後，此種地方勢力並未因之消滅，所以能反抗洛陽之統治，而與蜀亡後之情勢不同也。觀陸機薦賀循之疏及華譚對晉武帝之策，皆以籠絡吳地之統治階級爲綏靖之妙用，此中關鍵不難窺知矣。後來洛陽政府亦稍採用此種綏靖政策，尚未收大效，而中州已亂，陳敏遂乘此機會據有江東，恢復孫吳故壤，此本極自然之趨勢，不足爲怪。所可怪者，陳敏何以不能如孫氏之創業垂統，歷數十年之久，基業未定，遽爾敗亡，爲世所笑，斯又吾人所應研究之問題，而當日江東地域即孫吳故壤特殊情勢之真相所在也。

《晉書》壹佰《陳敏傳》略云：

> 陳敏，盧江人也。少有幹能，以郡廉吏補尚書倉部令史。惠帝幸長安，四方交爭，敏遂有割據江東之志。會吳王常侍甘卓自洛至，教卓假稱皇太弟命，拜敏爲揚州刺史，並假江東首望顧榮等四十餘人爲將軍、郡守，榮並偽從之。東海王軍諮祭酒華譚聞敏自相署置，而顧榮等並江東首望，悉受敏官爵，乃遺榮等書曰："陳敏倉部令史，七第頑冗，六品下才，欲躡桓王

之高蹤,蹈大皇之絶軌,遠度諸賢,猶當未許也。諸君埀頭,不能建翟義之謀,而顧生俛眉,已受羈絆之辱。何顔見中州之士邪?"周玘、顧榮之徒常懼禍敗,又得譚書,皆有慚色。玘、榮又説甘卓,卓遂背敏。敏單騎東奔,至江乘,爲義兵所斬。

同書伍貳《華譚傳》云:

> 顧榮先受[陳]敏官,而潛謀圖之。譚不悟榮旨,露檄遠近,極言其非,由此爲榮所怨。

寅恪案,陳敏之失敗由於江東之豪宗大族不與合作之故,史傳所載甚明,不待詳論。西晉末年孫吳舊壤內文化世族如吳郡顧氏等,武力豪宗如義興周氏等,皆當日最強之地方勢力,陳敏既不屬於文化世家,又非武力豪族。故華譚一檄提醒顧、周諸人之階級性,對症下藥,所以奏效若斯之神速也。東漢末年孫氏一門約相當於義興周氏之雄武,而政治社會地位則頗不及之,孫堅、策、權父子兄弟聲望才智又遠過於陳敏,此孫氏爲江淮之豪家大族所推戴,得成霸業,而陳敏則爲東吳之豪宗大族所離棄,終遭失敗也。

《世説新語・言語類》云:

> 元帝始過江,謂顧驃騎曰:"寄人國土,心常懷慚。"榮跪對曰:"臣聞王者以天下爲家,是以耿、亳①無定處,九鼎遷洛邑,願陛下勿以遷都爲念。"

寅恪案,東晉元帝者,南來北人集團之領袖。吳郡顧榮者,江

---

① 耿、亳爲二商都。

東士族之代表。元帝所謂"國土"者,即孫吳之國土。所謂"人"者,即顧榮代表江東士族之諸人。當日北人南來者之心理及江東士族對此種情勢之態度可於兩人問答數語中窺知。顧榮之答語乃允許北人寄居江左,與之合作之默契。此兩方協定既成,南人與北人戮力同心,共禦外侮,而赤縣神州免於全部陸沉,東晉南朝三百年之世局因是決定矣。

王導之功業即在勘破此重要關鍵,而執行籠絡吳地士族之政策,觀下引史料可知也。

《晉書》陸伍《王導傳》云:

> [琅邪王睿]徙鎮建康,吳人不附,居月餘,士庶莫有至者,導患之。會[王]敦來朝,導謂之曰:"琅邪王仁德雖厚,而名論猶輕。兄威風已振,宜有以匡濟者。"會三月上巳,帝親觀禊,乘肩輿,具威儀,敦、導及諸名勝皆騎從。吳人紀瞻、顧榮,皆江南之望,竊覘之,見其如此,咸驚懼,乃相率拜於道左。導因進計曰:"古之王者,莫不賓禮故老,存問風俗,虛己傾心,以招俊乂。況天下喪亂,九州分裂,大業草創,急於得人者乎?顧榮、賀循,此土之望,未若引之,以結人心。二子既至,則無不來矣。"帝乃使導躬造循、榮,二人皆應命而至,由是吳會風靡,百姓歸心焉。自此之後,漸相崇奉,君臣之禮始定。

寅恪案,《資治通鑑》捌陸《晉紀》懷帝永嘉元年(公元三零七年)"九月戊申琅邪王睿至建業"條《考異》於此類有疑義,然司馬君實不過懷疑此傳文中數事有小失實處,而於王導執行籠絡江東士

族之大計，仍信用此傳所載也。考司馬氏之篡魏，乃東漢儒家大族
勢力之再起，晉之皇室及中州避亂南來之士大夫大抵爲東漢末年
之儒家大族擁戴司馬氏集團之子孫，其與顧榮諸人雖屬不同邦土，
然就社會階級言之，實爲同一氣類，此江東士族寧戴仇讎敵國之子
孫以爲君主，而羞與同屬孫吳舊壤寒賤庶族之陳敏合作之故也。
茲更引史料以證明王導之政策及其功業所在之關鍵如下：

《世說新語・政事類》云：

　　丞相【王導】末年略不復省事，正封籙諾之，自歎曰："人言
我憒憒，後人當思此憒憒。"【劉注引徐廣《歷紀》曰：導阿衡三
世，經綸夷險，政務寬恕，事從簡易，故垂遺愛之譽也。】

同書同類又云：

　　丞相嘗夏月至石頭看庾公①，庾公正料事。丞相云："暑，
可小簡之。"庾公曰："公之遺事，天下亦未以爲允。"【劉注引《殷
羨言行》曰：王公②薨後，庾冰代相，網密刑峻。羨時行遇收捕
者於途，慨然歎曰："丙吉問牛喘，似不爾。"嘗從容謂冰曰："卿
輩自是網目不失，皆是小道小善耳，至如王公，故能行無理
事。"謝安石每歎詠此唱。庾赤玉曾問羨："王公治何似，詎是
所長？"羨曰："其餘令績不復稱論。然三捉三治，三休三敗。"】

同書《規箴類》云：

---

① 即庾冰。
② 即王導。

王丞相爲揚州遣八部從事之職，顧和時爲下傳還，同時俱見，諸從事各奏二千石官長得失，至和獨無言。王問顧曰："卿何所聞？"答曰："明公作輔，寧使網漏吞舟，何緣採聽風聞，以爲察察之政。"丞相咨嗟稱佳，諸從事自視缺然也。【參《晉書》捌叁《顧和傳》】

寅恪案，東漢末年曹操、袁紹兩人行政之方法不同，操刑網峻密，紹寬縱大族，觀陳琳代紹罪操之檄及操平鄴後之令可知也。司馬氏本爲儒家大族，與袁紹正同，故其奪取曹魏政權以後，其施政之道號稱平恕，其實是寬縱大族，一反曹氏之所爲，此則與蜀漢之治術有異，而與孫吳之政情相合者也。東晉初年既欲籠絡孫吳之士族，故必仍循寬縱大族之舊政策，顧和所謂"網漏吞舟"，即指此而言。王導自言"後人當思此憒憒"，實有深意。江左之所以能立國歷五朝之久，內安外攘者，即由於此。故若僅就斯點立論，導自可稱爲民族之大功臣，其子孫亦得與東晉南朝三百年之世局同其興廢。豈偶然哉！

《世說新語·方正類》云：

王丞相初在江左，欲結援吳人，請婚陸太尉①。對曰："培塿無松柏，薰蕕不同器，玩雖不才，義不爲亂倫之始。"

同書《排調類》云：

劉真長始見王丞相，時盛暑之月，丞相以腹熨彈棊局曰：

---

①　即陸玩。

"何乃淘!"【劉注云:吳人以冷爲淘。】劉既出,人問見王公云
何? 劉曰:"未見他異,唯聞作吳語耳。"【劉注引《語林》曰:真長
云丞相何奇? 止能作吳語及細唾也。】

同書《政事類》云:

　　王丞相拜揚州,賓客數百人,並加霑接,人人有説色,唯有臨
　海一客姓任【劉注引《語林》曰:任名顗,時官在都,預三公坐】及
　數胡人爲未洽,公因便還到過任邊云:"君出,臨海便無復人。"
　任大喜説,因過胡人前,彈指云:"蘭闍! 蘭闍!"羣胡同笑,四坐
　並懽。

寅恪案,後來北魏孝文帝爲諸弟聘漢人士族之女爲妃及禁止
鮮卑人用鮮卑語施行漢化政策,藉以鞏固鮮卑統治地位,正與王導
以籠絡吳人之故求婚陸氏强作吳語者,正復暗合。所可注意者,東
晉初年江左吳人士族在社會婚姻上其對北人態度之驕傲與後來蕭
齊以降迥不侔矣。吳語者當時統治階級之北人及江左吳人士族所
同羞用之方言【詳見拙著《從史實論切韻》】,王導乃不惜屈尊爲之,
故宜爲北人名士所笑,而導之苦心可以推見也。臨海任姓自是吳
人,故導亦曲意與之周旋。至"彈指"及"蘭闍"寅恪別有解釋,以其
不在本文範圍,故不贅及,惟頗疑庾信之小字蘭成實與此有關,姑
附記此重有趣之公案以待異日之參究耳。

王導籠絡吳人之例證既如上述,其他東晉初年施行之大政策
可以據此類推,不必列舉。其最可注意不得不稍詳加論述者,則有
元帝、王導對待義興周氏一事,此事屬於北人南來之路線及其居住

地域問題,實爲江左三百年政治社會經濟史之關鍵所在,職是之故,多録史料並推論之於後:

《晉書》伍捌《周處傳》附《周玘傳》云:

　　玘宗族彊盛,人情所歸,帝疑憚之。於時中州人士佐佑王業,而玘自以爲不得調,内懷怨望,復爲刁協輕之,恥恚愈甚。時鎮東將軍祭酒東萊王恢亦爲周顗所侮,乃與玘陰謀誅諸執政,推玘及戴若思與諸南士共奉帝,以經緯世事。先是,流人帥夏鐵等寓於淮泗,恢陰書與鐵,令起兵,己當與玘以三吴應之。建興初,鐵已聚衆數百人,臨淮太守蔡豹斬鐵以聞。恢聞鐵死,懼罪,奔於玘,玘殺之,埋於豕牢。帝聞而秘之,召玘爲鎮東司馬。未到,復改授建武將軍、南郡太守。玘既南行,至蕪湖,又下令曰:"玘奕世忠烈,義誠顯著,孤所欽喜。今以爲軍諮祭酒,將軍如故,進爵爲公,禄秩僚屬一同開國之例。"玘忿於迴易,又知其謀泄,遂憂憤發背而卒。將卒,謂子勰曰:"殺我者諸傖子,能復之,乃吾子也。"吴人謂中州人曰傖,故云耳。

同書同卷《周勰傳》云:

　　[勰]常緘父言。時中國亡官失守之士避亂來者,多居顯位,駕御吴人,吴人頗怨。勰因之欲起兵,潛結吴興郡功曹徐馥。馥家有部曲,勰使馥矯稱叔父札命以合衆,豪俠樂亂者,翕然附之,以討王導、刁協爲名。孫皓族人弼亦起兵廣德以應之。馥殺吴興太守袁琇,有衆數千,將奉札爲主。時札以疾歸

家，聞而大驚，乃告亂於義興太守孔侃。軌知札不同，不敢發兵。馥黨懼，攻馥，殺之。孫弼衆亦潰，宣城太守陶猷滅之。元帝以周氏奕世豪望，吳人所宗，故不窮治，撫之如舊。

同書同卷《周札傳》略云：

札一門五侯，竝居列位，吳士貴盛，莫與爲比，王敦深忌之。後[周]莚喪母，送者千數，敦益憚焉。及敦疾，錢鳳以周氏宗彊，與沈充權勢相侔，欲自託於充，謀滅周氏，使充得專威揚土，乃說敦曰："夫有國者患於彊逼，自古釁難恒必由之。今江東之豪，莫彊周、沈，公萬世之後，二族必不静矣。周彊而多俊才，宜先爲之所，後嗣可安，國家可保耳。"敦納之。時有道士李脱者，妖術惑衆。弟子李弘，養徒灊山，云應讖當王。故敦使廬江太守李恒告札及其諸兄子與脱謀圖不軌。時莚爲敦諮議參軍，即營中殺莚及脱、弘，又遣參軍賀鸞就沈充盡掩殺札兄弟子，既而進軍會稽襲札。札先不知，卒聞兵至，率麾下數百人出拒之。兵散見殺。及敦死，札、莚故吏竝詣闕訟周氏之冤，宜加贈諡。事下八坐，尚書卞壼議以札石頭之役，開門延寇，遂使賊敦恣亂，札之責也。追贈意所未安。司徒王導議以宜與周顗、戴若思等同例。朝廷竟從導議，追贈札衛尉。

寅恪案，東晉初年孫吳舊統治階級略可分爲二類，一爲文化士族，如吳郡顧氏等是，一爲武力强宗，如義興周氏等是，前者易於籠絡，後者則難馴服，而後者之中推義興周氏爲首，錢鳳所謂"江東之豪莫彊周、沈"者，誠爲實録，蓋此等强宗具有武力經濟等地方之實力,最易與南來北人發生利害衝突,而元帝、王導委曲求全,以綏靖周氏,實由其勢力特強之故,必非有所偏愛。不過畏其地方勢力之強大而出此,斷可知也。然江東之豪族亦不止義興周氏,孫吳舊統治階級亦多不滿南來之北人,何以義興周氏一門特別憤恨北人,至於此極者,頗疑其所居住之地域與南來之北人接觸,兩不相下,利害衝突所致也。

　　北人南來避難約略可分爲二路線,一至長江上游,一至長江下游,路線固有不同,而避難人羣中其社會階級亦各互異;其上層階級爲晉之皇室及洛陽之公卿士大夫,中層階級亦爲北方士族,但其政治社會文化地位不及聚集洛陽之士大夫集團,除少數人如徐澄之、臧琨等外【見《晉書》玖壹《儒林傳·徐邈傳》】,大抵不以學術擅長,而用武勇擅戰著稱,下層階級爲長江以北地方低等士族及一般庶族,以地位卑下及實力薄弱,遠不及前二者之故,遂不易南來避難,其人數亦因是較前二者爲特少也。茲先就至長江下游之路線言之,下層階級大抵分散雜居於吳人勢力甚大之地域,既以人數寡少,不能成爲強有力之集團,復因政治文化地位之低下,更不敢與當地吳人抗衡,遂不得不逐漸同化於土著之吳人,即與吳人通婚姻,口語爲吳語,此等可以陳之皇室及王敬則家等爲代表。【陳霸先先娶吳興錢氏女,續娶吳興章氏即鈕氏女,見《南史》壹貳《陳武宣章皇后傳》。王敬則接士庶皆吳語,見《南齊書》貳陸《王敬則傳》。陳霸先之先世,不知其在西晉末年真爲何地人,但避難南來,定居吳興郡長城縣。王敬則之籍貫,據《南史》肆伍《王敬則傳》,本爲臨

淮射陽,後僑居晉陵南沙縣。然則同爲自北而南避難過江之傖楚,
俱是北來南人之下層社會階級,故雜居吳人勢力甚大之地域,遂同
化於吳人也。】此等人之勢力至南齊以後終漸興起,其在東晉初年
頗不重要,故本文姑置不論。

　　東西晉之間江淮以北次等士族避亂南來,相率渡過阻隔胡騎
之長江天塹,以求保全,以人事地形便利之故,自必覓較接近長江
南岸,又地廣人稀之區域,以爲安居殖產之所。此種人羣在當時既
非佔有政治文化上之高等地位,自不能亦不必居住長江南岸新立
之首都建康及其近旁。復以人數較當時避難南來之上下兩層社會
階級爲多之故,又不便或不易插入江左文化士族所聚居之吳郡治
所及其近旁,故不得不擇一距新邦首都不甚遠,而又在長江南岸較
安全之京口晉陵近旁一帶,此爲事勢所必致者也。據《元和郡縣圖
志》貳伍《江南道》壹"潤州丹陽縣"條云:

　　　　新豐湖在縣東北三十里,晉元帝大興四年(公元三二一
　　　　年)晉陵內史張闓所立。舊晉陵地廣人稀,且少陂渠,田多惡
　　　　穢。闓創湖,成溉灌之利。初以勞役免官,後追紀其功,超爲
　　　　大司農。

可知東晉初年京口晉陵一帶地廣人稀,後來此區域之發展繁盛實
有賴於此種避難南來者之力也。又據《元和郡縣圖志》貳伍《江南
道》壹"常州義興縣"條云:

　　　　晉惠帝時妖賊石冰寇亂揚土,縣人周玘創義討冰。割吳
　　　　興之陽羨並長城縣之北鄉爲義興郡,以表玘功。

及《宋書》叄伍《州郡志》壹"南徐州刺史"條略云：

> 晉永嘉大亂，幽、冀、青、并、兗州及徐州之淮北流民，相率
> 過淮，亦有過江在晉陵郡界者。晉成帝咸和四年(公元三二九
> 年)，司空郗鑒又徙流民之在淮南者於晉陵諸縣，其徙過江南
> 及留在江北者，並立僑郡縣以司牧之。故南徐州備有徐、兗、
> 幽、冀、青、并、揚七州郡邑。户七萬二千四百七十二，口四十
> 二萬六百四十。晉陵太守領户一萬五千三百八十二，口八萬
> 一百一十三。義興太守領户一萬三千四百九十六，口八萬九
> 千五百二十五。

《世說新語·捷悟類》"郗司空在北府，桓宣武①惡其居兵權"條劉注
引《南徐州記》曰：

> 徐州人多勁悍，號精兵，故桓溫常曰："京口酒可飲，箕可
> 用，兵可使。"

《晉書》捌肆《劉牢之傳》略云：

> 劉牢之，彭城人也。曾祖羲，以善射事武帝，歷北地、雁門
> 太守。父建，有武幹，爲征虜將軍。世以壯勇稱。牢之面紫赤
> 色，鬚目驚人，而沉毅多計畫。太元初，謝玄北鎮廣陵，時符堅
> 方盛，玄多募勁勇，牢之與東海何謙、琅邪諸葛侃、樂安高衡、
> 東平劉軌、西河田洛及晉陵孫無終等以驍猛應選。玄以牢之
> 爲參軍，領精鋭爲前鋒，百戰百勝，號爲"北府兵"，敵人畏之。

---

① 即桓溫。

《宋書》壹《武帝紀》略云：

> 高祖武皇帝諱裕，小名寄奴，彭城縣綏興里人。〔曾祖〕混始過江，居晉陵郡丹徒縣之京口里。〔高祖〕乃與〔東海何〕無忌同船共還，建興復之計。於是與弟道規、沛郡劉毅、平昌孟昶、任城魏詠之、高平檀憑之、琅邪諸葛長民、太原王元德、隴西辛扈興、東莞童厚之，並同義謀。

《魏書》玖捌《島夷蕭道成傳》略云：

> 島夷蕭道成，晉陵武進楚也。

又同書同卷《島夷蕭衍傳》略云：

> 島夷蕭衍，亦晉陵武進楚也。

則知此種人羣所住居之晉陵郡，其人口之數在當時爲較繁庶者，但尚不及周氏住居之義興郡，是周氏宗族之強大可以推見。此種北來流民爲當時具有戰鬥力之集團，易言之，即江左北人之武力集團，後來擊敗苻堅及創建宋、齊、梁三朝之霸業皆此集團之子孫也。此種人羣既爲勇武之團體，而與豪宗大族之義興周氏所居之地接近，人數武力頗足對抗，其利害衝突不能相下，又不能同化，勢成仇敵，理所必然。此東晉初年義興周氏所具之特殊性，而爲元帝、王導籠絡吳人政策中最重要之一點，抑可知矣。至南來北人之上層社會階級本爲住居洛陽及其近旁之士大夫集團，在當時政治上尤其在文化上有最高之地位，晉之司馬氏皇室既捨舊日之首都洛陽，遷於江左之新都建業，則此與政治中心最有關係之集團自然隨司馬氏皇室，移居新政治中心之首都及其近旁之地。王導之流即此集團之人物,當時所謂"過江名士"者是也。但建業本爲孫吳舊都,吳人之潛在勢力甚大,又人口繁庶,其經濟情勢必非京口晉陵一帶地廣人稀空虛區域可比。此集團固佔當日新都政治上之高位,若復殖產興利,與當地吳人作經濟上之競爭,則必招致吳人之仇怨,違反當日籠絡吳人之國策,此王導及其集團之人所不欲或不能爲者也。然此等人原是東漢儒家大族之子孫,擁戴司馬氏篡魏興晉,即此集團之先世所爲。其豪奢腐敗促成洛陽政權之崩潰,逃命江左,"寄人國土",喘息稍定,舊習難除,自不能不作"求田問舍"之計,以恢復其舊日物質及精神上之享樂。新都近旁既無空虛之地,京口晉陵一帶又爲北來次等士族所佔有,至若吳郡、義興、吳興等皆是吳人勢力強盛之地,不可插入。故惟有渡過錢塘江,至吳人士族力量較弱之會稽郡,轉而東進,爲經濟之發展。觀下引此集團領袖王、謝諸家"求田問舍"之史料,可爲例證也。

《晉書》捌拾《王羲之傳》略云:

[王]述後檢察會稽郡,辯其刑政,主者疲於簡對。羲之深恥之,遂稱病去郡,於父母墓前自誓。羲之既去官,與東土人士盡山水之游。與吏部郎謝萬書曰:"頃東游還,修植桑果。并行田視地利,頤養閒暇。"

《宋書》陸柒《謝靈運傳》略云:

靈運因父祖之資,生業甚厚。奴僮既衆,義故門生數百。鑿山浚湖,功役無已。尋山陟嶺,必造幽峻,巖障千重,莫不備盡。登躡常著木履,上山則去前齒,下山去其後齒。嘗自始寧南山,伐木開逕,直至臨海,從者數百人。臨海太守王琇驚駭,謂爲山賊,徐知是靈運乃安。在會稽亦多徒衆,驚動縣邑。

寅恪案,世人以爲王右軍、謝康樂①爲吾國文學藝術史上特出之人物,其欣賞自然界美景之能力甚高,而浙東山水佳勝,故於此區域作"求田問舍"之計,此說固亦可通,但難解釋陽羨溪山之幽美甲於江左,而又在長江流域,王、謝諸名士何以捨近就遠,東過浙江"求田問舍",特留此幽美之溪山,以待後賢之游賞耶? 鄙意陽羨溪山雖美,然在"殺虎斬蛟"之義興周氏勢力範圍以内【可參《晉書》伍捌《周處傳》】,王、謝諸名士之先世【參《晉書》柒玖《謝安傳》】及本身斷不敢亦不能與此吳地豪雄大族競爭。 故唯有捨幽美之勝地,遠至與王導座上羣胡同類任姓客所居臨海郡接近之區域,爲養生適意之"樂園"耳。由此言之,北來上層社會階級雖在建業首都作政治之活動,然其殖產興利爲經濟之開發,則在會稽、臨海間之地域。故此一帶區域亦是北來上層社會階級所居住之地也。

上述南來北人至長江下游之路線及其居住之區域既竟,兹請再論南來北人至長江上游之路線,及其居住之區域如下:

《梁書》拾《蕭穎達傳》略云:

> 兄穎胄,齊建武末行荆州事,穎達亦爲西中郎外兵參軍,俱在西府。東昏遣輔國將軍劉山陽爲巴西太守,道過荆州,密敕穎胄襲雍州。時高祖已爲備矣。仍遣穎胄親人王天虎以書

---

① 即謝靈運。

疑之。山陽至，果不敢入城。穎胄計無所出，夜遣錢塘人朱景思呼西中郎城局參軍席闡文、諮議參軍柳忱閉齋定議。闡文曰："蕭雍州蓄養士馬，非復一日，江陵素畏襄陽人，人衆又不敵，取之必不可制。"

寅恪案，此傳最可注意之點爲席闡文所謂"江陵素畏襄陽人"一語。此點不獨涉及梁武帝之霸業，即前此之桓玄、劉毅、沈攸之，後此之梁元帝、蕭詧諸人之興亡成敗皆與之有關也。若欲明瞭此中關鍵，必先考釋居住襄陽及江陵之南來北人爲當時何等社會階級。此種南來北人亦可分爲三等，與南來北人之遷居長江下游者之類別亦約略相似。兹爲簡便計，其下層階級南來北人與吳人雜居者，關係不重要，可置不論，只論上中兩層南來北人之階級如下：

《宋書》叄柒《州郡志》叄"雍州刺史"條云：

> 雍州刺史，晉江左立。胡亡氐亂，雍、秦流民多南出樊、沔，晉孝武始於襄陽僑立雍州，并立僑郡縣。宋文帝元嘉二十六年（公元四四九年），割荊州之襄陽、南陽、新野、順陽、隨五郡爲雍州，而僑郡縣猶寄寓在諸郡界。孝武大明中（公元四五七年至四六四年），又分實土郡縣以爲僑郡縣境。

《南齊書》壹伍《州郡志》"雍州"條略云：

> 雍州。
>
> 新野郡。

寅恪案，史言"胡亡氐亂，雍、秦流民多南出樊、沔"。此謂永嘉南渡後事。然西晉末年中州擾亂，北人莫不欲南來，以求保全，當時具有逃避能力者自然逐漸向南移動，南陽及新野之上層士族，其政治社會地位稍遜於洛陽勝流如王導等者，則不能或不必移居江左新邦首都建業，而遷至當日長江上游都會江陵南郡近旁一帶，此不僅以江陵一地距胡族勢力較遠，自較安全，且因其爲當日長江上游之政治中心，更爲佔有政治上地位之人羣所樂居者也。又居住南陽及新野地域之次等士族同時南徙至襄陽一帶。其後復值"胡亡氐亂"，雍、秦流民又南徙而至此區域。此兩種人之性質適與長江下游居住京口、晉陵一帶之北人相似，俱是有戰鬥力之武人集團，宜其爲居住江陵近旁一帶之文化士族所畏懼也。請更分析解釋下引史料，以證明之：

《周書》肆壹《庾信傳》《哀江南賦》云：

> 我之掌庾承周，以世功而爲族；經邦佐漢，用論道而當官。稟嵩、華之玉石，潤河、洛之波瀾。居負洛而重世，邑臨河而晏安。逮永嘉之艱虞，始中原之乏主。民枕倚於墻壁，路交橫於豺虎。值五馬之南奔，逢三星之東聚。彼凌江而建國，此播遷於吾祖。分南陽而賜田，裂東嶽而胙土。誅茅宋玉之宅，穿徑臨江之府。

《隋書》柒捌《藝術傳·庾季才傳》略云：

> 庾季才，新野人也。八世祖滔，隨晉元帝過江，官至散騎常侍，封遂昌侯，因家於南郡江陵縣。

《梁書》壹玖《宗夬傳》略云：

> 宗夬，南陽涅陽人也，世居江陵。祖景，宋時徵太子庶子，

不就,有高名。父繁,西中郎諮議參軍。夬少勤學,有局幹。弱冠,舉郢州秀才。齊司徒竟陵王集學士於西邸,並見圖畫,夬亦預焉。永明中,與魏和親,敕夬與尚書殿中郎任昉同接魏使,皆時選也。

《南齊書》伍肆《劉虯傳》【參《南史》伍拾《劉虬傳》】略云:

劉虬,南陽涅陽人也。舊族,徙居江陵。建元初,豫章王爲荊州,教辟虯爲別駕,與同郡宗測、新野庾易並遣書禮請。永明三年(公元四八五年),刺史盧陵王子卿表虯及同郡宗測、宗尚之、庾易、劉昭五人,請加蒲車束帛之命。詔徵爲通直郎,不就。

《世說新語·棲逸類》【參《晉書》玖肆《隱逸傳·劉驎之傳》】略云:

南陽劉驎之高率善史傳,隱於陽岐。荊州刺史桓沖徵爲長史。【劉注引鄧粲《晉紀》曰:驎之字子驥,南陽安衆人。】

又同書《任誕類》云:

桓車騎在荊州,張玄爲侍中,使至江陵,路經陽岐村。【劉注云:村臨江,去荊州二百里。】俄見一人持半小籠生魚,徑來造船,云:"有魚欲寄作膾。"張乃維舟而納之,問其姓字,稱是劉遺民。【劉注引《中興書》曰:劉驎之一字遺民。】

吳士鑑《〈晉書·劉驎之傳〉斠注》引洪亮吉《東晉疆域志》曰:

石首有陽岐。

寅恪案,上述北人南來之上層士族,其先本居南陽一帶,後徙江陵近旁地域,至江左政權之後期,漸次著稱。及梁元帝遷都江陵,爲此集團最盛時代。然西魏滅梁,此種士族與北方南來居住建業之上層士族遭遇侯景之亂,幸得逃命至江陵者,同爲俘虜,隨征服者而北遷,於是北方上層士族南渡之局遂因此告一結束矣。

《宋書》捌叁《宗越傳》云:

> 宗越,南陽葉人也。本河南人,晉亂,徙南陽宛縣,又土斷屬葉。本爲南陽次門。安北將軍趙倫之鎮襄陽。襄陽多雜姓,倫之使長史范顗之條次氏族,辨其高卑,顗之點越爲役門,出身補郡吏。

《梁書》玖《曹景宗傳》略云:

> 曹景宗,新野人也。父欣之,爲宋將,位至征虜將軍、徐州刺史。景宗幼善騎射。

同書拾《蔡道恭傳》【《南史》伍伍《蔡道恭傳》同】略云:

> 蔡道恭,南陽冠軍人也。父郡,宋益州刺史。[道恭]累有戰功。

同書同卷《楊公則傳》【《南史》伍伍《楊公則傳》同】略云:

> 楊公則,天水西縣人也。父仲懷,宋泰始初爲豫州刺史殷琰將,戰死於橫塘,公則殮畢,徒步負喪歸鄉里。【寅恪案,《宋書》叁柒《州郡志》"雍州刺史"條下有南天水太守及西縣令。公則之鄉里當即指此。】

同書壹貳《席闡文傳》【《南史》伍伍《席闡文傳》同】略云:

> 席闡文,安定臨涇人也。齊初,爲雍州刺史蕭赤斧中兵參

軍,由是與其子穎胄善。【寅恪案,《宋書》叁柒《州郡志》"秦州刺史"條有安定太守。又云:晉孝武復立,寄治襄陽。闓文既爲雍州刺史府參軍,疑其家亦因晉孝武時"胡亡氐亂"南遷襄陽者也。】

同書壹柒《馬仙琕傳》【《南史》貳陸《袁湛傳》附《馬仙琕傳》同】略云:

馬仙琕,扶風郿人也。父伯鸞,宋冠軍司馬。仙琕少以果敢聞。【寅恪案,《宋書》叁柒《州郡志》"雍州刺史"條下有扶風太守郿縣令。】

同書壹捌《康絢傳》【《南史》伍伍《康絢傳》同】略云:

康絢,華山藍田人也。其先出自康居。初,漢置都護,盡臣西域,康居亦遣侍子待詔於河西,因留爲黔首,其後即以康爲姓。晉時隴右亂,康氏遷於藍田。絢曾祖因爲苻堅太子詹事,生穆,穆爲姚萇河南尹。宋永初中,穆舉鄉族三千餘家,入襄陽之峴南,宋爲置華山郡藍田縣,寄居於襄陽,以穆爲秦、梁二州刺史,未拜,卒。絢世父元隆,父元撫,並爲流人所推,相繼爲華山太守。絢少俶儻有志氣,齊文帝爲雍州刺史,所辟皆取名家,絢特以才力召爲西曹書佐。永明三年,除奉朝請。文帝在東宮,以舊恩引爲直。後以母憂去職,服闋,除振威將軍、華山太守。推誠撫循,荒餘悦服。遷前軍將軍,復爲華山太守。永元元年(公元四九九年),義兵起,絢舉郡以應。

寅恪案,上述諸人皆屬長江上游南來北人之武力集團,本爲北方中層社會階級，即《宗越傳》所謂"次門"者是，與長江下游居住京口晉陵一帶之南來北人爲武力集團者正同，但其南遷之時代較晚，觀楊公則、席闡文、康絢諸傳，可知此等人其先世之南遷當在"胡亡氏亂"以後，故其戰鬥力之衰退亦較諸居住長江下游京口晉陵一帶之武力集團爲稍遲，梁武帝之興起實賴此集團之武力，梁之季年此集團之武力已不足用，故梁武不得已而改用北來降將。至陳霸先則又別用南方土著之豪族，此爲江左三百年政治社會上之大變動，本文所不能詳及者也。

　　總而言之，西晉末年北人被迫南徙孫吳舊壤，當時胡、羯强盛，而江東之實力掌握於孫吳舊統治階級之手，一般庶族勢力微薄，觀陳敏之敗亡，可以爲證。王導之籠絡江東士族，統一內部，結合南人北人兩種實力，以抵抗外侮，民族因得以獨立，文化因得以續延，不謂民族之功臣，似非平情之論也。寅恪草此文時，距寓廬不遠，適發見一晉墓【墓在廣州河南敦和鄉客村】，其甎銘曰：

　　　永嘉世，天下災。但江南，皆康平。

　　　永嘉世，九州空。余【餘】吳土，盛且豐。

　　　永嘉世，九州荒。余【餘】廣州，平且康。

　　嗚呼！當永嘉之世，九州空荒，但僅存江南吳土尚得稱康平豐盛者，是誰之力歟？

原載《中山大學學報》一九五六年第壹期

魏書司馬叡傳江東民族條釋證及推論

（上）釋證

貉子

《魏書》玖陸《僭晉司馬叡傳》云：

> 中原冠帶呼江東之人皆爲貉子，若狐貉類云。巴、蜀、蠻、獠、谿、俚、楚、越，鳥聲禽呼，言語不同，猴、蛇、魚、鼈，嗜欲皆異。江山遼闊，將數千里，叡羈縻而已，未能制服其民。

寅恪案，《三國志・蜀志》陸《關羽傳》裴注引《典略》略云：

> 羽圍樊，〔孫〕權遣使求助之。羽忿其淹遲，乃罵曰："貉子敢爾，如使樊城拔，吾不能滅汝邪？"

《世說新語・惑溺篇》云：

> 孫秀降晉，晉武帝厚存寵之，妻以姨妹蒯氏，室家甚篤。妻嘗妒，乃罵秀爲貉子。秀大不平，遂不復入。

此條劉注引《太原郭氏錄》曰：

> 秀，字彦才，吳郡吳人。

寅恪案，《三國志・吳志》陸《孫匡傳》附載《秀傳》，秀即孫權弟全之孫也。劉注又引《晉陽秋》曰：

　　蒯氏,襄陽人。祖良,吏部尚書。父鈞,南陽太守。

　　然則孫秀是江東土著,蒯氏復出中原冠帶之族,宜蒯之罵秀爲貉子。魏伯起①之說於此可證。至關羽爲中原人【河東解】,孫權爲江東人【吳郡富春】,亦與伯起所言之地域民族相符也。

　　又《晉書》伍肆《陸機傳》略云:

　　　　初,宦人孟玖弟超並爲[成都王]穎所嬖寵。超領萬人爲小都督。未戰,縱兵大掠。機録其主者。超將鐵騎百餘人,直入機麾下奪之,顧謂機曰:"貉奴能作督不!"

　　寅恪案,陸機爲江東士族,孟玖兄弟雖出自寒微,然是中原人,故超亦以貉奴之名詈機也。

巴

　　古史民族名稱,其界說頗涉混淆,不易確定。今論巴族,依據杜君卿《通典》之解釋,即是南蠻中廩君一種。杜氏用范蔚宗《後漢書》之文,而刪除其神話一節,以爲"是皆怪誕,以此不取"。其實蔚宗述巴郡南郡蠻事,其神話採自《世本》,亦與其述槃瓠種蠻事,其神話採自《風俗通》者相同。范氏文才之士,家世奉天師道,受其教義薰習,識解如此,不足深怪也。故兹迻寫《通典》刪節范書之文,參會《晉書》《魏書》關於巴賨之記述,並附録杜氏所下論斷之語於下,庶幾解釋魏氏巴族之定義,即不中亦不遠矣。《通典》壹捌柒

---

①　即魏收。

《邊防典》叁《南蠻類上》“廩君種”條【參考《水經注‧夷水篇》引盛弘之《荆州記》】云：

> 廩君種不知何代，初，巴氏、樊氏、瞫氏、相氏、鄭氏五姓皆出武落鍾離山。【原注：在今夷陵郡巴山縣。】其山有赤黑二穴，巴氏之子生於赤穴，四姓之子皆生黑穴。未有君長，共立巴氏子務相，是爲廩君。從夷水下至鹽陽【原注：今夷陵郡巴山縣清江水，一名夷水，一名鹽水。其源出清江郡清江縣西都亭山】，廩君於是君乎夷城，四姓皆臣之。【寅恪案，此上爲君卿節録《後漢書‧南蠻傳》之文。】巴梁間諸巴皆是也。【原注：即巴漢之地。按范曄《後漢史》云云，是皆怪誕，以此不取。】

寅恪案，“巴梁間諸巴皆是也”一語，爲《後漢書》原文所無，乃杜氏依其民族姓氏及地域之名考證所得之結論，宜可信從也。

又關於杜氏之結論，更可取《晉書》壹貳拾《李特載記》及《魏書》玖陸《竇李雄傳》參證之。《晉書‧載記》之文同於《後漢書‧南蠻傳》“巴郡南郡蠻”條，並載廩君神話。魏晉之文亦同此條，而省去其神話。《晉書》壹貳拾《李特載記》略云：

> 李特，巴西宕渠人。其先廩君之苗裔也。其後種類遂繁。秦并天下，以爲黔中郡。薄賦斂之，口歲出錢四十。巴人呼賦爲竇，因謂之竇人焉。漢末，張魯居漢中，以鬼道教百姓，竇人敬信巫覡，多往奉之。值天下大亂，自巴西之宕渠遷於漢中楊車坂，號爲楊車巴。魏武帝克漢中，特祖將五百餘家歸之。魏武帝遷於略陽。北土復號之爲巴氏。

《魏書》玖陸《賨李雄傳》略云：

> 賨李雄，蓋廩君之苗裔也。其先居於巴西宕渠。秦并天下，爲黔中郡，薄賦其民，口出錢三十。巴人謂賦爲賨，因爲名焉。後徙櫟陽。祖慕，魏東羌獵將。慕有五子：輔、特、庠、流、驤。晉惠時，關西擾亂，頻歲大饑。特兄弟率流民數萬家就穀漢中，遂入巴蜀。

寅恪案，《晉》《魏》二書之文，當俱源出《十六國春秋》。而崔書元本今已失傳，不易詳證。但崔鴻、魏收之書，俱北朝著述。其作者之環境及資料既同，書中巴族之定義，自無差異。若復取與《通典》論斷之語相參校，益信君卿①所説爲不謬也。

又《魏書》柒玖《董紹傳》【參《北史》肆陸《董紹傳》】略云：

> 董紹，新蔡鮦陽人也。蕭寶夤反於長安也，紹上書求擊之，云：“臣當出瞎巴三千，生啖蜀子。”蕭宗謂黃門徐紇曰：“此巴真瞎也？”紇曰：“此是紹之壯辭，云巴人勁勇，見敵無所畏懼，非實瞎也。”帝大笑。

及《宋書》玖柒《夷蠻傳·豫州蠻傳》【參《南史》柒玖《蠻傳》“豫州蠻”條】略云：

> 豫州蠻，廩君後也。西陽有巴水、蘄水、希水、赤亭水、西歸水，謂之五水蠻。所在並深岨，種落熾盛，歷世爲盜賊。北接淮、汝，南極江、漢，地方數千里。[元嘉]二十九年（公元四五

---

① 即杜祐。

二年),新蔡蠻二千餘人破大雷戍,略公私船舫,悉引入湖。

寅恪案,董紹既是新蔡人,又自稱爲巴,疑其族乃五水蠻中巴水蠻也。紹所謂蜀子者,殆指與寶夤相應援之薛鳳賢、脩義①等而言【見《通鑑》壹伍壹梁武帝大通元年(公元五二七年)"正平民薛鳳賢反"條等】,此即所謂蜀薛者也。見下文論蜀薛條。

蜀

蜀在古代本爲一民族之名,見於《尚書·牧誓篇》。然其問題屬於上古史之範圍,非寅恪所敢置詞。兹所論者即魏伯起既以蜀爲江東,即南朝領域内一民族之名,而於北朝史籍中,亦得下列之旁證:

《魏書》貳《太祖紀》云:

天興元年(公元三九八年)夏四月,鄴城屠各董羌、杏城盧水郝奴、河東蜀薛榆、氐帥符興,各率其種内附。

[天興]二年(公元三九九年)八月,西河胡帥護諾于②、丁零帥翟同、蜀帥韓礐,並相率内附。

同書叁《太宗紀》云:

[永興]三年(公元四一一年)夏四月戊寅,河東蜀民黃思、郭綜等率營部七百餘家内屬。

---

① 即薛脩義。
② 原文作"干",今據《魏書》改。

[永興]五年（公元四一三年）夏四月，河東民薛相率部內屬。

[泰常]三年（公元四一八年）正月，河東胡、蜀五千餘家相率內屬。

寅恪案，綜合上列諸條，得一結論，即蜀爲一民族之名，與胡、氐、丁零等同。此可與魏伯起之言相印證也。又在文義上天興元年條"蜀薛"下及永興五年條"河東"下似俱有脫文，以不能得善本校勘，姑識所疑於此。

又《北史》叁陸《薛辯傳》附《聰傳》云：

[河東汾陰人。]又除羽林監。[魏孝文]帝曾與朝臣論海內姓地人物，戲謂聰曰："世人謂卿諸薛是蜀人，定是蜀人不？"聰對曰："臣遠祖廣德，世仕漢朝，時人呼爲漢。臣九世祖永，隨劉備入蜀，時人呼爲蜀。臣今事陛下，是虜，非蜀也。"帝撫掌笑曰："卿幸可自明非蜀，何乃遂復苦朕？"聰因投戟而出。帝曰："薛監醉耳！"其見知如此。

《資治通鑑》壹肆拾齊建武三年（公元四九六年）"魏主雅重門族"條述蜀薛事，不取《北史》，而採元行沖《後魏國典》，其文云：

眾議以薛氏爲河東茂族。[魏孝文]帝曰："薛氏蜀也，豈可入郡姓？"直閣薛宗起執戟在殿下，出次對曰："臣之先人漢末仕蜀，二世復歸河東，今六世相襲，非蜀人也。伏以陛下黃帝之胤，受封北土，豈可亦謂之胡邪？今不預郡姓，何以生爲？"乃碎戟於地。帝徐曰："然則朕甲卿乙乎？"乃入郡姓。仍曰:"卿非宗起,乃起宗也。"

　　寅恪案,蜀薛之自以爲薛廣德後裔,疑與拓跋魏之自稱源出黃帝,同爲可笑之附託,固不足深論。即爲蜀漢薛永之子孫一事,恐亦有問題【參考《新唐書》柒叁下《宰相世系表》"薛氏"條】。總之,當時世人皆知二族之實爲蜀,爲鮮卑,而非華夏高門,則無可解免也。然拓跋之部遂生孝文帝,蜀薛之族亦產道衡①,俱爲北朝漢化之代表人物。聖人"有教無類"之言,豈不信哉!

　　復次,北朝史中尚有紀載蜀民族之事,可與上列諸條參證者,茲並錄於下:

　　《通鑑》壹伍壹梁武帝普通七年(公元五二六年)六月條【參《魏書》貳伍《長孫道生傳》附《稚傳》、《北史》貳貳《長孫道生》附《承業傳》】云:

　　　　魏絳蜀陳雙熾聚衆反,自號始建王。魏以假鎮西將軍長孫稚爲討蜀都督。

　　胡注云:

　　　　蜀人徙居絳郡者,謂之絳蜀。

　　又《北史》肆伍《李苗傳》【今《魏書》柒壹《李苗傳》本闕,即取《北史》所補】云:

　　　　孝昌中,兼尚書左丞,爲西北道行臺,與大都督宗正珍孫討汾、絳蜀賊,平之。

―――――――

① 即薛道衡。

同書叁捌《裴延儁傳》附《慶孫傳》【參《魏書》陸玖《裴延儁傳》附《慶孫傳》】云：

> 於是賊復鳩集，北連［劉］蠡升，南通絳蜀，兇徒轉盛。

同書伍拾《費穆傳》【參《魏書》肆肆《費穆傳》】云：

> 孝昌中，以都督討平二絳反蜀。【寅恪案，"二絳"之義見下引《魏書·爾朱榮傳》。】

同書陸拾《李弼傳》【參《周書》壹伍《李弼傳》】云：

> 初爲別將，從爾朱天光西討，破赤水蜀。

同書同卷《侯莫陳崇傳》【參《周書》壹陸《侯莫陳崇傳》】云：

> 從［賀拔］岳入關，破赤水蜀。

《魏書》柒肆《爾朱榮傳》云：

> 兩絳狂蜀漸已稽顙。

蠻

蠻爲南方非漢族之通稱，今傳世《魏書》壹佰壹《蠻》等傳卷末附宋人校語云：

> 魏收《書》列傳第八十九亡，史臣論蓋略《北史》。

是傳論出於《北史》，固無疑義。及詳繹《蠻傳》之文，復與《北史》不盡符同，殆採自高峻《小史》之類。若果如是，則此卷《蠻傳》亦源出魏收本書，似可據以推定伯起[1]所謂江東領域内之蠻族，究何

---

① 即魏收。

所指也。今《魏書》壹佰壹《蠻傳》略云：

> 蠻之種類，蓋槃瓠之後，其來自久。習俗叛服，前史具之。在江淮之間，依託險阻，部落滋蔓，布於數州。東連壽春，西通上洛，北接汝潁，往往有焉。其於魏氏之時，不甚爲患，至晉之末，稍以繁昌，漸爲寇暴矣。自劉、石亂後，諸蠻無所忌憚，故其族類，漸得北遷，陸渾以南，滿於山谷。宛洛蕭條，略爲丘墟矣。

據《後漢書》壹壹陸《南蠻傳》"巴郡南郡蠻廩君種"條【《後漢書》壹下《光武紀》、《通鑑》肆肆"建武二十三年"條同】略云：

> 建武二十三年（公元四十七年），南郡潳山蠻雷遷等始反叛，寇掠百姓，遣武威將軍劉尚將萬餘人討破之，徙其種人七千餘口置江夏界中，今沔中蠻是也。

又《通典》壹捌柒《邊防典·南蠻傳上·序》略云：

> 東晉時，沔中蠻因劉、石亂後，漸徙於陸渾以南，徧滿山谷。

然則依杜氏之考釋，今《魏書》及《北史》所言北徙之蠻即沔中蠻之一族，實爲東漢初從南郡遷來者，本廩君種，而非長沙、武陵之槃瓠種也。其長沙、武陵槃瓠種之蠻在伯起意中既指谿族【見論谿族條】，而巴郡廩君種之蠻又是伯起所謂巴族【見論巴族條】，則伯起之所謂蠻，即與北朝最有關之一族，應捨范蔚宗書中南郡蠻廩君種者莫屬，乃逕指爲槃瓠種，似頗疏誤。但考之前史，民族之以蠻爲通名者，其錯雜遷徙，本難分別。若有混淆，亦不足深論。杜君卿於《通典・南蠻上》"板楯蠻"條自注中所下之斷語最爲通識，附錄於此，以促起讀者之注意，其言曰：

> 按《後漢史》，其在黔中、五溪、長沙間，則爲槃瓠之後。其在硤中、巴梁間，則爲廩君之後。其後種落繁盛，侵擾州郡，或移徙交雜，亦不可得詳別焉。

獠

《華陽國志》玖《李壽志》云：

> 晉康帝建元二年【西曆三四四年】，蜀土無獠，至是始從山出。自巴至犍爲、梓潼，布滿山谷，大爲民患。加以饑饉，境內蕭條。

《晉書》壹貳壹《李勢載記》云：

> 改年嘉寧（公元三四六年）。初，蜀土無獠，至此，始從山而出，北至犍爲、梓潼，布在山谷，十餘萬落，不可禁制，大爲百姓之患。

《魏書》壹佰壹《獠傳》已闕，今本爲後人所補，其文既與《北史・獠傳》悉符，則與伯起本書異同如何，未能決定。但諸史籍所紀獠事大抵相類，伯起元著當亦不至大相懸遠也。今本《魏書》壹佰壹《獠傳》【《周書》肆玖《獠傳》略同，《北史》玖伍《獠傳》同】略云：

> 獠者，蓋南蠻之別種，自漢中達於邛筰川洞之間，所在皆有。【《通典》壹捌柒《南蠻類》獠條元注云："北自漢中西南及越巂以東皆有之。"】建國中，李勢在蜀，諸獠始出巴西、渠川、廣

漢、陽安、資中，攻破郡縣，爲益州大患。勢內外受敵，所以亡也。自桓溫破蜀之後，力不能制。又蜀人東流，山險之地多空，獠遂挾山傍谷。與夏人參居者，頗輸租賦。在深山者，仍不爲編戶。

《南齊書》肆壹《張融傳》【《南史》叁貳《張邵傳》附《融傳》同】略云：

[宋孝武]帝曰："融殊貧，當序以佳祿。"出爲封溪令。廣、越嶂嶮，獠賊執融，將殺食之。【此條應入論俚條。】

《陳書》玖《侯瑱傳》【《南史》陸陸《侯瑱傳》同】略云：

[梁益州刺史鄱陽王]範委以將帥之任。山谷夷獠不賓附者，立遣填征之。

同書同卷《歐陽頠傳》【《南史》陸陸《歐陽頠傳》同】略云：

[蘭]欽南征夷獠，擒陳文徹。【此條應入論俚條。】

據《張融傳》及《歐陽頠傳》，廣、越之地似亦有獠族，但《南齊書》壹肆《州郡志》廣州及越州條，又《陳書》捌《杜僧明傳》【《南史》陸陸《杜僧明傳》同】，及《周文育傳》【《南史》陸陸《周文育傳》同】，所謂俚獠【見論俚條所引】皆俚獠二字連綴，實是聯詞。爲審慎之故，移置於論俚條中，可參互觀之也。至《隋書》貳玖《地理志》揚州條之論俚、荊州條之論蠻，捌貳《南蠻傳》之論俚及獠，亦可供旁證，茲不復一一徵引。

綜合言之，凡史籍之止言獠或夷獠聯文，而屬於梁益地域者，蓋獠之專名初義。伯起書之所謂獠，當即指此。至屬於廣、越諸州範圍，有所謂獠，或以夷獠、俚獠等連綴爲詞者，當即伯起書之俚也。獠之一名後來頗普徧用之，竟成輕賤南人之詞，如武曌之斥褚遂良【《新唐書》壹佰伍《褚遂良傳》云："武氏從幄後呼曰：'何不撲殺此獠！'"《通鑑》壹玖玖永徽五年（公元六五四年）九月條同】，唐德宗之詈陸贄【《異聞集》上清條云："德宗至是大悟，因怒陸贄曰：老獠奴云云。"】，則不過因二人俱爲南人【褚杭州錢塘人，陸蘇州嘉興人】，遂加以獠名耳，實與種族問題無關也。

谿

伯起所謂谿，在他書則俱作溪，實即指《後漢書·南蠻傳》之槃瓠種蠻而言也。據《後漢書》壹壹陸①《南蠻傳》略云：

[帝高辛氏之畜狗]槃瓠得[帝]女，負而走入南山，經三年，生子一十二人，六男六女。槃瓠死後，因自相夫妻。語言侏離，今長沙武陵蠻是也。【寅恪案，此節實採自《風俗通》，又可參考《水經注·沅水篇》。】

同書同卷章懷注引干寶《晉紀》云：

武陵、長沙、盧江郡夷②，槃瓠之後也。雜處五溪之内。

此支蠻種所以號爲溪者，與五溪地名至有關係。江左名人如陶侃及淵明亦出於溪族，最使人注意。兹特稍詳論之於下。

---

① 標點本《後漢書》爲卷八十六。陳氏用的版本可能將諸志放在傳之前。
② 原文句讀爲"盧江、郡夷"，今據《後漢書》標點本改。

《晉書》陸陸《陶侃傳》略云：

　　陶侃，本鄱陽人也。吳平，徙家廬江之尋陽。侃早孤貧，爲縣吏。〔廬江太守張〕夔察侃爲孝廉，至洛陽，數詣張華。華初以遠人，不甚接遇。伏波將軍孫秀以亡國支庶，府望不顯，中華人士恥爲掾屬，以侃寒宦，召爲舍人。時豫章國郎中令楊晫，侃州里也，爲鄉論所歸。侃詣之，與同乘見中書侍郎顧榮。吏部郎溫雅謂晫曰："奈何與小人共載?"尚書樂廣欲會荊揚士人，武庫令黃慶進侃於廣。人或非之，或云："侃少時漁於雷澤，網得一織梭，以掛於壁。有頃雷雨，自化爲龍而去。"侃有子十七人。以夏爲世子。及送侃喪還長沙，夏與〔弟〕斌及稱各擁兵數千以相圖。既而解散，斌先往長沙，悉取國中器仗財物。夏至，殺斌。庾亮上疏曰："斌雖醜惡，然骨肉至親，親運刀鋸，以刑同體，應加放黜。"表未至都，而夏病卒。詔復以〔侃子〕瞻息弘襲侃爵，卒，子綽之嗣。〔侃子〕旗性甚兇暴，卒，子定嗣。卒，子襲之嗣。卒，子謙之嗣。〔侃子〕稱，性虓勇不倫，與諸弟不協。輕將二百人下見〔庾〕亮。亮大會吏佐，責稱前後罪惡，使人於閣外收之，棄市。亮上疏曰："稱父亡，不居喪位。荒耽於酒，昧利偷榮。故車騎將軍劉弘曾孫安寓居江夏，及將楊恭、趙韶，竝以言色有忤，稱放聲當殺。安、恭懼，自赴水而死。韶於獄自盡。將軍郭開從稱往長沙赴喪，稱疑開附其兄弟，乃反縛，懸頭於帆檣，仰而彈之，鼓棹渡江二十餘里，觀者數千，莫不震駭。不忠不孝，輒收稱伏法。"

　　寅恪案，吳士鑑《晉書斠注》亦引《異苑》陶侃釣魚得梭化龍事。
《晉書》士行①本傳當即取之劉敬叔書也。《世說新語・賢媛篇》載
陶侃少時作魚梁吏事。劉孝標注引《幽明錄》復有侃在尋陽取魚
事，然則侃本出於業漁之賤户，無怪當日勝流初俱不以士類遇之
也。又《世說新語・容止篇》"石頭事故朝廷頃覆"條記庾亮畏見陶
侃，而溫嶠勸亮往之言曰：

　　　　溪狗我所悉，卿但見之，必無憂也。

　　夫太真②目士行爲溪人，或沿中州冠帶輕詆吳人之舊習，非別
有確證，不能遽信爲實。然據《後漢書・南蠻傳》章懷注引干寶《晉
紀》，知廬江郡之地即士行鄉里所在，原爲溪族雜處區域，而士行後
裔一代逸民之《桃花源記》本屬根據實事，加以理想化之作【詳見拙
著《桃花源記旁證》，兹不贅論】，所云：

　　　　武陵人捕魚爲業，緣溪行。

正是一篇溪族紀實文字。士行少時既以捕魚爲業，又出於溪族雜
處之廬江郡，故於太真溪狗之誚終不免有重大之嫌疑。或謂士行
自鄱陽徙居廬江之尋陽，則其種族當與干寶所言無關。然《晉書・
士行傳》載其徙居在吳平之後，據《晉書》玖柒《匈奴傳》郭欽疏請徙
北方戎狄，以爲"宜及平吳之威，謀臣猛將之略"，則晉之平吳，必有
遷徙吳境内少數民族之舉。郭氏遂欲倣效已行於南方之政策，更

————————————

①　即陶侃。
②　即溫嶠。

施之於北方耳。由此言之，土行之家，當是鄱陽郡內之少數民族。晉滅吳後，始被徙於廬江。令升①所記，乃指吳平後溪族分處之實況。《晉書·陶侃傳》特標"吳平"二字，殊非偶然。讀史者不必以土行之家本出鄱陽，而謂其必非溪族也。又土行本身既爲當日勝流以小人見斥，終用武功致位通顯於擾攘之際，而其諸子之凶暴虓武，爲世所駭惡。明非士族禮法之家，頗似善戰之溪人【見下引殷闓之言及論吳興沈氏條】。然則其氣類復與溪族相近，似更爲可疑也。

復次，《續搜神記》中載有《桃花源記》一篇，寅恪嘗疑其爲淵明之初稿本【見拙著《桃花源記旁證》】，其文著錄武陵捕魚爲業之溪人姓名爲黃道真，黃氏乃溪洞顯姓，周君②引李綽《尚書故實》云：

> 有黃生者，擢進士第，人問與頗同房否？對曰：別洞。黃本溪洞豪姓，生故以此對。人雖哈之，亦賞其真實也。

亦可供參考。【見《歷史語言研究所集刊》第柒本第肆分周一良《南朝境內之各種人及政府對待之政策》。】至道真之名頗有天師道色彩【見《歷史語言研究所集刊》第叁本第肆分拙著《天師道與濱海地域之關係》】，而陶侃後裔亦多天師道之名，如綽之、襲之、謙之等。又襲之、謙之父子名中共有"之"字，如南齊溪人胡廉之、翼之、諧之三世祖孫父子之例，尤爲特證【見下引《南史·胡諧之傳》】。吳氏

---

① 即干寶。
② 指周一良。

《晉書斠注》轉疑其有誤，蓋未思晉代最著之天師道世家琅邪王氏羲之、獻之父子亦同名"之"也。然則溪之一族似亦屬天師道信徒，與巴寶為同教者。此點與淵明生值晉宋之際佛教最盛時代，大思想家如釋惠遠，大文學家如謝靈運，莫不歸命釋迦，傾心鷲嶺，而五柳先生時代地域俱與之連接，轉若絕無聞見者，或有所關涉。但其事既為推測之餘論，又不屬本文範圍，茲姑置不言可也。

《通鑑》壹壹伍義熙六年（公元四一零年）載殷闡說何無忌之言曰：

> ［盧］循所將之眾，皆三吳舊賊。始興溪子，拳捷善鬥，未易輕也。

寅恪案，盧循、徐道覆之部眾，乃孫恩領導下之天師道宗教軍隊。據《續搜神記》本《桃花源記》，在晉孝武帝太元時捕魚溪人之名，已是天師道教名，則溪族夙為天師道信徒，宜其樂為其同教效死也。

《南史》肆柒《胡諧之傳》略云：

> 胡諧之，豫章南昌人也。祖廉之，書侍御史。父翼之，州辟不就。諧之仕宋為邵陵王左軍諮議。齊武帝為江州，以諧之為別駕，委以事任。建元二年（公元四八零年），為給事中、驍騎將軍。上方欲獎以貴族盛姻，以諧之家人語傒音不正，乃遣宮內四五人往諧之家，教子女語。二年後，帝問曰："卿家人語音已正未？"諧之答曰："宮人少，臣家人多，非唯不能得正音，遂使宮人頓成傒語。"帝大笑，徧向朝臣說之。［諧之］就梁

州刺史范柏年求佳馬，〔柏年〕接使人薄，使人致恨，歸謂諧之曰：“柏年云：‘胡諧是何傒狗，無厭之求。’”諧之切齒致忿。

寅恪案，傒音不正可證伯起“語言不同”之說也。《通鑑》壹叁伍建元元年（公元四七九年）紀胡諧之求馬事採自《南史》本傳，而誤改“傒狗”爲“何物狗”，已爲周君指出。尚有一事爲溫公①所不知而誤增，周文復未之及者，即《通鑑》於《南史》元文使人僞作范柏年罵詞中“胡諧”之下補足“之”字，實未瞭解天師道命名之義。凡天師教名中“之”者皆可省略。試取《晉書》與《真誥》參校，其例自見。此天師道名家如琅邪王氏所以容許父子名中共有“之”字，而不以爲諱之故也。今觀胡氏祖孫三世之名俱繫“之”字，溪人之爲天師道信徒於此可證。又傒即溪字，所以從人旁者，猶俚族之㒼字，其初本只作里，後來始加人旁，見論㒼條下所引《後漢書·南蠻傳》章懷注。

《梁書》拾《楊公則傳》略云：

> 和帝即位，授持節、都督湘州諸軍事、湘州刺史。高祖命衆軍即日俱下，公則受命先驅，直造京邑。公則所領多湘溪人，性怯懦，城内輕之，以爲易與。

寅恪案，今通行本《南史》伍伍《楊公則傳》作“公則所領多是湘溪人，性怯懦”，與《梁書》之文幾無不同，惟多一“是”字耳。大德本《南史》“溪人”二字互易，疑爲誤倒，不必從也。至《通鑑》壹肆肆中

---

① 即司馬光。

興元年(公元五零一年)乃作"公則所領皆<u>湘州</u>人,素號怯懦"。則由不解"<u>溪</u>"字之義而誤改,其爲不當,固無待辨。又<u>溪</u>人之勇怯問題,<u>周</u>文已論及之,兹以未能別具勝解,姑從闕疑可也。

俚

《後漢書》壹下《光武紀》云:

是歲【建武十二年(公元三十六年)】,<u>九真</u>徼外蠻夷<u>張遊</u>率種人內屬,封爲<u>歸漢里君</u>。

同書壹壹陸《南蠻傳》云:

<u>建武</u>十二年,<u>九真</u>徼外蠻里<u>張游</u>,率種人慕化內屬,封爲<u>歸漢里君</u>。

<u>章懷</u>注云:

里,蠻之別號,今呼爲<u>俚</u>人。

同書同卷【參《後漢書》壹下《光武帝紀》】又云:

[<u>建武</u>]十六年(公元四十年),<u>交阯</u>女子<u>徵側</u>反,於是<u>九真</u>、<u>日南</u>、<u>合浦</u>蠻里皆應之。[<u>建武</u>十九年]夏四月,[<u>馬</u>]援破<u>交阯</u>,斬<u>徵側</u>等,餘皆降散。進擊<u>九真</u>賊<u>都陽</u>等,破降之。徙其渠帥三百餘口於<u>零陵</u>。

《宋書》伍肆《羊玄保傳》附《希傳》【《南史》叁陸《羊玄保傳》同】略云:

<u>泰始</u>三年(公元四六七年),出爲寧朔將軍、<u>廣州</u>刺史。<u>希</u>以<u>沛郡劉思道</u>行<u>晉康</u>太守,領軍伐<u>俚</u>。<u>思道</u>違節度,失利,<u>希</u>

遣收之。思道不受命，率所領攻州。希踰城走，思道獲而殺之。時龍驤將軍陳伯紹率軍伐俚還，擊思道，定之。

同書玖貳《良吏傳·徐豁傳》略云：

元嘉初，爲始興太守。三年（公元四二六年），遣大使巡行四方，並使郡縣各言損益，豁因此陳表三事，其一曰：[郡]既邇接蠻俚，去就益易。其三曰：中宿縣俚民課銀，一子丁輸南稱半兩。尋此縣自不出銀，又俚民皆巢居鳥語，不閑貨易之宜。每至買銀，爲損已甚。又稱兩受入，易生姦巧。山俚愚怯，不辨自申。

寅恪案，徐豁俚民鳥語之言，亦可證伯起鳥聲禽呼之説也。

《南齊書》壹肆《州郡志》廣州條略云：

雖民戶不多，而俚獠猥雜。

同書同卷《州郡志》越州條略云：

元徽二年（公元四七四年），以[陳]伯紹爲刺史，始立州鎮，穿山爲城門，威服俚獠。

吳春俚郡。【原注：永明六年（公元四八八年）立，無屬縣。】

《梁書》叁貳《蘭欽傳》【《南史》陸壹《蘭欽傳》同】云：

經廣州，因破俚帥陳文徹兄弟，並擒之。

《陳書》捌《杜僧明傳》【《南史》陸陸《杜僧明傳》同】略云：

梁大同中，盧安興爲廣州南江督護，僧明與兄天合及周文育並爲安興所啓，請與俱行。頻征俚獠有功。

同書同卷《周文育傳》【《南史》陸陸《周文育傳》同】略云：

盧安興爲南江督護，啓文育同行。累征俚獠，所在有功。

同書壹貳《胡穎傳》略云：

梁世仕至武陵國侍郎，東宮直前。出番禺，征討俚洞。

同書同卷《沈恪傳》略云：

［梁新渝侯蕭］映遷廣州，以恪兼府中兵參軍，常領兵討伐俚洞。

同書貳壹《蕭允傳》附《引傳》【《南史》壹捌《蕭思話傳》附《引傳》同】略云：

［陳高宗］時廣州刺史馬靖甚得嶺表人心，而兵甲精練，每年深入俚洞，又數有戰功。

綜考上引史料，俚人之居處區域及其民族界説可藉以推知矣。

楚

魏伯起之所謂楚，即指今江北淮、徐地域之人。在南朝史乘往往稱爲江西或淮南，亦與《太史公書‧貨殖傳》所言西楚之一部相當也。又北朝之人詆娸南朝，凡中原之人流徙南來者，俱以楚目之，故楚之一名乃成輕蔑之詞，而爲北朝呼南朝疆域內北人之通稱矣。

《世説新語‧豪爽篇》云：

王大將軍年少時舊有田舍名，語音亦楚。

寅恪案，王敦爲琅邪王覽之孫，雖出顯宦之家，而不能操當日洛陽都市語音，其故頗不易知。據《晉書》叁叁《王祥傳》【祥即敦伯祖】有：

　　　　漢末遭亂，扶母攜弟覽避地盧江，隱居三十餘年。

雖史載時間之長短有所未諦【見錢大昕《廿二史考異》貳壹《晉書・
王祥傳》條】，然敦之家世與盧江即楚地有關，則爲事實。或者即以
此段因緣，其語音遂亦漸染楚化耶？此點不涉茲篇本旨，可不詳
論，聊識於此，以資旁證。至關於南朝語音問題，寅恪別有所論。
【見《歷史語言研究所集刊》第柒本第壹分《東晉南朝之吳語》及《嶺
南學報》第玖卷第貳期《從史實論切韻》。鄙見與周君之説微異，讀
者可參閲之，茲不備論。】

　　《魏書》玖伍《僭僞傳》總序云：

　　　　糾合傖楚。

　　同書玖柒《島夷桓玄傳》云：

　　　　島夷桓玄，本譙國龍亢楚也。

　　同書同卷《島夷劉裕傳》云：

　　　　島夷劉裕，晉陵丹徒人也。其先不知所出，自云本彭城彭
　　城人。或云本姓項，改爲劉氏，然亦莫可尋也。故其與叢亭、
　　安上諸劉了無宗次。裕家本寒微，恒以賣履爲業。意氣楚剌，
　　僅識文字。

　　寅恪案，伯起於宋高祖不逕稱之爲楚者，實以其家世所出，至
爲卑賤，特備述其籍貫來歷不明，所以極致其輕視之意。蓋猶未肯
以南朝疆域内之北人，即彼所謂楚者許之，而遽與桓、蕭諸家並
列也。

《魏書》玖捌《島夷蕭道成傳》云：

> 島夷蕭道成，晉陵武進楚也。

同書同卷《島夷蕭衍傳》云：

> 島夷蕭衍，亦晉陵武進楚也。

據此，可知伯起之所謂楚，即南朝疆域內北人之通稱矣。

又楚爲民族之名。其見於南北朝史乘者如下：

《宋書》捌陸《殷孝祖傳》略云：

> 前廢帝景和元年（公元四六五年），以本號督兗州諸軍事、兗州刺史。太宗初即位，四方反叛。孝祖忽至，衆力不少，並傖楚壯士，人情於是大安。

寅恪案，《宋書》叁伍《地理志》云：

> 兗州，[元嘉]三十年（公元四五三年）六月復立，治瑕丘。
> 【元注：二漢山陽有瑕丘縣。】

是殷孝祖所將之兵衆乃兗州之軍隊，故爲傖楚壯士也。而《通鑑》壹叁壹泰始二年（公元四六六年）紀此事，胡注釋"傖楚"二字之義云：

> 江南謂中原人爲傖，荆州人爲楚。

其釋"傖"字義固碻，而"楚"字義則非。蓋未注意兗州地域關係所致。否則，孝祖部下，何得有如許荆州人也。

《宋書》捌叁《黃回傳》【《南史》肆拾《黃回傳》同】略云：

> 黃回，竟陵郡軍人也。出身充郡府雜役。[戴明寶]啓免回，以領隨身隊，統知宅及江西墅事。回拳捷果勁，勇力兼人，

在江西與諸楚子相結，屢爲劫盜。會太宗初即位，四方反叛。明寶啓太宗使回募江西楚人，得快射手八百。

同書捌柒《殷琰傳》略云：

> 義軍主黃回募江西楚人千餘。回所領並淮南楚子，天下精兵。

《南齊書》肆伍《始安貞王遙光傳》【《南史》肆壹《齊宗室・始安王遙光傳》略同】云：

> 遙光召親人丹陽丞劉渢及諸傖楚，欲以討劉暄爲名。

同書肆柒《王融傳》【《南史》貳壹《王弘傳》附《融傳》同】云：

> 招集江西傖楚數百人，並有幹用。

同書伍壹《崔慧景傳》云：

> 慧景子覺及崔恭祖領前鋒，皆傖楚善戰。

寅恪案，《通鑑》壹肆叁永元二年（公元五零零年）紀崔慧景迴兵襲建康事，即用蕭子顯書《崔慧景傳》元文，而改“傖楚”作“荒傖”，殊可不必。溫公殆未甚明瞭“楚”字之涵義及界説也。

《梁書》貳拾《陳伯之傳》【《南史》陸壹《陳伯之傳》同】云：

> 陳伯之，濟陰睢陵人也。幼有膂力。年十三四，好著獺皮冠，帶刺刀，候伺鄰里稻熟，輒偷刈之。嘗爲田主所見，呵之云：楚子莫動！

同書肆玖《文學傳・鍾嶸傳》【《南史》柒貳《文學傳・鍾嶸傳》同】略云：

> 天監初（公元五零二年始），制度雖革，而日不暇給。嶸乃

言曰："若僑雜傖楚,應在綏附,正宜嚴斷祿力,絶其妨正,直乞虚號而已。"

《北齊書》叁貳《王琳傳》【《南史》陸肆《王琳傳》同】云:

　　琳乃繕艦,分遣招募,淮南傖楚,皆願戮力。

依據上引史文,不獨楚民族所居地域及其界説得以明瞭,而其人之勇武善戰,足勝兵將之任,亦可從之推定。此點與南朝政治民族之演變殊有關係,俟後論之。

越

伯起所謂越者,即陳承祚[①]書之山越。凡《吴志》中山寇、山賊、山民及山帥等名詞,亦俱指此民族及其酋長而言。其例證之見於《吴志》君臣文武諸傳者,殆不勝枚舉。兹止就孫權、陸遜、諸葛恪等傳略論之,足知山越民族問題,爲孫氏江東霸業所關之一大事。東晉南朝史乘,雖極罕見此民族之名,然其爲潛伏混同於江左民族之中,仍爲一有力之分子,則無疑也。關於山越事,《吴志·諸葛恪傳》特詳,故較多迻寫其文,以備參考。

《吴志》貳《孫權傳》略云:

　　[建安]五年(公元二零零年),[孫]策薨,以事授權,是時唯有會稽、吴郡、丹楊、豫章、廬陵,然深險之地猶未盡從。

　　[權]分部諸將,鎮撫山越,討不從命。

---

① 即陳壽。

　　寅恪案,討撫山越,爲孫氏創業定霸之惟一要事。凡孫氏命號諸將如蔣欽爲討越中郎將【見《吳志》拾《蔣欽傳》】,董襲爲威越校尉【見《吳志》拾《董襲傳》】,諸葛恪爲撫越將軍【見《吳志》壹玖《諸葛恪傳》】,皆可參證也。

《吳志》壹叁《陸遜傳》略云:

　　時吳會稽、丹楊多有伏匿,遜陳便宜,乞與募焉。會稽山賊大帥潘臨,舊爲所在毒害,歷年不禽,遜以手下召兵,討治深險,所向皆服,部曲已有二千餘人。鄱陽賊帥尤突作亂,復往討之。[孫]權數訪世務,遜建議曰:"方今英雄棊跱,豺狼闚望,克敵寧亂,非衆不濟。而山寇舊惡,依阻深地。夫腹心未平,難以圖遠,可大部伍,取其精銳。"權納其策。會丹楊賊帥費棧受曹公印綬,扇動山越,爲作内應。權遣遜討棧,應時破散,遂部伍東三郡。【寅恪案,《通鑑》陸捌建安二十二年(公元二一七年)紀此事條胡注云:"東三郡,丹陽、新都、會稽也。"】彊者爲兵,羸者補户,得精卒數萬人。

同書壹玖《諸葛恪傳》略云:

　　恪以丹陽山險,民多果勁,雖前發兵,徒得外縣平民而已。其餘深遠,莫能禽盡,屢自求乞,爲官出之,三年可得甲士四萬。衆議咸以丹陽地勢險阻,與吳郡、會稽、新都、鄱陽四郡鄰接,周旋數千里,山谷萬重,其幽邃民人,未嘗入城邑,對長吏,皆杖兵野逸,白首於林莽。逋亡宿惡,咸共逃竄。山出銅鐵,自鑄甲兵。俗好武習戰,高尚氣力。其升山赴險,抵突叢棘,若魚之走淵，猨狄之騰木也。時觀間隙，出爲寇盜，每致兵征伐，尋其窟藏，其戰則蠭至，敗則鳥竄，自前世以來，不能羈也。皆以爲難。恪父瑾聞之，亦以事終不逮，歎曰："恪不大興吾家，將大赤吾族也。"恪盛陳其必捷。〔孫〕權拜恪撫越將軍，領丹陽太守。恪到府，乃移書四部【《通鑑》柒叁青龍四年（公元二三六年）紀此事條胡注云："四部當作四郡，謂吳郡、會稽、新都、鄱陽，皆與丹陽鄰接。山越依阻出没，故令各保其疆界也。或曰：東西南北四部都尉也。"寅恪案，胡氏前説似較勝。】屬城長吏，令各保其疆界，明立部伍，其從化平民，悉令屯居。乃分内諸將，羅兵幽阻，但繕藩籬，不與交鋒，候其穀稼將熟，輒縱兵芟刈，使無遺種。舊穀既盡，新田不收，平民屯居，略無所入，於是山民饑窮，漸出降首。恪乃復敕下曰："山民去惡從化，皆當撫慰，徙出外縣，不得嫌疑，有所執拘。"於是老幼相携而出，歲期，人數皆如本規。恪自領萬人，餘分給諸將。權嘉其功，遣尚書僕射薛綜勞軍。綜先移恪等曰："山越恃阻，不賓歷世。皇帝赫然，命將西征。元惡既梟，種黨歸義。蕩滌山藪，獻戎十萬。野無遺寇，邑罔殘姦。既埽兇慝，又充軍用。藜蓧稂莠，化爲善草。魑魅魍魎，更成虎士。功軼古人，勳超前世。"

寅恪案，陸遜、諸葛恪皆孫氏才傑之臣。史傳讚美其綏撫收編山越之功績，誠不誣也。吾人依此類紀述，得知越之民族，分佈於丹陽、吳郡、會稽、新都、鄱陽諸郡之地。且爲善戰之民族，可充精兵之選者。此二事亦與南朝後期民族之演變頗有關係，俟於下章論之，今暫不涉及。至東晉南朝史乘紀述山越者甚少【如《陳書》叁《世祖紀》亦言及山越，然此爲稀見之例也】，故茲亦從略焉。

（下）推論

趙翼《廿二史劄記》壹貳"江左世族無功臣"條，其中頗多疏誤。如以齊高帝遺詔，自稱素族，即是寒族，及目顧榮爲寒人之類。茲以其事非本篇範圍，可置不辨。但趙書此條却暗示南朝政治史及社會史中一大問題，惜趙氏未能闡發其義，即江左歷朝皇室及武裝統治階級轉移演變之傾向是也。夫趙氏之所謂功乃指武功而言，故其所謂功臣，易言之，大抵爲南朝善戰民族，或武裝階級之健者。宋齊梁陳四朝創業之君主，皆當時之功臣。其與其他功臣之差別，僅在其爲功臣中最高之首領，以功高不賞之故，遂取其舊來所擁護之皇室而代之耳。是以謂江左世族無功臣，與言南朝帝室止出於善戰之社會階級無異。此善戰之階級，在江左數百年間之變遷，與南朝境內他種民族之關係，治史之人，固應致意研求者也。

江左諸朝之皇室中，始渡江建國之東晉司馬氏及篡位而旋失之之楚桓氏，其爲北人名族，事實顯著，且以時代較前，姑置不論。若宋皇室劉氏，則《南史》壹《宋本紀》上【《宋書》壹《武帝紀》上略同】略云：

> 宋高祖武皇帝諱裕，彭城縣人，姓劉氏。晉氏東遷，劉氏移居晉陵丹徒。

若齊皇室蕭氏，則《南史》肆《齊本紀》上【《南齊書》壹《高帝紀》上略同】略云：

> 齊太祖高皇帝諱道成，姓蕭氏。其先本居東海蘭陵縣。
> 晉元康元年（公元二九一年），惠帝分東海郡爲蘭陵，故復爲蘭陵郡人。中朝喪亂，皇高祖淮陰令整，過江居晉陵武進縣。寓居江左者，皆僑置本土。加以南名，更爲南蘭陵人也。

若梁皇室蕭氏，則《南史》陸《梁本紀》上【《梁書》壹《武帝紀》上略同】略云：

> 梁高祖武皇帝諱衍，南蘭陵人，姓蕭氏，與齊同承淮陰令整。

若陳皇室陳氏，則《南史》玖《陳本紀》上【《陳書》壹《高祖紀》上略同】略云：

> 陳高祖武皇帝諱霸先，吳興長城人，姓陳氏。其本甚微。永嘉中南遷。咸和中土斷，故爲長城人。

是皆與東晉皇室同時南渡之北人也。劉陳二族，出自寒微，以武功特起。二蕭氏之家世，雖較勝於宋陳帝室，然本爲將家【詳見《南齊書》壹《高祖紀》上所述皇考承之及《南史》陸《梁本紀》上所紀皇考順之事蹟】，亦非文化顯族，自可以善戰之社會階級視之。然則南朝之政治史概括言之，乃北人中善戰之武裝寒族爲君主領袖，而北人中不善戰之文化高門，爲公卿輔佐。互相利用，以成此江左數百年北人統治之世局也。觀於《宋書》壹《武帝紀》上所云：

> 海鹽令鮑陋遣子嗣之以吳兵一千，請爲前驅。高祖曰：

"吳人不習戰,若前驅失利,必敗我軍。"嗣之追奔,爲賊所没。

又同書捌壹《顧覬之傳》【《南史》叁伍《顧覬之傳》同】所云:

> 嘗於太祖坐論江左人物,言及顧榮,袁淑謂覬之曰:"卿南
> 人怯懦,豈辦作賊。"

則在南朝前期北人善戰,吳人不善戰一點可以證明,而北人江左數百年統治之權所以能確立者,其主因亦在於此,又不待言也。

然江左僑寓之寒族北人,至南朝後期,即梁代亦成爲不善戰之民族。當時政府乃不能不重用新自北方南來之降人以爲將帥。及侯景變起,梁室恃以抗禦及平定此亂者,固爲新來之北人,而江陵朝廷所倚之紓難救急之將領,亦竟捨囚繫待決之逆羯降酋莫屬。斯誠江左世局之一大變。無怪乎陳室之興起,其所任大將多爲南方土豪洞主,與東晉、劉宋之時,情勢迥異。若非隋文滅陳,江左偏安之局於是告終,否則,依當時大勢所趨推之,陳室皇位,終必爲其武將首領所篡奪。江東大寶或不免輪轉而入於南方土族之手耶?

考南朝史乘,侯景變前南人之任將帥以武功顯名者,其最著則有吳興沈氏一族,如田子、林子【見《宋書》壹佰《自序》】、慶之、攸之、文季【見《宋書》柒柒《沈慶之傳》,柒肆《沈攸之傳》,《南齊書》肆肆《沈文季傳》及《南史》叁柒《沈慶之傳》附《攸之、文季傳》】,及王敬則【見《南齊書》貳陸,《南史》肆伍《王敬則傳》】、陳顯達【見《南齊書》貳陸,《南史》肆伍《陳顯達傳》】、陳慶之【見《梁書》叁貳,《南史》陸壹《陳慶之傳》】諸人。通常言之,凡一原則不能無少數例外,即如陳慶之者,史言其爲義興國山人,及梁武所謂"本非將種,亦非豪族"

者，南人中得此誠屬例外者也。至於王敬則，雖僑居晉陵南沙縣，及接士庶以吳語【見《南齊書・王敬則傳》】。寅恪別有《東晉南朝之吳語》一文論及此點，兹不涉及】，然其家實自臨淮射陽遷來【見《南史・王敬則傳》】，臨淮地域之人正魏伯起之所謂楚也。意者敬則或本是寒門北人，而非南人耶？至其接士庶悉以吳語者，由於出自卑下社會階級之故。蓋南朝疆域内北語吳語乃士庶階級之表徵，非南北籍貫之分別。其說詳見拙著《東晉南朝之吳語》及《從史實論切韻》兩文中，殊不足據以斷定其南人也。如陳顯達之爲南彭城人，疑本從彭城遷來，亦猶齊梁皇室蕭氏之爲南蘭陵人，其先本自江北之蘭陵遷來者也【見前引史文】。惟吳興沈氏一族，則《宋書・自序》言之極詳。其爲吳人，自無可疑。但其家歷世名將，尤爲善戰之族類，似與南朝吳人不習戰之通則不合。

考《世說新語・雅量篇》“王僧彌、謝車騎共王小奴①許集”條載王珉罵謝玄之詞云：

> 汝故是吳興溪中釣碣耳。

劉孝標注云：

> 玄叔父安曾爲吳興，玄少時從之遊，故珉云然。

寅恪案，“釣碣”之“碣”②，今所得見善本俱無異讀，但其義實不可解，頗疑是“猵”字，即“狗”字之譌寫【如《荀子》貳《榮辱篇》“乳猵

---

① 王珉、謝玄、王薈。
② 碣、羯通用。羯，謝玄小名。見余嘉錫《世說新語箋疏》（中華書局，1983），頁 377，注二。

不遠遊”及“有猫彘之勇者”之例】。正如溫嶠目陶侃爲溪狗之例
【見前論溪條】。吳氏《晉書斠注》及周君均引《太平御覽》之文，以證
謝玄喜漁釣之事，合以劉氏玄曾居吳興之言，其説似亦可通。然必
須吳興本有溪人，乃可爲王珉之語作滿意之解釋也。又溪人爲天
師道信徒及善戰之民族【亦見前論溪條】，而吳興沈氏世奉天師道
【見《宋書》壹佰《自序》及《南史》叁柒《沈慶之傳》附《僧昭傳》。寅恪
嘗撰《天師道與濱海地域之關係》一文，其論吳興沈氏條遺沈僧昭
事，後已增入。特附識於此】，並以將門見稱於世【見《南齊書》《南
史》《沈文季傳》】，則頗有源出於溪族之嫌疑。此吳興沈氏，雖累世
貴顯，復文采昭著【如沈約之例】，而北來世族如褚淵，則以“門户裁
之”，如王融，則以蛤蜊同類相譏【見《南史》貳壹《王弘傳》附《融傳》
融答沈昭略之語】。所以終不能比數於吳中著姓如朱、張、顧、陸諸
家之故歟？若此假定果確，則不獨於南朝史事有所闡發，且於難通
之《世説新語》中“釣碣”一語亦得一旁證矣。

《顔氏家訓·慕賢篇》云：

> 侯景初入建業，臺門雖閉，公私草擾，各不自全。太子左
> 衛率羊侃坐東掖門，部分經略，一宿皆辦，遂得百餘日抗拒兇
> 逆。於是城内四萬許人，王公朝士，不下一百，便是恃侃一人
> 安之，其相去如此！

《南史》陸叁《羊侃傳》【《梁書》叁玖《羊侃傳》略同】略云：

> 羊侃，泰山梁父人也。初爲尚書郎，以力聞。魏帝常謂
> 曰：“郎官謂卿爲虎，豈羊質虎皮乎？試作虎狀！”侃因伏，以手

抉殿，没指。魏帝壯之，賜以珠劍。侃以大通三年（公元五二九年）至建鄴，累遷太子左衛率、侍中。車駕幸樂游苑，侃預宴。時少府奏：新造兩刃稍成，長二丈四尺，圍一尺三寸。〔梁武〕帝因賜侃河南國紫騮，令試之。侃執稍上馬，左右擊刺，特盡其妙。觀者登樹，帝曰："此樹必爲侍中折矣！"俄而果折，因號此稍爲"折樹稍"。北人降者，唯侃是衣冠餘緒，帝寵之踰於他者。謂曰："朕少時捉稍，形勢似卿，今失其舊體，殊覺不奇。"侃少雄勇，膂力絶人，所用弓至二十石，馬上用六石弓。嘗於兗州堯廟蹋壁，直上至五尋，橫行得七跡。泗橋有數石人，長八尺，大十圍。侃執以相擊，悉皆破碎。

寅恪案，羊侃之勇力如此，豈當日南人所能企及，無怪梁武帝特加寵任，不僅以其爲衣冠餘緒也。侯景之圍建鄴，全恃侃一人，以資抗禦。迨侃一死，而臺城不守矣。庾子山①云："大事去矣，人之云亡。"【《哀江南賦》語】豈不信哉！又梁武與侃言捉稍事，可參考《顏氏家訓·涉務篇》及《梁書》壹肆《任昉傳》【《南史》伍玖《任昉傳》同】。足證梁武本是將種。平生特長騎稍之技，江左同時輩流，迥非其比。固宜文武兼資，卒取齊室之帝位而代之也。

《顏氏家訓·涉務篇》云：

梁世士大夫，皆尚褒衣博帶，大冠高履。出則車輿，入則

---

① 即庾信。

扶侍。郊郭之內，無乘馬者。<u>周弘正</u>爲<u>宣城王</u>①所愛，給一果
下馬，常服御之，舉朝以爲放達。至乃尚書郎乘馬，則糾劾之。
及<u>侯景</u>之亂，膚脆骨柔，不堪行步，體羸氣弱，不耐寒暑。坐死
倉猝者，往往而然。<u>建康</u>令<u>王復</u>性既儒雅，未嘗乘騎，見馬嘶
歕陸梁，莫不震懾，乃謂人曰："正是虎，何故名爲馬乎？"其風
俗至此！

《梁書》壹肆《任昉傳》云：

> <u>高祖</u>克京邑，霸府初開，以<u>昉</u>爲驃騎記室參軍。始<u>高祖</u>與
> <u>昉</u>遇<u>竟陵王西邸</u>，從容謂<u>昉</u>曰："我登三府，當以卿爲記室。"<u>昉</u>
> 亦戲<u>高祖</u>曰："我若登三事，當以卿爲騎兵。"謂<u>高祖</u>善騎也。

<u>南朝</u>不獨倚新自北來之降人<u>羊侃</u>，以抗禦<u>侯景</u>。更賴新自北
來之降人<u>王僧辯</u>，以破滅<u>侯景</u>。下引史文，足資證明。

《梁書》叁玖《王神念傳》【《南史》陸叁《王神念傳》同】略云：

> <u>王神念</u>，<u>太原祁</u>人也。仕<u>魏</u>起家州主簿，稍遷<u>潁川</u>太守，
> 遂據郡歸款。<u>魏</u>軍至，與家屬渡<u>江</u>。<u>神念</u>少善騎射，既老不
> 衰，嘗於<u>高祖</u>前手執二刀楯，左右交度，馳馬往來，冠絕羣伍。
> 時復有<u>楊華</u>者【本傳附<u>楊華</u>事略云："<u>楊華</u>，<u>武都仇池</u>人也。父
> <u>大眼</u>，爲<u>魏</u>名將。<u>華</u>少有勇力，率其部曲來降。"<u>寅恪</u>案，<u>楊華</u>
> 本<u>氐</u>族，其勇力非當時南人所能及，固不待言也】，能作"驚軍
> 騎"，並一時妙捷，<u>高祖</u>深歎賞之。

---

① 指哀太子<u>蕭大器</u>。

同書肆伍《王僧辯傳》【《南史》陸叁《王神念傳》附《僧辯傳》同】略云：

> 王僧辯，右衛將軍神念之子也。以天監中隨父來奔。世祖命僧辯即率巴陵諸軍，沿流討[侯]景。於是逆寇悉平，京都剋定。

梁室不獨倚新自北來之降人以破滅侯景，即從事內爭，若不用侯景部下之北將，竟無其他可屬任之人。當日南朝將才之缺乏，於此可見，而永嘉渡江之寒族北人子孫，已與文化高門之士大夫諸族，同為"膚脆骨柔"。觀下引史文，得一明證矣。

《梁書》伍伍《武陵王紀傳》【《南史》伍叁《梁武陵王紀傳》同】略云：

> 紀次於西陵，舳艫翳川，旌甲曜日，軍容甚盛。世祖命護軍將軍陸法和於硤口夾岸築二壘，鎮江以斷之。時陸納未平，蜀軍復逼，物情恇擾，世祖憂焉。法和告急，旬日相繼。

> 世祖乃拔任約於獄，以為晉安王司馬，撤禁兵以配之。紀築連城，攻絕鐵鎖。世祖復於獄拔謝答仁為步兵校尉，配眾一旅，上赴法和。紀將侯叡率眾緣山，將規進取。任約、謝答仁與戰，破之。任約、謝答仁等因進攻侯叡，陷其三壘。於是兩岸十餘城遂俱降。獲紀，殺之於硤口。

永嘉南渡之寒族北人既喪失其原來善戰之能力，江東土族遂起而代其任。此南朝後期之將帥，其先世名字所以多不見於南朝前期政治及社會史之故也。《陳書》叁伍熊曇朗等傳論【《南史》捌拾侯景、熊曇朗等傳論後段同】云：

> 梁末之災沴，羣凶競起，郡邑巖穴之長，村屯鄔壁之豪，資
> 剽掠以致彊，恣陵侮而爲大。

寅恪案，侯景之亂，不僅於南朝政治上爲鉅變，並在江東社會
上，亦爲一劃分時期之大事。其故即在所謂巖穴村屯之豪長乃乘
此役興起，造成南朝民族及社會階級之變動。蓋此等豪酋皆非漢
末、魏晉、宋、齊、梁以來之三吳士族，而是江左土人，即魏伯起所謂
巴、蜀、谿、俚諸族。是等族類在此以前除少數例外，大抵爲被壓迫
之下層民族，不得預聞南朝之大政及居社會高等地位者也。

南朝當侯景亂興，中央政權崩潰之際，巖穴村屯之豪酋乘機競
起，或把持軍隊，或割據地域，大抵不出二種方式：一爲率兵入援建
鄴，因而坐擁大兵。一爲嘯聚徒衆，乘州郡主將率兵勤王之會，以
依法形式，或勢力強迫，取代其位。此類之事甚多，不必悉舉，茲略
引史文數條，已足爲例證也。

《陳書》捌《侯安都傳》【《南史》陸陸《侯安都傳》同】略云：

> 侯安都，始興曲江人也，世爲郡著姓。善騎射，爲邑里雄
> 豪。梁始興內史蕭子範辟爲主簿。侯景之亂，招集兵甲，至三
> 千人。高祖入援京邑，安都引兵從高祖，攻蔡路養，破李遷仕，
> 克平侯景，並力戰有功。

同書玖《侯瑱傳》【《南史》陸陸《侯瑱傳》同】略云：

> 侯瑱，巴西充國人也。世爲西蜀酋豪。［梁鄱陽王蕭］範
> 遷鎮合肥，瑱又隨之。侯景圍臺城，範乃遣瑱輔其世子嗣入援

京邑。京城陷,瑱與嗣退還合肥,仍隨範徙鎮溢城。俄而範及
嗣皆卒,瑱領其衆,據有豫章之地。

同書同卷《歐陽頠傳》【《南史》陸陸《歐陽頠傳》同】略云:

歐陽頠,長沙臨湘人也,爲郡豪族。以言行篤信著聞於嶺
表。梁左衛將軍蘭欽之少也,與頠相善,故頠常隨欽征討。欽
征交州,復啓頠同行。欽度嶺,以疾終。頠除臨賀内史。侯景
構逆,[衡州刺史韋]粲自解還都征景,以頠監衡州。京城陷
後,嶺南互相吞併。梁元帝承制,以始興郡爲東衡州,以頠爲
刺史。蕭勃死後,嶺南擾亂。高祖授頠都督衡州諸軍事、安南
將軍、衡州刺史。未至嶺南,頠子紇已克定始興。及頠至,嶺
南皆懾伏。仍進廣州,盡有越地。改授都督廣、交[等]十九州
諸軍事、廣州刺史。

紇累遷都督交、廣等十九州諸軍事,在州十餘年,威惠著
於百越。太建元年(公元五六九年),下詔徵紇爲左衛將軍,遂
舉兵[反]。兵敗,伏誅。家口籍没,子詢以年幼免。

同書壹壹《黄法𣾷傳》【《南史》陸陸《黄法𣾷傳》同】略云:

黄法𣾷,巴山新建人也。少勁捷有膽力,步行日三百里,
距躍三丈。頗便書疏,閑明簿領。出入郡中,爲鄉閭所憚。侯
景之亂,於鄉里合徒衆。太守賀詡下江州,法𣾷監知郡事。

同書壹叁《徐世譜傳》【《南史》陸柒《徐世譜傳》同】略云:

徐世譜,巴東魚復人也。世居荆州,爲主帥,征伐蠻、蜒。
至世譜,尤敢勇有膂力,善水戰。梁元帝之爲荆州刺史,世譜

將領鄉人事焉。侯景之亂，因預征討，累遷至員外散騎常侍。侯景平後，以功除衡州刺史，資鎮【《南史》“鎮”作“領”是】河東太守。江陵陷没，世譜東下依侯瑱。紹泰元年（公元五五五年），徵爲侍中、左衛將軍。永定二年（公元五五八年），遷護軍將軍。

同書叁伍《熊曇朗傳》【《南史》捌拾《熊曇朗傳》同】略云：

熊曇朗，豫章南昌人也。世爲郡著姓。有膂力。侯景之亂，稍聚少年，據豐城縣爲柵，桀黠刼盜多附之。梁元帝以爲巴山太守。荆州陷，曇朗兵力稍强，刼掠鄰縣，縛賣居民。山谷之中，最爲巨患。時巴山陳定亦擁兵立寨，曇朗僞以女妻定子。又謂定曰：“周迪、余孝頃並不願此婚，必須以强兵來迎。”定乃遣精甲三百，並土豪二十人往迎。既至，曇朗執之，收其馬杖，並論價責贖。紹泰二年（公元五五六年），曇朗以南川豪帥，隨例除游騎將軍。

同書同卷《周迪傳》【《南史》捌拾《周迪傳》同】略云：

周迪，臨川南城人也。少居山谷，有膂力，能挽强弩，以弋獵爲事。侯景之亂，迪宗人周續起兵於臨川。梁始興王蕭毅，以郡讓續。迪召募鄉人從之，每戰必勇冠衆軍。續所部渠帥皆郡中豪族，稍驕橫，續頗禁之。渠帥等並怨望，乃相率殺續，推迪爲主。迪乃據有臨川之地，築城於工塘。梁元帝授迪高州刺史。

同書同卷《留異傳》【《南史》捌拾《留異傳》同】略云：

留異，東陽長山人也。世爲郡著姓。〔異〕爲鄉里雄豪，多聚惡少，守宰皆患之。梁代爲蟹浦戍主，歷晉安、安固二縣令。侯景之亂，還鄉里，召募士卒。東陽郡丞與異有隙，引兵誅之，及其妻子。太守沈巡援臺，讓郡於異。異使兄子超監知郡事，率兵隨巡出都。及京城陷，異隨臨城公蕭大連，大連委以軍事。會〔侯〕景將軍宋子仙濟浙江。異奔還鄉里，尋以其衆降於子仙。侯景署異爲東陽太守。侯景平後，王僧辯使異慰勞東陽，仍糾合鄉間，保據巖阻。其徒甚盛，州郡憚焉。元帝以爲信安令。荆州陷，王僧辯以異爲東陽太守。世祖平定會稽，異雖轉輸糧餉，而擁擅一郡，威福在己。紹泰二年以應接之功，除縉州刺史，領東陽太守。

同書同卷《陳寶應傳》【《南史》捌拾《陳寶應傳》同】略云：

陳寶應，晉安侯官人也。世爲閩中四姓。父羽，有材幹，爲郡雄豪。寶應性反覆，多變詐。梁代晉安數反，累殺郡將，羽初並扇惑合成其事，後復爲官軍鄉導破之。由是一郡兵權皆自己出。侯景之亂，晉安太守、賓化侯蕭雲以郡讓羽。羽年老，但治郡事，令寶應典兵。是時東境饑饉，會稽尤甚，死者十七八，平民男女並皆自賣，而晉安獨豐沃。寶應自海道寇臨安、永嘉及會稽、餘姚、諸暨，又載米粟與之貿易，多致玉帛子女。其有能致舟乘者，亦並奔歸之。由是大致貲產，士衆強盛。侯景平，元帝因以羽爲晉安太守。高祖輔政，羽請歸老，求傳郡於寶應。高祖許之。高祖受禪，授閩州刺史。世祖嗣位,仍命宗正録其本系,編爲宗室。

據上引諸人之性質、才力及籍貫事蹟推測,則侯安都以《宋書·徐豁傳》證之,頗有俚族之嫌疑。侯瑱本巴地酋豪,徐世譜源出巴東,殆即所謂巴族。江陵陷後,世譜往依於瑱,或與同族有關。

黃法𣰰、熊曇朗、周迪諸人,若依《南史·胡諧之傳》出生地域之關係言,恐與"溪狗"同類。《續搜神記》本《桃花源記》載溪人之姓爲黃,《尚書故實》復言黃爲溪洞豪姓。黃法𣰰之姓,豈亦共源耶?留異、陳寶應,據地域論,當是越種,未可知也。獨歐陽頠一族,史雖稱爲長沙臨湘人,然與嶺南殊有關係。周君疑其"少時嘗居始興",甚有理據。蓋《陳書》貳壹《蕭允傳》附《引傳》及《南史》壹捌《蕭思話傳》附《引傳》,俱有"始興人歐陽頠"之語。豈長沙之歐陽一族,本自始興遷來,其目頠爲始興人者,乃以原籍言之耶?

考劉餗《隋唐嘉話》載歐陽頠孫詢形貌醜怪事【孟棨《本事詩》同】,其文略云:

　　國初長孫太尉【無忌】見歐陽率更【詢】姿形甚陋,嘲之曰:
"聳膊成山字,埋肩畏出頭,誰言麟閣①上,畫此一獼猴。"

據此,詢之形貌,當與猿猴相似。至若《太平廣記》肆肆肆引《續江氏傳》記詢父紇梁末隨蘭欽南征,其妻爲白猿竊去,有身後,復奪還,因而生詢,故詢爲猿種云云。其語之不經,本無待辨。然《舊唐書》壹捌玖《儒學傳上·歐陽詢傳》《新唐書》壹玖捌《儒學傳

---

① 即麒麟閣。

上·歐陽詢傳》同】略云：

> 歐陽詢，譚州臨湘人，陳大司空頠之孫也。父紇，陳廣州
> 刺史，以謀反誅。詢當從坐，僅而獲免。陳尚書令江總與紇有
> 舊，收養之，教以書計。雖貌甚寢陋，而聰悟絕倫。高麗甚重
> 其書，嘗遣使求之。高祖歎曰："不意詢之書名遠播夷狄，彼觀
> 其迹，固謂其形魁梧邪？"

又同書捌貳《許敬宗傳》【《新唐書》貳貳叁《姦臣傳·許敬宗
傳》同】略云：

> ［貞觀］十年（公元六三六年）文德皇后崩，百官縗絰。率
> 更令歐陽詢狀貌醜異，眾或指之，敬宗見而大笑，爲御史所劾，
> 左授洪州都督府司馬。

則是詢本形貌之醜怪，史乘固有明徵。雖其遺傳所自，源於父系，
或母系或父母二系，皆不可知。若取歐陽氏本出始興一事，參以
《宋書》所載徐豁之言，或《通鑑》所載殷闐之語，殆是俚或溪之種
歟？夫歐陽氏累世之文學藝術，實爲神州文化之光輝，而究其種類
淵源所出，乃不得不疑其爲蠻族。然則聖人"有教無類"之言，豈不
信哉！寅恪嘗於拙著《隋唐制度淵源略論稿》及《唐代政治史述論
稿》中，詳論北朝漢人與胡人之分別在文化，而不在種族。茲論南
朝民族問題，猶斯旨也。故取歐陽氏事，以結此篇焉。

原載一九四四年九月《歷史語言研究所集刊》第拾壹本第壹分

崔浩與寇謙之

　　崔浩與寇謙之之關係，北朝史中一大公案也。治史者猶有待發之覆，兹就習見之材料，設一假説，以求教於通識君子。

　　《魏書》壹壹肆《釋老志》略云：

　　　　世祖時，道士寇謙之，字輔真，南雍州刺史讚之弟，自云寇恂之十三世孫。早好仙道，有絶俗之心。少修張魯之術。

　　寅恪案，寇謙之之家世，及其“少修張魯之術”之故，請略加推測解釋如下：

　　《北史》貳柒《寇讚傳》【參《魏書》肆貳《寇讚傳》】略云：

　　　　寇讚字奉國，上谷人也，因難徙馮翊萬年。父脩之，字延期，符堅東萊太守。讚弟謙，有道術，太武敬重之，故追贈脩之安西將軍、秦州刺史、馮翊公。賜命服，謚曰哀公。詔秦、雍二州爲立碑墓。又贈脩之母爲馮翊夫人，及宗從追贈太守、縣令、侯、子、男者十六人，其臨職者七郡、五縣。姚泓滅，秦、雍人來奔河南、滎陽、河內者，户至萬數，拜讚南雍州刺史、軹縣侯，於洛陽立雍州之郡縣以撫之。由是流人襁負，自遠而至，參倍於前。進讚爵河南公，加安南將軍，領南蠻校尉，仍刺史。分洛、豫二州之僑郡以益之。

　　此傳中可注意者有四事：

（一）此傳載謙之之名少一"之"字，實非脱漏，蓋六朝天師道信徒之以"之"字爲名者頗多，"之"字在其名中，乃代表其宗教信仰之意，如佛教徒之以"曇"或"法"爲名者相類。東漢及六朝人依《公羊春秋》譏二名之義，習用單名。故"之"字非特專之眞名，可以不避諱，亦可省略。六朝禮法士族最重家諱，如琅邪王羲之、獻之父子同以"之"爲名，而不以爲嫌犯，是其最顯著之例證也。世人多不知此義，可不深責，但史學專門著述如錢大昕《廿二史考異》叁玖《北史·寇讚傳》"讚弟謙有道術太武敬重之"條云：

即天師寇謙之也，傳脱"之"字。

王鳴盛《十七史商榷》"蕭氏世系"條云：

《南史·梁武帝紀》，梁與齊同承淮陰令整，整生皇高祖鎋，鎋生皇曾祖副子，副子生皇祖道賜，道賜生皇考順之，於齊高帝爲始族弟。案《齊高紀》亦從淮陰令整叙起，整生儁，儁生樂子。尚與副子排行，樂子生承之，承之生道成。竊疑道賜與順之似是倒誤，當爲副子生順之，順之生道賜，道賜於齊高帝爲始族弟。如此方合。六朝人兄弟排行者多也。雖姚思廉《梁書》與《南史》同，然大可疑。

及吳士鑑《晉書斠注》陸陸《陶侃傳》注云：

《御覽》柒佰捌《陶侃別傳》曰，外國獻氍毹。公舉之曰："我還國當與牙共眠。"牙名倓之，字處靜，是公庶孫，小而被知，以爲後嗣。案侃孫見於本傳者，瞻之子弘，旗之子定，餘無可考。未知倓之爲何人之子，惟弘子名綽之，定子名襲之，倓之既爲

　　侃孫，不應與其姪輩同以"之"字命名，疑俟之或單名而誤衍之
　　字也。

則不得不加以糾正，蓋兄弟排行固可同用"之"字，而父子祖孫，亦
得以"之"爲名，如《南齊書》叁柒《胡諧之傳》【參《南史》肆柒《胡諧之
傳》】云：

　　　　胡諧之，豫章南昌人也。祖廉之，治書侍御史。父翼之，
　　州辟不就。

及《南史》陸貳《朱异傳》略云：

　　　　朱异，吳郡錢唐人也。祖昭之，叔父謙之，兄巽之，即异
　　父也。

又《梁書》叁捌《朱异傳》略云：

　　　　朱异，吳郡錢唐人也，父巽。

可知祖父孫可以同用"之"字爲名，兄弟同輩，其名亦得皆用"之"
字，但"之"字亦可省略，此等例證，見於六朝載籍者甚多，胡、朱二
傳不過隨手錄出，何錢、王、吳諸氏之不見及此耶？

　　（二）據《寇讚傳》所載，姚泓滅後，魏僑置南雍州於洛陽，以讚
爲刺史，招撫秦雍之流民，可知寇氏實爲秦雍大族豪家，否則讚決
不能充任此職也。

　　（三）據《高僧傳》壹壹《習禪類・宋僞魏平城釋玄高傳》云：

　　　　釋玄高姓魏，本名靈育，馮翊萬年人也。母寇氏，本信外
　　道，始適魏氏，首孕一女，即高之長姊，生便信佛，乃爲母祈願，
　　願門無異見，得奉大法。母以僞秦弘始三年（公元四零一年）

夢見梵僧散華滿室，覺便懷胎。至四年（公元四零二年）二月
八日生男，家內忽有異香及光明照壁，迄旦乃息。母以兒生瑞
兆，因名靈育。

可知高公之外家寇氏，世奉天師道，高公後來與篤信佛教之魏太子
晃即恭宗關係密切，爲道教信徒寇謙之、崔浩等之對敵，《僧傳》不
載其與謙之之親屬關係，當非近屬，由此推知馮①翊寇氏乃一大族，
而又世奉天師道者，不僅謙之一房之信仰如是也。至高公之本名
靈育，《僧傳》載其誕生時之靈異，因以得名，其實"靈育"與"道育"
"靈寶"之類皆是天師道之教名，想高公出生時實受道教之名，後來
改信佛教，遂加以附會緣飾之耳。

　（四）寇氏之自稱源出上谷，爲東漢寇恂之後，其爲依託，不待
詳辨，但《寇讚傳》言其因難徙馮翊萬年，所謂難者，究何所指，傳文
未詳。據《元和姓纂》玖"去聲五十候"條云：

　　　寇，上谷昌平恂，後漢執金吾、雍奴侯；曾孫榮；榮孫孟，魏
　　馮翊太守，徙家馮翊。

又《芒洛冢墓遺文三編·後魏寇臻墓誌銘》云：

　　　寇臻字仙勝，春秋甫履從心，寢疾薨於路寢，上谷昌平人，
　　漢相威侯之裔，侍中榮十世之胤。榮之子孫前魏因官遂寓馮
　　翊。公皇魏秦州刺史馮翊哀公之孫，南雍州使君河南宣穆公
　　之少子。

---

① 原文作"平"，誤，今改。

可知寇氏之徙馮翊，據《姓纂》及《寇臻誌》，實在前魏即曹魏時，其所謂因官遂寓馮翊者，實不過託詞而已。凡古今家族譜牒中所謂因難因官，多爲假託，不足異也。考《三國志·魏志》壹伍《張既傳》略云：

> 從征張魯，魯降。既説太祖拔漢中民數萬户以實長安及三輔。

是曹操實有徙張魯徒衆於長安及三輔之事，頗疑寇氏一族原從漢中徙至馮翊，以其爲豪宗大族，故有被徙之資格，以其爲米賊餘黨，故其家世守天師道之信仰。然則寇謙之之所以早修張魯之術，固非偶然也。至魏武之徙張魯部衆於長安及三輔，雖在建安之世，其時孟德之霸業已成，後之修家譜撰墓誌者，遂以東漢末年之事混通牽引屬之曹魏之時耳。

《釋老志》又云：

> ［寇謙之］服食餌藥，歷年無效。幽誠上達，有仙人成公興，不知何許人，至謙之從母家傭賃。謙之常觀其姨，見興形貌甚强，力作不倦，請回賃興代己使役。乃將還，令其開舍南辣田。謙之樹下坐算，興懇一發致勤【寅恪案，疑當作墾發致勤，蓋“懇一”乃“墾”之譌寫耳】，時來看算。謙之謂曰：“汝但力作，何爲看此？”二三日後，復來看之，如此不已。後謙之算七曜，有所不了，惘然自失。興謂謙之曰：“先生何爲不懌？”謙之曰：“我學算累年，而近算周髀不合，以此自愧。且非汝所知，何勞問也。”興曰：“先生試隨興語布之。”俄然便決。謙之歎伏，

不測興之淺深，請師事之。興固辭不肯，但求爲謙之弟子。未幾，謂謙之曰：“先生有意學道，豈能與興隱遁？”謙之欣然從之。興乃令謙之潔齋三日，共入華山。令謙之居一石室，自出採藥，還與謙之食藥，不復飢。乃將謙之入嵩山。有三重石室，令謙之住第二重。歷年，興謂謙之曰：“興出後，當有人將藥來，得但食之，莫爲疑怪。”尋有人將藥而至，皆是毒蟲臭惡之物，謙之大懼出走。興還問狀，謙之具對，興歎息曰：“先生未便得仙，政可爲帝王師耳。”興事謙之七年，而謂之曰：“興不得久留，明日中應去。興亡後，先生幸爲沐浴，自當有人見迎。”興乃入第三重石室而卒。謙之躬自沐浴。明日中，有叩石室者，謙之出視，見兩童子，一持法服，一持鉢及錫杖。謙之引入，至興屍所，興欻然而起，著衣持鉢、執杖而去。

寅恪案，此節爲吾國接受外來學說及技術之一重公案，自來論中西交通史及文化學術史者，似尚未有注意及之者，請略釋證之如下：

錢大昕《廿二史考異》叁拾《魏書・釋老志》“有仙人成公興不知何許人”條已引《殷紹傳》爲釋，茲再取《紹傳》稍加申證，並參以其他傳記足以相發明者爲之旁證。但有一通則不可不先知者，即吾國道教雖其初原爲本土之産物，而其後逐漸接受模襲外來輸入之學說技術，變易演進，遂成爲一龐大複雜之混合體，此治吾國宗教史者所習知者也。綜觀二千年來道教之發展史，每一次之改革，必受一種外來學說之激刺，而所受外來之學說，要以佛教爲主。故吾人今日儻取全部《道藏》與《佛藏》比較探求，如以《真誥》與《四十二章經》比較之例，必當更有所發明也。寇謙之少修張魯之術，即其家世所傳之舊道教，而服食餌藥歷年無效，是其所傳之舊醫藥生理學有待於新學之改進也。其學算累年而算七曜周髀有所不合，是其舊傳之天文算學亦有待於新學之改進也。即就《殷紹傳》考之，可知成公興與當時佛教徒有密切之關係也。《釋老志》言其死後欻然而起，著法服執錫杖持鉢而去，此即《紹傳》所謂"遊遁"也。至興稱謙之爲先生而自爲弟子【宋《眉山七史》本作"但求謙之爲弟子"，文意不明，易滋誤會】，亦足證興固非道士，而先生之稱號，在當時乃道士之尊稱，如佛教之稱和尚者然，非僅爲人師之稱而與弟子爲對文也。又《釋老志》目興爲仙人者，恐亦如佛典中凡山林修道之術士概以仙人目之之比耳。

《魏書》玖壹《術藝傳・殷紹傳》略云：

殷紹，長樂人也。好陰陽術數，達《九章》《七曜》。世祖時爲算生博士，給事東宮西曹，以藝術爲恭宗所知。太安四年【公元四五八年】夏，上《四序堪輿》，表曰："臣以姚氏之世，行學伊川，時遇遊遁大儒成公興，從求《九章》要術。興字廣明，自云膠東人也。興時將臣南到陽翟九崖巖沙門釋曇影間。興即北還，臣獨留住，依止影所，求請《九章》。影復將臣向長廣東山見道人法穆。法穆時共影爲臣開述《九章》數家雜要，披釋章次意況大旨。又演隱審五藏六府心髓血脉，商功大算端部，變化玄象，土圭、《周髀》。練精銳思，蘊習四年，從穆所聞，粗皆

髣髴。穆等仁矜,特垂憂閔,復以先師和公所注黄帝《四序經》
文三十六卷,合有三百二十四章,專説天地陰陽之本,傳授於
臣。以甲寅之年,奉辭影等。自爾至今,四十五載,歷觀時俗
堪輿八會,逕世已久,傳寫謬誤。又史遷、郝振、中吉①大儒,亦
各撰注,流行於世。配會大小,序述陰陽,依如本經,猶有所
闕。臣前在東宮,以狀奏聞,奉被景穆皇帝聖詔,勅臣撰録,集
其要最。仰奉明旨,謹審先所見《四序經》文,抄撮要略,當世
所須,吉凶舉動,集成一卷。未及内呈,先帝晏駕。臣時狼狽,
幾至不測。停廢以來,逕由八載,[今]依先撰録奏,謹以上聞。"
其《四序堪輿》,遂大行於世。

　　寅恪案,殷紹以成公興之一段因緣,與其與寇謙之關係,其時
間空間二者俱相適合,自不待言。其最可注意者,即興所介紹傳授
醫學算學之名師,皆爲佛教徒一事是也。自來宗教之傳播,多假醫
藥天算之學以爲工具,與明末至近世西洋之傳教師所爲者,正復相
類,可爲明證。

　　吾國舊時醫學,所受佛教之影響甚深,如耆域【或譯耆婆】者,
天竺之神醫,其名字及醫方與其他神異物語散見於佛教經典,如
《奈女耆婆經》《温室經》等及吾國醫書如巢元方《病源候論》、王燾
《外臺秘要》之類,是一例證,但如《高僧傳》拾《神異門上·晉洛陽
耆域傳》略云:

---

① 　標點本《魏書》作"占"。

耆域者，天竺人也。晉惠之末，至於洛陽，時衡陽太守南陽滕永文在洛，寄住滿水寺，得病，兩脚攣屈，不能起行。域往看之，因取淨水一杯，楊柳一枝，便以楊枝拂水，舉手向永文而呪，如此者三，因以手搦永文膝，令起，即起，行步如故。此寺中有思惟樹數十株枯死。域問永文：“此樹死來幾時？”永文曰：“積年矣。”域即向樹呪，如呪永文法，樹尋黃發，扶疏榮茂。尚方署中有一人病癥將死，域以應器著病者腹上，白布通覆之，呪願數千言，即有臭氣薰徹一屋。病者曰：“我活矣。”域令人舉布，應器中有若涇淤泥者數升，臭不可近，病者遂活。洛陽兵亂，辭還天竺。既還西域，不知所終。

則天竺神話之人物，竟與其他佛教傳法高僧來游中國者同列《僧傳》，事雖可笑，其實此正可暗示六朝佛教徒輸入天竺之醫方明之一段因緣也。【鄙意耆域之名出於中央亞細亞之文，名耆婆則純粹梵文也。】至道教徒之採用此外國輸入之技術及學說，當不自六朝始，觀吾國舊時醫學之基本經典，如《内經》者，即託之於黃帝與天師問對之言可知。《漢書·藝文志·神仙類》著錄《黃帝歧伯按摩》十卷，而班書又云：

大古有歧伯、俞拊，中世有扁鵲、秦和。

茲更略取六朝初期即《耆域傳》所依託之東西晉時代諸佛教徒與醫學有關之資料列之於下，以供參證。

《世說新語》下《術解篇》“郗愔信道甚精勤”條云：

郗愔信道甚精勤，常患腹内惡，諸醫不可療，聞于法開有名,往迎之。既來,便脉云:君侯所患,正是精進太過所致耳。合一劑湯與之,一服即大下,去數段許紙,如拳大。剖看,乃先所服符也。【劉注云:《晉書》曰,法開善醫術。嘗行,莫投主人,妻産而兒積日不墮,法開曰:"此易治耳。"殺一肥羊,食十餘臠而針之。須臾兒下,羊膋裹兒出。其精妙如此。】

《高僧傳》肆《義解門·晉剡白山于法開傳》略云:

于法開不知何許人,事蘭公爲弟子。祖述耆婆,妙通醫法。或問:"法師高明剛簡,何以醫術經懷?"答曰:"明六度以除四魔之病,調九候以療風寒之疾,不亦可乎?"

又同書同卷《晉燉煌于道邃傳》略云:

于道邃,燉煌人,年十六出家,事蘭公爲弟子,學業高明,内外該覽,善方藥,美書札。

又《殷紹傳》所載沙門釋曇影,今《高僧傳》陸《義解門》有《晉長安釋曇影傳》,以時地考之,亦約略近似。至所謂"先師和公",當亦指沙門而言,今《高僧傳》伍《義解門》有《晉蒲坂釋法和傳》,不知是否即其人。以其名和言之,則似與醫學有關。蓋天竺醫術,以調和地水火風四大爲務。儻四大不和均,則疾病生,此鳩摩羅什臨終時所以自言"四大不愈"者也【見《高僧傳》貳《譯經門·晉長安鳩摩羅什傳》】。中國古代,秦有名醫曰和,豈和公之命名有所取義於華、梵醫家之説耶?

復次,天算之學於道教至爲重要,其説俟後論之。寇謙之、殷紹所受之周髀算術,乃當時初由佛教徒輸入之新蓋天説也。

據《晉書》壹壹《天文志》上云：

> 古言天者有三家，一曰蓋天，二曰宣夜，三曰渾天。漢靈帝時，蔡邕於朔方上書，言宣夜之學，絕無師法，周髀術數具存，考驗天狀，多所違失。惟渾天近得其情，今史官候臺所用銅儀，則其法也。

及《北史》捌玖《藝術傳·信都芳傳》略云：

> 信都芳，河間人也。少明算術。安豐王延明聚渾天、欹器、地動、銅烏、漏刻、候風諸巧事，並令芳算之。〔芳〕又著《樂書》《遁甲經》《四術周髀宗》。其序曰："漢成帝時，學者問蓋天，揚雄曰：'蓋哉，未幾也。'問渾天，曰：'落下閎為之，鮮于妄人度之，耿中丞象之。幾乎，莫之息矣。'【見《法言·重黎篇》】此言蓋差而渾密也。蓋器測影而造，用之日久，不同於祖，故云未幾也。渾器量天而作，乾坤大象，隱見難變，故云幾乎。是時，太史令尹咸窮研晷蓋，易古周法，雄乃見之，以為難也。自昔周公定影王城，至漢朝，蓋器一改焉。渾天覆觀，以《靈憲》為文，蓋天仰觀，以《周髀》為法。覆仰雖殊，大歸是一。古之人制者，所表天效玄象。芳以渾算精微，術機萬首，故約本為之省要，凡述二篇，合六法，名《四術周髀宗》。"

足知蓋天之術不及渾天之精密也。但蓋天有新舊二術，舊術在揚雄時其精密不及渾天，故子雲①有是論，周髀算法為蓋天之術，今所

---

① 即揚雄。

傳《周髀算經》，其非周公原書，自不待辨，而其下卷所列二十四氣，啓蟄在雨水之後，考《漢書》貳壹下《律曆志》云：

中營室十四度，驚蟄【今曰雨水，於夏爲正月，商爲二月，周爲三月】，終於奎四度。降婁，初奎五度，雨水【今曰驚蟄】。

及《後漢書》壹叁《律曆志》下云：

二十四氣

冬至，小寒，大寒，立春，雨水，驚蟄。

論曰：《太初曆》到章帝元和，旋復疏闊。徵能術者，課校諸曆，定朔稽元，追漢三十五年庚辰之歲，追朔一日，乃與天合，以爲《四分曆》元。加六百五元一紀，上得庚申。

則今之《周髀算經》，其列雨水於啓蟄之前，必出於東漢元和改用《四分曆》之後，非揚氏當時舊蓋天術之書固不待論，蔡氏[①]朔方上書，言蓋不及渾，則似蔡氏當日所見蓋天之術，仍是舊法。而今之《周髀算經》啓蟄之名，又不避漢諱，恐今之傳本不止非東漢末年蔡氏所見之蓋天算術，或更出於當塗典午[②]之世，亦未可知也。【可參周密《齊東野語》壹玖"漢以前驚蟄爲正月節"條，但公謹[③]謂"及天[天當作太]初以後，更改氣名，以雨水爲正月中"，似未諦。】復據《隋書》壹玖《天文志》上云：

梁武帝於長春殿講義，別擬天體，全同《周髀》之文，蓋立

① 即蔡邕。

② 即司馬。

③ 即周密。

新義，以排渾天之論而已。

梁武帝之説，今雖不可盡見，但《開元占經》所引，獨可窺其大概，今其文【《開元占經》壹《天地名體》"天地渾宗"條】云：

> 梁武帝云：四大海之外，有金剛山，一名鐵圍山，金剛山北又有黑山，日月循山而轉，周迴四面，一晝一夜，圍繞環匝。

是明爲天竺之説，而武帝欲持此以排渾天，則其説必有以勝於渾天，抑又可知也。《隋志》既言其全同蓋天，即是新蓋天説，然則新蓋天説乃天竺所輸入者。寇謙之、殷紹從成公興、曇影、法穆等受周髀算術，即從佛教受天竺輸入之新蓋天説，此謙之所以用其舊法累年算七曜周髀不合，而有待於佛教徒新輸入之天竺天算之學以改進其家世之舊傳者也。

至殷紹所謂"史遷、郝振、中吉大儒，亦各撰注，流行於世"者，司馬氏父子，世主天官，究天人之際，成一家之言，而文史星曆近乎卜祝之間【《史記》壹叁拾《太史公自序》、《漢書》陸貳《司馬遷傳》及《文選》肆壹司馬子長《報任少卿書》】，《四序堪輿》之類，固不得爲文史，然可謂之星曆卜祝之書，故亦得依託於史遷也。郝振未詳，中吉則疑是于吉之誤寫，吉之事蹟見《三國志·吳志》壹《孫策傳》裴注引《江表傳》、《搜神記》等，固亦道教中人也。

《魏書·釋老志》又略云：

> 謙之守志嵩岳，精專不懈。以神瑞二年（公元四一五年）十月乙卯，忽遇大神，稱太上老君，謂謙之曰："往辛亥年，嵩岳鎮靈集仙宮主，表天曹，稱自天師張陵去世已來，地上曠誠，修

善之人，無所師授。嵩岳道士上谷寇謙之，立身直理，行合自然，才任軌範，首處師位，吾故來觀汝，授汝天師之位，賜汝《雲中音誦新科之誡》二十卷，號曰並進。”言：“吾此經誡，自天地開闢以來，不傳於世，今運數應出。汝宣吾《新科》，清整道教，除去三張僞法，租米錢税及男女合氣之術。大道清虚，豈有斯事。專以禮度爲首，而加之以服食閉鍊。”泰常八年（公元四二三年）十月戊戌，有牧土上師李譜文來臨嵩岳，云：“地上生民，末劫垂及，其中行教甚難。但令男女立壇宇，朝夕禮拜，若家有嚴君，功及上世。其中能修身煉藥，學長生之術，即爲真君種民。藥别授方，銷鍊金丹、雲英、八石、玉漿之法，皆有決要。”上師李君手筆有數篇，其餘皆正真書曹趙道覆所書。古文鳥迹，篆隸雜體，辭義約辯，婉而成章，大自與世禮相準。始光初，奉其書而獻之，世祖乃令謙之止於張曜之所，供其食物。朝野聞之，若存若亡，未全信也。

寇謙之採用佛教徒輸入天算醫藥之學，以改進其家世舊傳之道教，已如上言，然謙之復襲取當時佛教徒輸入之新律學以清除整理其時頗不理於人口之舊傳天師道，此則較前者更爲重要者也。欲明乎此，不可不先知六朝佛教徒治學之方法及當時社會學術之風尚，此方法即所謂“格義”者是也。格義之解釋及其流派，寅恪昔已詳論之【見拙著《支愍度學説考》】，兹不多及，僅引《高僧傳》數條以爲例證如下：

《高僧傳》肆《義解門·晉高邑竺法雅傳》略云：

竺法雅，河間人。少善外學，長通佛義，衣冠仕子咸附諮稟。時依雅①門徒，並世典有功，未善佛理。雅乃與康法朗等，以經中事數擬配外書，爲生解之例，謂之格義。及毗浮、曇相等亦辯格義，以訓門徒。

同書陸《義解門·晉廬山釋慧遠傳》略云：

年二十四便就講説，嘗有客聽講，難實相義，往復移時，彌增疑昧，遠乃引莊子義爲連類，於是惑者曉然，是後安公②特聽慧遠不廢俗書。遠内通佛理，外善羣書，夫預學徒，莫不依擬。時遠講《喪服經》，雷次宗、宗炳等並執卷承旨，次宗後別著義疏，首稱雷氏，宗炳因寄書嘲之曰："昔與足下共於釋和尚間面受此義，今便題卷首稱雷氏乎。其化兼道俗，斯類非一。"以晉義熙十二年(公元四一六年)八月初動散，至六日困篤，大德耆年皆稽顙請飲豉酒，不許。又請飲米汁，不許。又請以蜜和水爲漿，乃命律師，令披卷尋文，得飲與不。卷未半而終。春秋八十三矣。

據此得知六朝格義之風盛行，中國儒家之禮，與天竺佛教之律，連類擬配，視爲當然。《僧傳》所紀遠公臨終一節，與《戴記》所載曾子易簀之事，復何以異。當日不獨遠公一人以爲禮律殊無二致，即同時一般之儒士佛徒亦俱作如是觀也。兩晉天師道信徒屬於士

---

① 據標點本《高僧傳》，"雅"爲衍文，應刪。
② 釋道安。

大夫階級者固不少,但其大多數仍是庶族平民,士族儒家之禮法自
不可於當時大師教中求之,其淫穢淆亂最爲反對道教者所藉口,觀
佛教徒撰集之兩《弘明集》中諸文可知也。寇謙之值江左孫恩、盧
循政治運動失敗以後,天師道之非禮無法尤爲當時士大夫所詬病,
清整之功更不容已。謙之既從佛教徒採用其天算醫藥之學,以改
進其教矣,故不得不又從佛教徒模襲其輸入之律藏以爲清整之資,
此自然之理也。謙之生於姚秦之世,當時佛教一切有部之《十誦
律》方始輸入,盛行於關中,不幸姚泓亡滅,兵亂之餘,律師避亂南
渡,其學遂不傳北地,而遠流江東。謙之當必於此時掇拾遺散,取
其地僧徒不傳之新學,以清整其世傳之舊教,遂詭託神異,自稱受
命爲此改革之新教主也。兹略迻録當時有關佛教律學傳授流佈之
史料如下:

《高僧傳》貳《譯經門・晉壽春石磵寺卑摩羅叉傳》略云:

　　先在龜兹,弘闡律藏,四方學者,競往師之,鳩摩羅什時亦
預焉。又欲使毗尼勝品,復洽東國,冒險東渡,以僞秦弘始八
年(公元四零六年)達自關中,什以師禮敬待。及羅什棄世,叉
乃出遊關左,逗於壽春,止石磵寺。律徒雲聚,盛闡毗尼。頃
之南適江陵,於辛寺夏坐,開講《十誦》。律藏大弘,叉之力也。

同書壹叁《明律門・宋江陵釋慧猷傳》略云:

　　少出家止江陵辛寺。時有西國律師卑摩羅叉來適江陵,
大弘律藏,猷從之受業,沉思積時,乃大明《十誦》,講説相續,
陝西律師莫不宗之。

同書同卷《明律門‧宋吳閑居寺釋僧業傳》略云：

> 遊長安，從什公受業，見新出《十誦》，遂專功此部。值關中多難，避地京師，吳國張邵請還姑蘇，爲造閑居寺。業訓誘無輟，三吳學士輻湊肩聯。業弟子慧先襲業風軌，亦數當講説。

同書同卷《明律門‧宋京師長樂寺釋慧詢傳》略云：

> 經遊長安，受學什公①，尤善《十誦》《僧祇》。宋永初中還止廣陵，大開律席。元嘉中至京，止道場寺，寺僧慧觀亦精於《十誦》，乃令更振他寺，於是移止長樂寺。

同書同卷《明律門‧宋京師莊嚴寺釋僧璩傳》略云：

> 出家爲僧業弟子，尤明《十誦》。宋孝武敕出京師爲僧正，少帝準從受五戒，豫章王子尚崇爲法友，袁粲、張敷並一遇傾蓋。

同書同卷《明律門‧彭城郡釋道儼傳》略云：

> 善於毗尼，精研四部，融會衆家。又以律部東傳，梵漢異音，文頗左右，恐後人諮訪無所，乃會其旨歸，名曰《決正四部毗尼論》。後遊於彭城，弘通律藏。時棲玄寺又有釋慧曜者，亦善《十誦》。

綜合《釋老志》中寇謙之與天神交接一節及《高僧傳》中《十誦律》傳播之記載並觀之，則《雲中音誦新科之誡》之名，明是與佛教擬配之戒律，姑無論"誦"與《十誦律》之誦同字而"科"及"誡"與律字意義不殊也。其新科"專以禮度爲首"，則當時格義之學禮律互相

---

① 即鳩摩羅什。

擬配必然之結果也。藥別授方，皆有決要，此與殷紹從佛教徒所受醫藥之術，同出一源，此謙之必以新傳之醫藥學改進其前時"服食餌藥無效"之舊傳又可知也。三張錢米租稅僞法，已見《後漢書》《三國志》《隸釋》等有關諸紀載，兹不詳論，但男女合氣之術，既出於謙之之口，則佛教徒所言者，非全出於誣構，亦可知矣。兹略取兩《弘明集》中有關涉於此者，以爲參證。

《弘明集》捌《辨惑論》"合氣釋罪三逆"條注云：

至甲子詔冥醮録男女媒合尊卑無別。吳陸修静復勤勤行此。

又"畏鬼帶符妖法之極一"條云：

至於使六甲神而跪拜圊厠。【如郭景純亦云仙流，登圊度厄，竟不免災。】

又"解廚纂門不仁之極三"條注云：

又道姑、道男、冠女官、道父、道母、神君種民，此是合氣之後贈物名也。

《廣弘明集》玖周甄鸞《笑道論·道士合氣》三十五云：

《真人内朝律》云：真人日禮，男女至朔望日先齋三日，入私房詣師立功德，陰陽並進，日夜六時。此諸猥雜，不可聞説。

《釋老志》載牧①土上師李譜文所謂"真君種民"，寅恪少時讀此，於"種民"之義，苦不能解。後旁涉佛道二教之書，亦見有種民

---

① 原文作"木"，據《魏書》改。

之語，兹略迻録於下：

《弘明集》捌《辨惑論‧序》云：

> 闖藪留種民之穢。【又"解廚纂門不仁之極三"條注，亦有種民之語，已見上引。】

《道藏‧太平部》【外字壹】《太平經鈔》甲部卷之壹略云：

> 昔之天地與今天地，有始有終，同無異矣。初善後惡，中間興衰，一成一敗，陽九百六，六九乃周，周則大壞，天地混瀆，人物糜潰，惟積善者免之，長爲種民。君聖師明，教化不死，積鍊成聖，故號種民。種民，聖賢長生之類也。

> 後聖帝君撰長生之方，寶經符圖，三古妙法，垂謨立典，施之種民。不能行者，非種民也。

> 凡大小甲申之至也，除凶民，度善人，善人爲種民，凶民爲混瀆，大道神人更遣真仙上士出經行化，委曲導之，勸上勵下，從者爲種民，不從者沉没，沉没成混瀆。

可知"種民"與"混瀆"爲對文，其以種爲言者，蓋含有種姓之義，如鳩摩羅什所譯《金剛經》中"善男子""善女人"之名，依梵文原語，"善"字下原有"家"字，秦譯雖澌去，而唐義淨譯本則依梵文全譯之也。然則種民之義，實可兼賅道德之善惡及階級之高下而言，吾國古代經典中"君子""小人"之解釋亦與此不異。寇謙之本出秦雍豪家大族，其所持義固應如是，而此點尤與崔浩之政治理想，適相符合者也。

《魏書》壹壹肆《釋老志》又云：

崔浩獨異其言,因師事之,受其法術,於是上疏,讚明其事曰:“臣聞聖王受命,則有大應,而《河圖》《洛書》,皆寄言於蟲獸之文,未若今日人神接對,手筆粲然,辭旨深妙,自古無比。昔高祖雖復英聖,四皓猶或恥之,不爲屈節。今清德隱仙,不召自至,斯誠陛下侔蹤軒黃,應天之符也。豈可以世俗常談,而忽上靈之命。臣竊懼之。”世祖欣然,乃使謁者奉玉帛、牲牢祭嵩岳,迎致其餘弟子在山中者。於是崇奉天師,顯揚新法,宣布天下,道業大行。浩事天師,禮拜甚謹。人或譏之,浩聞之曰:“昔張釋之爲王生結襪,吾雖才非賢哲,今奉天師,足以不愧於古人矣。”

寅恪案,崔浩之家世背景及政治理想與寇謙之之新道教尤相符合,下文當詳論之。別有可注意者,即浩上疏拓跋燾讚明其事,自言所以篤信不疑之故,乃在“人神接對,手筆粲然”。蓋六朝書法之藝術,與天師道有密切關係,寅恪昔已言之【見拙著《天師道與濱海地域之關係》。並參《清華學報》第十五卷第一期周一良先生《評燉煌秘籍留真》一文】,茲不詳及。惟取浩本身及其家世與書法有關之記載録之於下:

《魏書》貳肆《崔玄伯傳》【參《北史》貳壹《崔宏傳》】略云:

玄伯尤善草隸行押之書,爲世摹楷。玄伯祖悦,與范陽盧諶並以博藝著名。諶法鍾繇,悦法衛瓘,而俱習索靖之草,皆盡其妙。諶傳子偃,偃傳子邈,悦傳子潛,潛傳玄伯,世不替業。故魏初重崔、盧之書。又玄伯之行押,特盡精巧,而不見遺迹。子浩。

《魏書》叁伍《崔浩傳》【參《北史》貳壹《崔宏傳》】略云：

> 太祖以其工書，常置左右。浩既工書，人多託寫《急就章》。從少至老，初無憚勞，所書蓋以百數。浩書體勢及其先人，而妙巧不如也。世寶其迹，多裁割綴連，以爲模楷。

同書貳肆《崔玄伯傳》附《簡傳》【參《北史》貳壹《崔宏傳》附《簡傳》】略云：

> ［玄伯］次子簡，一名覽。好學，少以善書知名。

據此，可知清河崔氏書法在北方，與琅邪王氏書法在江左，俱居最高地位。上師李君手筆，及趙道覆所書，必皆精妙。否則崔浩不能於上疏時特著明此事，頗疑寇謙之一門亦有能書之人或別丐能書者爲之代筆，如拙著《天師道與濱海地域之關係》一文中所論王羲之寫經換鵝之故事及周一良先生文中引《道藏》正乙部《傳受經戒儀注訣・書經法》第肆所謂"或拙秉毫，許得雇借"者是也。

復次，崔浩以爲"人神接對，手筆粲然，自古無比"。則似北朝當時此事尚未經見者，梁陶弘景編集《真誥》摹擬佛經，其所取用之材料，要必非全出虛構，至少一部分乃其親見之東晉時代依託仙真者之手筆，自無可疑。由此推之，江左東晉時此種扶乩之風亦已盛行，而北方道教徒猶未習此事，豈東晉之末宋武滅姚秦，秦、雍、伊、洛之間天師教徒從此役北來之人士中同一信仰者傳授此術，寇謙之遂得摹竊之，藉此以自矜異，而崔浩亦以夙所未見，因而驚服歟？姑記此疑，以俟詳考。

　　寇謙之事蹟之可考者，已略論證如上，兹請論崔浩事蹟之與謙之有關者。崔浩者，東漢以來儒家大族經西晉末年五胡亂華留居北方未能南渡者之代表也。當時中國北部之統治權雖在胡人之手，而其地之漢族實遠較胡人爲衆多，不獨漢人之文化高於胡人，經濟力量亦遠勝於胡人，故胡人之欲統治中國，必不得不借助於此種漢人之大族，而漢人大族亦欲藉統治之胡人以實現其家世傳統之政治理想，而鞏固其社會地位。此北朝數百年間胡族與漢族互相利用之關鍵，雖成功失敗其事非一，然北朝史中政治社會之大變動莫不與此點即胡人統治者與漢人大族之關係有關是也。東漢時代，其統治階級除皇室外戚外，要不出閹宦及儒士兩類之人，其士人大抵先從師受經傳，游學全國文化中心首都洛陽之太學，然後應命徵辟，歷任中央地方郎吏牧守，以致卿相之高位。中晚以後，此類仕宦通顯之士人逐漸歸併於少數門族，如汝南袁氏四世三公之例，故東漢末年之高門必具備儒生與大族之二條件，如《世說新語・政事類》"山公①以器重朝望"條劉注引虞預《晉書》曰：

　　　　[濤]宗人謂宣帝【司馬懿】曰："濤當與景【司馬師】、文【司馬昭】共綱紀天下者也。"帝戲曰："卿小族，那得此快人邪！"

及《晉書》貳拾《禮志》載晉武帝詔曰：

　　　　本諸生家，傳禮來久。

可證也。據《晉書》壹《宣帝紀》【參《三國志・魏志》壹伍《司馬朗傳》

---

① 即山濤。

裴注引司馬彪《序傳》】略云：

> ［征西將軍］鈞生豫章太守量，量生潁川太守儁，儁生京兆
> 尹防，帝即防之第二子也。

可知河内司馬氏雖不及汝南袁氏、弘農楊氏之累代三公，但亦家世
二千石，其爲東漢中晚以後之儒家大族無疑也。東漢末年政紊世
亂，此種家族往往懷抱一種政治理想，以救時弊，雖一時不必期諸
實行，而終望其理想得以達到，如《三國志‧魏志》壹伍《司馬朗傳》
略云：

> 朗以爲天下土崩之勢，由秦滅五等之制，而郡國無蒐狩習
> 戰之備故也。今雖五等未可復行，可令州郡並置兵，外備四
> 夷，内威不軌，於策爲長。又以爲宜復井田。往者以民各有累
> 世之業，難中奪之，是以至今。今承大亂之後，民人分散，土業
> 無主，皆爲公田，宜及此時復之。議雖未施行，然州郡領兵，朗
> 本意也。

司馬朗爲防之子，懿[①]之兄，此種政治理想，至司馬氏握政權
時，如《三國志‧魏志》肆《陳留王奂傳》所載：

> ［咸熙元年(公元二六四年)］五月庚申，相國晉王【司馬昭】
> 奏復五等爵。

及晉武帝平吳混一區宇以後，減罷州郡兵，皆是司馬氏實行其家傳
之政治理想，此復五等爵、罷州郡兵二事俱有關一代之興亡，然其

---

①　原文作"异"，誤，今改爲"懿"。

遠因當求諸數十年或百年前之家世社會背景，非一朝一夕偶然應付時變之措施，其所從來久矣。

漢祚將傾，以常情論，繼之者似當爲儒士階級"四世三公"之汝南袁氏，而非宦寺階級"墜閫遺醜"【見《三國志·魏志》陸《袁紹傳》裴注引《魏氏春秋》載陳琳檄文】之沛國曹氏，然而建安五年（公元二零零年）官渡之戰，以兵略運糧之偶然關係，袁氏敗而曹氏勝，遂定後來曹魏代漢之局，論史者往往以此戰爲紹、操二人或漢、魏兩朝成敗興亡之關鍵，斯固然矣，而不知此戰實亦決定東漢中晚以後掌握政權儒士與閹宦兩大社會階級之勝負昇降也。東漢儒家大族之潛勢力極大，雖一時暫屈服於法家寒族之曹魏政權，然百足之蟲，死而不僵，故必伺隙而動，以恢復其舊有之地位。河内司馬氏，雖即承曹叡之庸弱，漸握政權，至殺曹爽以後，父子兄弟相繼秉政，不及二十年，遂成帝業。當司馬氏作家門時，自亦有本出身寒族依附曹魏之人，投機加入司馬氏之黨，如賈充【見《三國志·魏志》壹伍《賈逵傳》及《晉書》伍拾《庾純傳》純戲賈充言"有小市井事不了"及"世言充之先有市魁者"等文】、石苞【見《晉書》叁叁《石苞傳》】及陳矯【見《三國志·魏志》貳貳《陳矯傳》裴注引《魏氏春秋》及《晉書》叁伍《陳騫傳》】等。但司馬氏佐命功臣大都屬於東漢之儒家大族，觀司馬氏將移魏鼎之際，其三公爲王祥、何曾、荀顗【見《三國志·魏志》肆《陳留王奐傳》咸熙元年三月丁丑"以王祥爲太尉"條及同月己卯"進晉公爵爲王"條】，而此三人者，當時皆以孝行著稱。【見《晉書》叁叁《王祥傳》、同書同卷《何曾傳》引傅玄稱曾及荀顗之孝語及同書叁玖《荀顗傳》。】蓋東漢儒家以孝治天下，非若魏武帝出自閹宦寒門，其理國用人以才能爲先，而不仁不孝亦在拔擢之列者可比。【見《三國志·魏志》壹《武帝紀》建安十五年（公元二一零年）、十九年（公元二一四年）令及二十二年（公元二一七年）裴注引《魏書》所載令文。】東漢與曹魏，社會風氣道德標準改易至是，誠古今之鉅變。【參《日知録》壹貳“兩漢風俗”及“正始”等條。】而所以致此者，固由於魏武一人之心術，而其所以敢冒舉世之大不韙者，則又因其家世傳統少時薰習有以成之也。又考《三國志·魏志》拾《賈詡傳》裴注引《荀勗別傳》曰：

> 晉司徒闕，武帝問其人於勗，答曰：“三公具瞻所歸，不可用非其人。昔魏文帝用賈詡爲三公，孫權笑之。”

蓋孫吳在江東其統治階級亦爲大族，與典午①之在中原者正復相似，而與曹魏之治殊異，宜孫權以此譏曹丕，此非仲謀、子桓②二主用人之標準不同，實吳、魏兩國統治階級有大族寒門之互異故也。

司馬氏之帝業，乃由當時之儒家大族擁戴而成，故西晉篡魏亦可謂之東漢儒家大族之復興。典午開國之重要設施，如復五等之爵，罷州郡之兵，以及帝王躬行三年之喪禮等，皆與儒家有關，可爲明證。其最可注意者，則爲釐定刑律，增撰《周官》爲《諸侯律》一篇

---

① 即司馬。
② 即孫權、曹丕。

【見《晉書》叁拾《刑法志》】。兩漢之時雖頗以經義折獄，又議論政事，解釋經傳，往往取儒家教義，與漢律之文比傅引伸，但漢家法律，實本嬴秦之舊，雖有馬、鄭①諸儒爲之章句【見《晉書》叁拾《刑法志》】，並未嘗以儒家經典爲法律條文也。然則中國儒家政治理想之書如《周官》者，典午以前，固已尊爲聖經，而西晉以後復更成爲國法矣，此亦古今之鉅變，推原其故，實亦由司馬氏出身於東漢儒家大族有以致之也。

　　西晉之統治階級，雖以儒家大族爲其主體，然既雜有一小部分之寒族投機者於其中，則兩種不同之集團混合，其優點難於摹倣，而劣點極易傳染，斯固古今通例也。如禮法爲儒家大族之優點，奢侈爲其劣點【如《晉書》叁叁《何曾傳》所言】。節儉爲法家寒族之優點【如《三國志‧魏志》壹貳《崔琰傳》裴注引《世語》曰，[臨淄侯]植妻衣繡，太祖登臺見之，以違制命還家賜死，此可見魏武之崇法治尚節儉也】，放蕩爲其劣點【如《三國志‧魏志》壹《武帝紀》言太祖"任俠放蕩，不治行業"之類】。若西晉惠帝賈皇后南風者，法家寒族賈充之女也，與儒家大族司馬家兒之惠帝衷相配偶，不但絕無禮法節儉之美德，且更爲放蕩奢侈之惡行，斯其明顯之一例也。故西晉一朝之亂亡，乃綜合儒家大族及法家寒族之劣點所造成者也。

　　自東漢末年至五胡亂華時代，中原之儒家大族與政治之關係，已略如上述，茲節錄崔浩事蹟與寇謙之有關者證釋之如下：

---

① 　即馬融、鄭玄。

《魏書》叁伍《崔浩傳》【參《北史》貳壹《崔宏傳》附子《浩傳》】云：

> 崔浩，字伯淵，清河人也，白馬公玄伯之長子。

寅恪案，《魏書》貳肆《崔玄伯傳》【參《北史》貳壹《崔宏傳》】云：

> 崔玄伯，清河東武城人也，名犯高祖廟諱，魏司空林六世孫也。祖悦，仕石虎，官至司徒左長史、關內侯。父潛，仕慕容暐，爲黃門侍郎。

《三國志·魏志》貳肆《崔林傳》裴注引《晉諸公讚》曰：

> [林子]述弟隨，晉尚書僕射。爲人亮濟。趙王倫篡位，隨與其事。倫敗，隨亦廢錮而卒。林孫瑋，性率而疏，至太子右衛率也。

可知魏晉以來，雖經五胡之亂，清河崔氏在政治上仍居最高地位，爲北朝第一盛門，如《北齊書》貳叁《崔㥄傳》【參《北史》貳肆《崔逞傳》附《㥄傳》】所言：

> 崔㥄，清河東武城人也。每以籍地自矜，謂盧元明曰：“天下盛門，唯我與爾，博崔、趙李①何事者哉。”

足爲例證，然《魏書》叁伍《崔浩傳》【參《北史》貳壹《崔宏傳》附子《浩傳》】云：

> 始浩與冀州刺史頤、滎陽太守模等年皆相次，浩爲長，次模，次頤。三人別祖，而模、頤爲親。浩恃其家世魏、晉公卿，常侮模、頤。模謂人曰：“桃簡正可欺我，何合輕我家周兒也。”浩

---

① 即博陵崔氏、趙郡李氏。

　　小名桃簡，頤小名周兒。世祖頗聞之，故誅浩時，二家獲免。
則有二事可注意，一爲清河崔氏爲北朝第一盛門，而崔浩一支又爲
清河崔氏門中最顯之房，此點不待多論。二爲崔氏心目中最理想
之門房之新定義，此點茲不能詳論，姑略言之。蓋有自東漢末年之
亂，首都洛陽之太學，失其爲全國文化學術中心之地位，雖西晉混
一區宇，洛陽太學稍復舊觀，然爲時未久，影響不深。故東漢以後
學術文化，其重心不在政治中心之首都，而分散於各地之名都大
邑。是以地方之大族盛門乃爲學術文化之所寄託。中原經五胡之
亂，而學術文化尚能保持不墜者，固由地方大族之力，而漢族之學
術文化變爲地方化及家門化矣。故論學術，祇有家學之可言，而學
術文化與大族盛門常不可分離也。然此種變遷乃逐漸形成者，在
六朝初期所謂高門，不必以高官爲惟一之標準【如《魏書》肆柒《盧
玄傳》論所言】，即寒士有才，亦可目爲勝流【如《晉書》玖叁《外戚
傳・褚裒傳》所載裒祖䂮爲縣吏將受鞭事之類】，寒女有德亦得偶
配名族【如《世說新語・賢媛類》"王汝南少無婚"條劉注引《汝南別
傳》所言之類】，非若六朝後期魏孝文之品目門第專以官爵之高下
爲標準也。【如《魏書》陸拾《韓麒麟傳》附子《顯宗傳》、同書陸叁《宋
弁傳》、同書壹壹叁《官氏志》等所言。】此兩種新舊不同之觀念及
定義，自然因世局之推演而漸改變，在崔浩之時社會風氣似尚多留
滯於前期之舊觀念，而浩心目中或以具備高官及才學二條件者爲
其理想之第一等門第，豈即以具備此二條件自矜詡於模、頤耶？寇
謙之既爲秦雍大族，其藝術復爲浩所推服，故亦約略具備此二條件

者，疑浩之特有取於謙之也。據《魏書》叁伍《崔浩傳》【參《北史》貳壹《崔宏傳》附子《浩傳》】云：

　　浩從太宗①幸西河、太原。登憩高陵之上，下臨河流，傍覽川域，慨然有感，遂與同寮論五等郡縣之是非，考秦始皇、漢武帝之違失。好古識治，時伏其言。天師寇謙之每與浩言，聞其論古治亂之迹，常自夜達旦，竦意斂容，無有懈倦。既而歎美之曰："斯言也惠，皆可底行，亦當今之皋繇也。但世人貴遠賤近，不能深察之耳。"因謂浩曰："吾行道隱居，不營世務，忽受神中之訣，當兼修儒教，輔助泰平真君，繼千載之絶統。而學不稽古，臨事闇昧。卿爲吾撰列王者治典，並論其大要。"浩乃著書二十餘篇，上推太初，下盡秦漢變弊之迹，大旨先以復五等爲本。

可見浩爲舊儒家之領袖，謙之爲新道教之教宗，互相利用，相得益彰，故二人之契合，殊非偶然也。浩之原書今雖不傳，其大旨既以先復五等爲本，則與司馬朗之學説及司馬昭、炎父子所施行者實相符合，斯蓋東漢儒家之共同理想。司馬氏、崔氏既同屬於一社會階級，故其政治之理想自不能違異也。謙之自稱受真仙之命，以爲末劫垂及，唯有種民即種姓之民，易言之，較高氏族之人民，得以度此末劫，此與東漢末年天下擾亂之際儒家大族所感受之印象、所懷抱之理想正復相同，不必純從佛教學説摹襲而來也。

　　又據《魏書》肆柒《盧玄傳》【參《北史》叁拾《盧玄傳》】云：

---

① 拓跋嗣。

[崔]浩大欲齊整人倫，分明姓族。玄勸之曰："夫創制立事，各有其時，樂爲此者，詎幾人也？宜其三思。"浩當時雖無異言，竟不納，浩敗頗亦由此。

並參以《魏書》肆捌《高允傳》【參《北史》叁壹《高允傳》】云：

初，崔浩薦冀、定、相、幽、并五州之士數十人，各起家郡守。恭宗①謂浩曰："先召之人，亦州郡選也，在職已久，勤勞未答。今可先補前召外任郡縣，以新召者代爲郎吏。又守令宰民，宜使更事者。"浩固爭而遣之。允聞之，謂東宮博士管恬曰："崔公其不免乎！苟逞其非，而校勝於上，何以勝濟。"

同書肆陸《李訢傳》【參《北史》貳柒《李訢傳》】略云：

李訢，范陽人也。初，李靈爲高宗博士、諮議，詔崔浩選中書學生器業優者爲助教。浩舉其弟子箱子與盧度世、李敷三人應之。給事高讜子佑、尚書段霸兒侄等，以爲浩阿其親戚，言於恭宗。恭宗以浩爲不平，聞之於世祖。世祖②意在於訢，曰："云何不取幽州刺史李崇老翁兒也？"浩對曰："前亦言訢合選，但以其先行在外，故不取之。"世祖曰："可待訢還，箱子等罷之。"訢爲世祖所識如此。遂除中書助教博士。

及同書叁陸《李順傳》【參《北史》叁叁《李順傳》】略云：

李順，趙郡平棘人也。長子敷，真君二年（公元四四一

---

① 拓跋晃。
② 拓跋燾。

年），選入中書教學。以忠謹給事東宮。又爲中散，與李訢、盧
遐、度世等並以聰敏內參機密，出入詔命。

則知崔浩實藉鮮卑統治力以施行其高官與博學合一之貴族政治
者，不幸其志未遂，而竟以此被禍也。至其被禍之由，則不得不略
加辨釋。考《宋書》柒柒《柳元景傳》【參《南史》叁捌《柳元景傳》及
《資治通鑑》壹貳陸宋文帝元嘉二十八年（公元四五一年）二月"魏
中書學生盧度世亡命"條考異】云：

> 元景從祖弟光世，先留鄉里，索虜以爲折衝將軍、河北太
> 守，封西陵男。光世姊夫僞司徒崔浩，虜之相也。元嘉二十七
> 年（公元四五零年），虜主拓跋燾南寇汝、潁，浩密有異圖，光世
> 要河北義士爲浩應。浩謀泄被誅，河東大姓坐連謀夷滅者
> 甚衆。

及《北史》貳壹《崔宏傳》附《浩傳》云：

> 始宏因苻氏亂，欲避地江南，爲張願所獲，本圖不遂。乃
> 作詩以自傷，而不行於時，蓋懼罪也。浩誅，中書侍郎高允受
> 敕收浩家書，始見此詩，允知其意。允孫綽錄於允集。

則似浩以具有民族意識，因而被禍者，論者或更據《魏書》叁伍《崔
浩傳》【參《北史》貳壹《崔宏傳》附《浩傳》】所言：

> 會聞劉裕死，太宗欲取洛陽、虎牢、滑臺。浩曰："陛下不
> 以劉裕欻起，納其使貢，裕亦敬事陛下。不幸今死，乘喪伐之，
> 雖得之不令。今國家亦未能一舉而定江南，宜遣人弔祭，存其
> 孤弱。裕新死，黨與未離，兵臨其境，必相率拒戰，功不可必，

不如緩之,待其惡稔。如其强臣爭權,變難必起,然後命將揚
威,可不勞士卒,而收淮北之地。"

以證《宋書·柳元景傳》而謂浩實心袒南朝者,鄙意以爲此正浩之
善於爲鮮卑謀,非有夷夏之見存乎其間也。蓋鮮卑當日武力雖强,
而中國北部漢族及其他胡族之人數遠超過於鮮卑,故境内未能統
一,且西北方柔然及其他胡族部落勢力强盛,甚爲魏之邊患,此浩
所謂未能一舉而定江南者也。若欲南侵,惟有分爲數階段,節級徐
進,此浩所謂命將揚威收淮北之地者也,觀浩神瑞二年(公元四一
五年)諫阻遷都於鄴之議,以爲:

> 東州之人,常謂國家居廣漠之地,民畜無算,號稱牛毛之
> 衆。今留守舊都,分家南徙,恐不滿諸州之地。參居郡縣,處
> 榛林之間,不便水土,疾疫死傷,情見事露,則百姓意沮。四方
> 聞之,有輕侮之意,屈丐、蠕蠕必提挈而來,雲中、平城則有危
> 殆之慮,阻隔恒代千里之險,雖欲救援,赴之甚難,如此則聲實
> 俱損矣。【見《魏書》叁伍《崔浩傳》】

及泰常元年(公元四一六年)議劉裕假道伐姚秦事謂:

> 假令國家棄恒山以南,裕必不能發吳、越之兵,與官軍爭
> 守河北也。【見《魏書》叁伍《崔浩傳》】

可謂深悉當時南北兩方情勢,其爲鮮卑謀者可謂至矣。浩之父宏,
對於鮮卑其心與浩有無異同,今不可知,但宏之欲南奔江左,在東
晉之世,北朝士族心目中以門第高下品量河内司馬氏與彭城劉氏
之價值,頗相懸遠,如魏收作《魏書》,其於東晉則尚題曰"僭晉司馬

叡”，而於劉宋則斥爲“島夷劉裕”，以爲“與叢亭、安上諸劉了無宗次”。此非伯起一人之偏見，蓋亦數百年間中原士族共同之品題，何況清河崔氏自許爲天下第一盛門，其必輕視“挺出寒微”【浩目宋武帝之語，見《魏書》《北史》浩傳】之劉宋而不屑詭言於鮮卑以存其宗社，其理甚明。柳光世之言不過虛張夷夏之見以自託於南朝，本不足據。司馬君實紀浩之避禍從《魏書》而不從《宋書》，其識卓矣。

然則浩之被禍果以何爲主因乎？依《盧玄傳》所言，浩之被禍，以“整齊人倫，分明姓族”，浩之貴族政治理想，其最不樂者，僅爲李訢等非高門之漢族，當時漢人中得鮮卑之寵信者，無逾於浩，此類寒族之漢人，其力必不能殺浩，自不待言。故殺浩者必爲鮮卑部落酋長，可以無疑。據《魏書》叁捌《王慧龍傳》【參《北史》叁伍《王慧龍傳》】云：

> 初，崔浩弟恬聞慧龍王氏之子，以女妻之。浩既婚姻，及見慧龍，曰：“信王家兒也。”王氏世齇鼻，江東謂之齇王。慧龍鼻大，浩曰：“真貴種矣。”數向諸公稱其美。司徒長孫嵩聞之，不悅，言於世祖，以其嘆服南人，則有訕鄙國化之意。世祖怒，召浩責之。浩免冠陳謝，得釋。

及同書貳柒《穆崇傳》附《亮傳》【參《北史》貳拾《穆崇傳》附《亮傳》】略云：

> 高祖①曰：“世祖時，崔浩爲冀州中正，長孫嵩爲司州中正，

_____

① 孝文帝拓跋宏。

可謂得人。"

是當時漢人士族之首領爲浩，鮮卑部酋之首領爲長孫嵩。浩既主張高官博學二者合一之貴族政治，鮮卑有政治勢力而無學術文化。浩之《國記》"備而不典"【見《魏書》叁伍《崔浩傳》】，蓋鮮卑本無文化可言，其爲不典，固亦宜然。浩與拓跋嗣論近世人物謂"太祖（拓跋珪）用漠北醇樸之人，南入中地，自與羲農①齊烈"【見《魏書》叁伍《崔浩傳》】。其語直斥鮮卑之野僿，幸當日鮮卑漢化不深，否則亦如周延儒之以羲皇上人目崇禎帝【見《明史》叁佰捌《奸臣傳·周延儒傳》】，而早死於刊布《國記》之前矣。總之，浩之於社會階級意識，甚於其民族夷夏意識，故利用鮮卑鄙視劉宋，然卒因胡漢民族內部之仇怨致死，亦自料所不及，自食其惡果，悲夫。

《魏書》叁伍《崔浩傳》【參《北史》貳壹《崔宏傳》附《崔浩傳》】云：

> 初，浩父疾篤，浩乃剪爪截髮，夜在庭中仰禱斗極，爲父請命，求以身代，叩頭流血，歲餘不息，家人罕有知者。及父終，居喪盡禮，時人稱之。浩能爲雜説，不長屬文，而留心於制度、科律及經術之言。作家祭法，次序五宗，蒸嘗之禮，豐儉之節，義理可觀。性不好老莊之書，每讀不過數十行，輒棄之，曰："此矯誣之説，不近人情，必非老子所作。老聃習禮，仲尼所師，豈設敗法之書，以亂先王文教。袁生所謂家人筐篋中物，不可揚於王庭也。"

---

① 即伏羲、神農。

　　寅恪案,清河崔氏爲天師道世家,已詳拙著《天師道與濱海地域之關係》文中,茲不贅論。所可注意者,即浩之通經律,重禮法,不長屬文,及不好老莊之書等,皆東漢儒家大族之家世傳統也,與曹操父子之喜詞賦、慕通達【見《後漢書》捌肆《楊震傳》附《賜傳》及《晉書》肆柒《傅玄傳》等】爲東漢宦官寒族之傳統家學者迥異。寇謙之爲秦雍大族,其新教又專以禮度爲首,是特深有合於浩之家學,而與孫秀、孫恩東西晉兩大天師道政治運動之首領出身寒族,在浩心中專以門第衡量人物爲標準者又無此衝突也。【琅邪孫氏之爲寒族,詳見拙著《天師道與濱海地域之關係》文中。】以通常宗教之義言之,只問信仰,不分階級,如《三國志‧魏志》貳肆《崔林傳》裴注引《晉諸公贊》,知清河崔氏之崔隨即浩本宗,亦參預孫秀、趙王倫之政治運動,據《魏書‧崔浩傳》【參《北史‧崔宏傳》附《浩傳》】云:

　　　　浩母盧氏,諶孫也。

及《晉書》壹佰《盧循傳》略云:

　　　　盧循,司空從事中郎諶之曾孫也,娶孫恩妹。

是浩與循爲中表兄弟,范陽盧氏與清河崔氏同爲北方盛門,而與寒族之琅邪孫氏爲婚,是只問信仰不論門第之明證。蓋孫秀爲一時之教主,求教主於大族高門,乃不可常見之事。今寇謙之以大族而兼教主,故能除去三張之僞法,以禮度爲首,此正是大族儒家之所應爲者。想浩當日必自以爲其信仰之遇合,超過於其家門之崔隨及中表之盧循也。故論宗教信仰雖可不分社會階級,但浩之政治理想乃以分明姓族爲第一義者,其得遇<u>寇謙之</u>藉其仙真藥物之術以取信於<u>拓跋燾</u>而利用之,更足堅定其非有最高之門第不能行最高之教義之信念,而不料其適以此被禍。<u>謙之</u>先<u>浩</u>而死,遂得免禍,亦云幸矣。

《魏書‧崔浩傳》【參《北史‧崔宏傳》附《浩傳》】略云:

　　<u>浩</u>上《五寅元曆》,表曰:“臣稟性弱劣,力不及健婦人,更無餘能,是以專心思書,忘寢與食,至乃夢共鬼爭義,遂得<u>周公</u>、<u>孔子</u>之要術,始知古人有虛有實,妄語者多,真正者少。自<u>秦始皇</u>燒書之後,經典絕滅。<u>漢高祖</u>以來,世人妄造曆術者有十餘家,皆不得天道之正,大誤四千,小誤甚多,不可言盡。臣愍其如此。今遭陛下太平之世,除僞從真,宜改誤曆,以從天道。是以臣前奏造曆,今始成訖。謹以奏呈。唯恩省察,以臣曆術宣示中書博士,然後施用。非但時人,天地鬼神知臣得正,可以益國家萬世之名,過於<u>三皇五帝</u>矣。”

<u>寅恪</u>案,《魏書》肆捌《高允傳》【參《北史》叁壹《高允傳》】略云:

　　時<u>浩</u>集諸術士,考校<u>漢</u>元以來日月薄蝕、五星行度,並讖前史之失,別爲<u>魏</u>曆以示<u>允</u>。<u>允</u>曰:“天文曆數,不可空論。夫善言遠者,必先驗於近。且<u>漢</u>元年(公元前二零七年)冬十月[1],五星聚於<u>東井</u>,此乃曆術之淺。今讖<u>漢</u>史,而不覺此謬,

---

[1] 通常以西曆公元前二零六年爲漢元年,然該年十月始於西曆公元前二零七年十一月十四日。

恐後人譏今，猶今之譏古。"浩曰："所謬云何？"允曰："案《星傳》，金、水二星常附日而行。冬十月，日在尾箕，昏没於申南，而東井方出於寅北。二星何因背日而行？是史官欲神其事，不復推之於理。"浩曰："欲爲變者何所不可，君獨不疑三星之聚，而怪二星之來？"允曰："此不可以空言爭，宜更審之。"時坐者咸怪，唯東宫少傅游雅曰："高君長於曆數，當不虛也。"後歲餘，浩謂允曰："先所論者，本不注心，及更考究，果如君語。以前三月聚於東井，非十月也。"又謂雅曰："高允之術，陽元之射也。"衆乃歎服。

可知浩雖精研天算，而其初尚有未合之處。寇謙之從成公興受蓋天周髀之術，爲當時西域輸入之新學，必勝於浩之家傳之舊學，浩之深服謙之，固非偶然也。道家之説，以曆元當用寅，否則天下大亂，如《後漢書》壹貳《律曆志》中云：

　　　靈帝熹平四年（公元一七五年），五官郎中馮光、沛相上計掾陳晃言："曆元不正，故妖民叛寇，益州盗賊相續爲[害]。曆[當]①用甲寅爲元，而用庚申。"

浩以"精於天人之會"，受知獎於拓跋嗣【見《魏書・崔浩傳》】，浩之用力數十年之久於制曆正元者，正儒家及道家合一之焦點所在。蓋曆元正則陰陽和，陰陽和則年穀熟，人民安樂，天下太平矣。今《離騷》篇首以"攝提貞於孟陬"爲言，固曆元用寅之義也，篇末以

_____

① 語氣不順，應加"當"字。

"從彭咸之遺則"爲結【王逸《章句》云：彭咸，殷大夫，諫其君不聽，投水死】，則《晉書》壹佰《孫恩傳》所謂：

> 其婦女有嬰累不能去者，囊簏盛嬰兒投於水，而告之曰："賀汝先登天堂，我尋後就汝。"

及：

> 恩窮感，乃赴海自沉，妖黨及妓妾謂之水仙。

者也。由是推之，《離騷》當與道家有關，以非本文範圍，故不傍及。

　　兹綜合寇謙之、崔浩二人關係之史料觀之，可證浩之思想行爲純自社會階級之點出發，其所以特重謙之者，以寇氏本爲大族，不同於琅邪孫氏。又謙之所清整之新道教中，種民禮度之義深合於儒家大族之傳統學說故也。浩事拓跋珪、嗣、燾三世，竭智盡忠，而甚鄙非文化高門之劉宋，蓋由社會階級之意識，超出胡漢民族之意識。然浩爲一代儒宗，於五胡亂華之後，欲效法司馬氏以圖儒家大族之興起，遂不顧春秋夷夏之大防，卒以此觸怒鮮卑，身死族滅，爲天下後世悲笑，其是非成敗於此可不論，惟論釋其與寇謙之之關係，以供讀史者之參考。

原載一九五零年十二月《嶺南學報》第拾壹卷第壹期

桃花源記旁證

陶淵明《桃花源記》寓意之文，亦紀實之文也。其爲寓意之文，則古今所共知，不待詳論。其爲紀實之文，則昔賢及近人雖頗有論者，而所言多誤，故別擬新解，以成此篇。止就紀實立說，凡關於寓意者，概不涉及，以明界限。

西晉末年戎狄盜賊並起，當時中原避難之人民，其能遠離本土遷至他鄉者，東北則託庇於慕容之政權，西北則歸依於張軌之領域，東奔則僑寄於孫吳之故壤。不獨前燕、前涼及東晉之建國中興與此中原之流民有關，即後來南北朝之士族亦承其系統者也。史籍所載，本末甚明。以非本篇範圍，可置不論。其不能遠離本土遷至他鄉者，則大抵糾合宗族鄉黨，屯聚堡塢，據險自守，以避戎狄寇盜之難。兹略舉數例，藉資說明。

《晉書》捌捌《孝友傳·庾袞傳》略云：

張泓等肆掠於陽翟，袞乃率其同族及庶姓保於禹山。是時百姓安寧，未知戰守之事。袞曰：“孔子云：‘不教而戰，是謂棄之。’”乃集諸羣士而謀曰：“二三君子相與處於險，將以安保親尊，全妻孥也。古人有言：‘千人聚，而不以一人爲主，不散則亂矣。’將若之何？”衆曰：“善。今日之主，非君而誰！”於是峻險阨，杜蹊徑，修壁塢，樹藩障，考功庸，計丈尺，均勞逸，通有無，繕完器備，量力任能，物應其宜，使邑推其長，里推其賢，而身率之。及賊至，袞乃勒部曲，整行伍，皆持滿而勿發。賊挑戰，晏然不動，且辭焉。賊服其慎，而畏其整，是以皆退，如是者三。

晁公武《郡齋讀書志》壹肆《兵家類》云：

庾袞《保聚圖》一卷

右晉庾袞撰。《晉書·孝友傳》載袞字叔褒。齊王冏之倡義也，張泓等掠陽翟，袞率衆保禹山，泓不能犯。此書《序》云："大駕遷長安，時元康三年（公元二九三年）己酉，撰《保聚壘議》二十篇。"按，冏之起兵，惠帝永寧元年（公元三零一年）也，帝遷長安，永興元年（公元三零五年）①也，皆在元康後，且三年歲次實癸丑，今云己酉，皆誤。

《晉書》壹佰《蘇峻傳》云：

永嘉之亂，百姓流亡，所在屯聚。峻糾合得數千家，結壘於本縣【掖縣】。於時豪傑所在屯聚，而峻最强。遣長史徐瑋宣檄諸屯，示以王化，又收枯骨而葬之。遠近感其恩義，推峻爲主。遂射獵於海邊青山中。

又《晉書》陸貳《祖逖傳》略云：

初，北中郎將劉演距於石勒也，流人塢主張平、樊雅等在譙，演署平爲豫州刺史，雅爲譙郡太守。又有董瞻、于武、謝浮

---

①　永安元年十二月丁亥改元永興，已爲西曆三零五年二月。

等十餘部，衆各數百，皆統屬平。而張平餘衆助雅攻逖。蓬陂塢主陳川，自號寧朔將軍、陳留太守。逖遣使求救於川，川遣將李頭率衆援之，逖遂克譙城。[桓]宣遂留助逖，討諸屯塢未附者。河上堡固先有任子在胡者，皆聽兩屬，時遣游軍偽抄之，明其未附。諸塢主感戴，胡中有異謀，輒密以聞。前後克獲，亦由此也。

又《藝文類聚》玖貳引《晉中興書》云：

中原喪亂，鄉人遂共推郗鑒為主，與千餘家俱避於魯國嶧山，山有重險。

又《太平御覽》叁貳拾引《晉中興書》云：

中宗①初鎮江左，假郗鑒龍驤將軍、兗州刺史。徐龕、石勒左右交侵。鑒收合荒散，保固一山，隨宜抗對。

又《太平御覽》肆貳引《地理志》云：

嶧山在鄒縣北，高秀獨出，積石相臨，殆無壤土。石間多孔穴，洞達相通，往往有如數間居處，其俗謂之嶧孔。遭亂輒將居人入嶧，外寇雖衆，無所施害。永嘉中，太尉郗鑒將鄉曲逃此山，胡賊攻守，不能得。

又《晉書》陸柒《郗鑒傳》云：

鑒得歸鄉里。於時所在饑荒，州中之士素有感其恩義者，相與資贍。鑒復分所得，以賙宗族及鄉曲孤老，賴而全濟者甚

---

① 晉元帝。

多。咸相謂曰："今天子播越，中原無伯，當歸依仁德，可以後亡。"遂共推鑒爲主，舉千餘家俱避難於魯之嶧山。

寅恪案，《説文》壹肆云：

　　隖，小障也。一曰：庳城也。

桂氏《義證》肆柒列舉例證頗衆，兹不備引。據寅恪所知者言，其較先見者爲袁宏《後漢紀》陸王霸之"築塢候"【《後漢書》伍拾《王霸傳》作"堆石布土"。袁、范二書互異，未知孰是原文，待考】及《後漢書》伍肆《馬援傳》之"起塢候"之語。蓋元伯①在上谷、文淵②在隴西時，俱東漢之初年也。所可注意者，即地之以塢名者，其較早時期以在西北區域爲多，如董卓之郿塢是其最著之例。今倫敦博物館藏敦煌寫本斯坦因號玖貳貳"西涼建初十二年（公元四一六年）敦煌縣户籍陰懷"條亦有"居趙羽塢"之語，然則塢名之起或始於西北耶？抑由史料之存於今者西北獨多之故耶？此點與本篇主旨無關，可不詳論。要之，西晉末世中原人民之不能遠徙者，亦藉此類小障庳城以避難逃死而已。但當時所謂塢壘者甚多，如《祖逖傳》所載，固亦有在平地者。至如郗鑒之避難於嶧山，既曰"山有重險"，又曰"保固一山"，則必居山勢險峻之區人跡難通之地無疑，蓋非此不足以阻胡馬之陵軼，盜賊之寇抄也。凡聚衆據險者因欲久支歲月及給養能自足之故，必擇險阻而又可以耕種及有水泉之地。

————————————

① 即王霸。
② 即馬援。

其具備此二者之地必爲山頂平原,及溪澗水源之地,此又自然之
理也。

　　東晉末年戴祚字延之,從劉裕入關滅姚秦,著《西征記》二卷。
【見《隋書》叁叁《經籍志》史部地理類,並參考《封氏聞見記》柒"蜀無
兔鴿"條、《唐語林》捌及章宗源《隋書經籍志考證》陸等。】其書今不
傳。酈氏《水經注》中往往引之。中原塢壘之遺址於其文中尚可窺
見一二。如《水經注》壹伍《洛水篇》云:

　　　　洛水又東,逕檀山南。

　　　　其山四絶孤峙,山上有塢聚,俗謂之檀山塢。義熙中劉公
　　西入長安,舟師所屆,次于洛陽。命參軍戴延之與府舍人虞道
　　元即舟溯流,窮覽洛川,欲知水軍可至之處。延之屆此而返,
　　竟不達其源也。

　　又《水經注》肆《河水篇》云:

　　　　河水自潼關東北流,水側有長坂,謂之黄巷坂。坂傍絶
　　澗。陟此坂以升潼關,所謂"泝黄巷以濟潼"矣。歷北出東崤,
　　通謂之函谷關也。

　　　　郭緣生《記》①曰:漢末之亂,魏武征韓遂、馬超,連兵此地。
　　今際河之西有曹公壘。道東原上云李典營。義熙十三年(公
　　元四一七年)王師曾據此壘。《西征記》曰:沿路逶迤入函谷道
　　六里有舊城,城周百餘步。北臨大河,南對高山。姚氏置關以

――――――――――

① 《述征記》。

守峽，宋武帝入長安。檀道濟、王鎮惡或據山爲營，或平地結壘，爲大小七營，濱河帶險。姚氏亦保據山原陵阜之上，尚傳故跡矣。

河水又東北，玉澗水注之。水南出玉溪，北流，逕皇天原西。《周固記》①：開山②東首上平博，方可里餘。三面壁立，高千許仞。漢世祭天於其上，名之爲皇天原。河水又東逕閿鄉城北③。東與全鳩澗水合。水出南山，北逕皇天原東。

《述征記》曰：全節，地名也。其西名桃原，古之桃林，周武王克殷休牛之地也。《西征賦》曰：咸徵名於桃原者也。《晉太康記》曰：桃林在閿鄉南谷中。

又《元和郡縣圖志》陸"虢州閿鄉縣"條云：

秦山，一名秦嶺，在縣南五十里。南入商州，西南入華州。山高二千丈，周迴三百餘里。

桃源，在縣東北十里，古之桃林，周武王放牛之地也。

又"陝州靈寶縣"條云：

桃林塞，自縣以西至潼關皆是也。

又《新唐書》叄捌《地理志》"陝州靈寶縣"條云：

有桃源宫，武德元年（公元六一八年）置。

---

① 《周固記》不見著錄。
② 段熙仲認爲"開山"或爲"閿山"之訛。見《水經註疏》（楊守敬、熊會貞；江蘇古籍出版社），卷四，頁 319、374，注 39。
③ "北"，或作"南"。查《水經註疏》卷四，頁 320，注家對此頗有爭議。熊會貞以爲以"北"爲勝。

又《資治通鑑》壹壹捌《晉紀》云：

> 義熙十三年二月，王鎮惡進軍澠池。引兵徑前，抵潼關。三月[檀]道濟、[沈]林子至潼關。夏四月，太尉[劉]裕至洛陽。【寅恪案，宋武伐秦之役，其軍行年月《宋書》《南史》等書記載既涉簡略，又有脫誤。故今悉依司馬君實所考定者立論。】

寅恪案，《陶淵明集》有《贈羊長史》【即松齡】詩。其序云：

> 左軍羊長史，銜使秦川，作此與之。

則陶公之與征西將佐本有雅故。疑其間接或直接得知戴延之等從劉裕入關途中之所聞見。《桃花源記》之作即取材於此也。蓋王鎮惡、檀道濟、沈林子等之前軍於義熙十三年春二三月抵潼關。宋武以首夏至洛陽。其遣戴延之等溯洛水至檀山塢而返，當即在此時。山地高寒，節候較晚。《桃花源記》所謂"落英繽紛"者，本事之可能。又桃林、桃原等地既以桃為名，其地即無桃花，亦可牽附。況晉軍前鋒之抵崤函為春二三月，適值桃花開放之時，皇天原之下，玉澗水之傍，桃樹成林，更情理之所可有者。至於《桃花源記》所謂"山有小口"者，固與郗鑒之"嶧孔"相同。所謂"土地平曠"者，殆與皇天原之"平博方可里餘"者亦有所合歟？劉裕遣戴延之等泝洛水至檀山塢而返事與《桃花源記》中武陵太守遣人尋桃花源終不得達者，約略相似，又不待言也。

今傳世之《搜神後記》舊題陶潛撰。以其中雜有元嘉四年（公元四二七年）淵明卒後事，故皆認為偽託。然其書為隨事雜記之體，非有固定之系統。中有後人增入之文，亦為極自然之事，但不能據此遽斷全書爲僞託。即使全書爲僞託，要必出於六朝人之手，由鈔輯昔人舊篇而成者，則可決言。寅恪於與淵明之家世信仰及其個人思想皆別有所見，疑其與《搜神後記》一書實有關聯。以其軼出本篇範圍，姑置不論。《搜神後記》卷一之第五條即《桃花源記》，而太守之名爲劉歆，及無"劉子驥欣然規往"等語。其第六條紀劉驎之即子驥入衡山採藥，見澗水南有二石囷，失道問徑，僅得還家。或説囷中皆仙靈方藥，驎之欲更尋索，不復知處事。此事唐修《晉書》玖肆《隱逸傳》亦載之。蓋出於何法盛《晉中興書》【見《太平御覽》肆壹玖及肆貳伍又伍佰肆所引】。何氏不知何所本，當與《搜神後記》同出一源，或即與淵明有關，殊未可知也。

　　據此推測，陶公之作《桃花源記》，殆取桃花源事與劉驎之二事牽連混合爲一。桃花源雖本在北方之弘農或上洛，但以牽連混合劉驎之入衡山採藥事之故，不得不移之於南方之武陵。遂使後世之論桃花源者皆紛紛墮入迷誤之途，歷千載而不之覺，亦太可憐矣！或更疑《搜神後記》中漁人黃道真其姓名之意義與宋武所遣泝洛之虞道元頗相對應。劉驎之隱於南郡之陽岐山，去武陵固不遠，而隆安五年（公元四零一年）分南郡置武寧郡，武武字同，陵寧音近【來泥互混】，文士寓言，故作狡獪，不嫌牽合混同，以資影射歟？然此類揣測皆不易質證，姑從闕疑可也。【參考《晉書》壹伍下《地理志》、玖肆《隱逸傳》、玖玖《桓玄傳》、《宋書》叄柒《州郡志》及《世説‧棲逸篇》等。】又今本《搜神後記》中《桃花源記》，依寅恪之鄙見，實陶公草創未定之本。而《淵明文集》中之《桃花源記》，則其增修寫定之本，二者俱出陶公之手。劉驎之爲太元間(公元三七六至三九六年)聞人【見《世說新語‧棲逸篇》及《任誕篇》】，故繫此事於太元時。或因是以陶公之《桃花源記》亦作於太元時者，則未免失之過泥也。

桃花源事又由劉裕遣戴延之等泝洛水至檀山塢與桃原、皇天原二事牽混爲一而成。太守劉歆必無其人。豈即暗指劉裕而言耶？既不可考，亦不可鑿實言之。所謂避秦人之子孫亦桃原或檀山之上"塢聚"中所居之人民而已。至其所避之秦則疑本指苻生、苻堅之苻秦而言，與始皇、胡亥之嬴秦絕無關涉。此殆傳述此事之人或即淵明自身因譌成譌，修改所致，非此物語本來之真相也。蓋苻氏割據關陝垂四十載，其間雖有治平之時，而人民亦屢遭暴虐爭戰之難。如《晉書》壹壹貳《苻生載記》叙苻生政治殘暴民不聊生事甚詳。茲錄其一例如下：

生下書【《通鑑》繫此於晉穆帝永和十二年(公元三五六年)六月】曰："朕受皇天之命，承祖宗之業，君臨萬邦，子育百姓。嗣統以來，有何不善，而謗讟之音扇滿天下？殺不過千，而謂刑虐。行者比肩，未足爲稀。方當峻刑極罰，復如朕何？"時猛獸及狼大暴，晝則斷道，夜則發屋。惟害人而不食六畜。自生立一年，獸殺七百餘人，百姓苦之，皆聚而邑居，爲害滋甚，遂廢農桑，内外兇懼。羣臣奏請禳災。生曰："野獸飢則食人，飽當自止，終不能累年爲患也。天豈不子愛羣生，而年年降罰，正以百姓犯罪不已，將助朕專殺而施刑教故耳。但勿犯罪,何爲怨天而尤人哉?"

又《晉書》壹壹叁《苻堅載記》上叙苻堅盛時云:

> 關隴清宴,百姓豐樂。自長安至於諸州,皆夾路樹槐柳。
> 二十里一亭,四十里一驛。旅行者取給於途,工商貿販於道。

而《晉書》壹壹肆《苻堅載記》下叙苻秦亡時云:

> 關中人皆流散,道路斷絕,千里無煙。

由苻生之暴政或苻堅之亡國至宋武之入關,其間相距已逾六十年或三十年之久。故當時避亂之人雖"問今是何世",然其"男女衣著悉如外人"。若"乃不知有漢,無論魏晉"者,則陶公寓意特加之筆,本篇可以不論者也。

又陶詩《擬古》第二首云:

> 辭家凤嚴駕,當往志無終。問君今何行,非商復非戎。聞
> 有田子泰①,節義爲士雄。斯人久已死,鄉里習其風。生有高
> 世名,既沒傳無窮。不學狂馳子,直在百年中。

吳師道《禮部詩話》云:

> [田]疇始從劉虞。虞爲公孫瓚所害,誓言報讎,卒不能
> 踐,而從曹操討烏桓,節義亦不足稱。陶公亦是習聞世俗所尊
> 慕爾。

寅恪案,《魏志》壹壹《田疇傳》云:

> 遂入徐無山中,營深險平敞地而居,躬耕以養父母。百姓

_____

① 即田疇。

歸之，數年間至五千餘家。

　　據此，田子泰之在徐無山與郤鑒之保嶧山固相同，而與檀山塢桃原之居民即桃花源之避秦人亦何以異？商者指四皓入商山避秦事，戎者指老子出關適西戎化胡事。然則商、洛、嶢、函本爲淵明心目中真實桃花源之所在。而田疇之亮節高義猶有過於桃源避秦之人。此所以寄意遣詞遂不覺聯類併及歟？吳氏所言之非固不待辨，而其他古今詁陶詩者於此亦皆未能得其真解也。

　　又蘇東坡《和桃花源詩序》云：

　　　　世傳桃源事多過其實。考淵明所記，止言先世避秦亂來此，則漁人所見似是其子孫，非秦人不死者也。又云"殺鷄作食"，豈有仙而殺者乎？舊説南陽有菊水，水甘而芳，民居三十餘家，飲其水皆壽，或至百二三十歲。蜀青城山老人村多枸杞，根如龍蛇。飲其水，故壽。近歲道稍通，漸能致五味，而壽益衰。桃源蓋此比也歟？使武陵太守得而至焉，則已化爲爭奪之場久矣！嘗思天壤之間若此者甚衆，不獨桃源。

　　寅恪案，古今論桃花源者，以蘇氏之言最有通識。洪興祖釋韓昌黎《桃源圖》詩，謂淵明叙桃源初無神仙之説，尚在東坡之後。獨惜子瞻[1]於陶公此文中寓意與紀實二者仍牽混不明，猶爲未達一間。至於近人撰著或襲蘇、洪之意，而取譬不切，或認桃源實在武陵，以致結論多誤。故不揣鄙陋，別擬新解。要在分別寓意與紀實二

───────────

[1]　即蘇軾。

者,使之不相混淆。然後鈎索舊籍,取當日時事及年月地理之記載,逐一證實之。穿鑿附會之譏固知難免,然於考史論文之業不無一助,或較古今論辨此記之諸家專向桃源地志中討生活者聊勝一籌乎?

兹總括本篇論證之要點如下:

(甲)真實之桃花源在北方之弘農,或上洛,而不在南方之武陵。

(乙)真實之桃花源居人先世所避之秦乃苻秦,而非嬴秦。

(丙)《桃花源記》紀實之部分乃依據義熙十三年春夏間劉裕率師入關時戴延之等所聞見之材料而作成。

(丁)《桃花源記》寓意之部分乃牽連混合劉驎之入衡山採藥故事,並點綴以"不知有漢,無論魏晉"等語所作成。

(戊)淵明《擬古》詩之第二首可與《桃花源記》互相印證發明。

補記一

《匡謬正俗》柒"黃巷"條云:

> 郭緣生《述征記》曰:皇天塢在閿鄉東南。或云:衛太子始奔,揮淚仰呼皇天,百姓憐之,因以名塢。又戴延之《西征記》曰:皇天固去九原十五里。據此而言,黃天原本以塢固得名,自有解釋。

寅恪案,顏氏[1]所引,足以補證鄙説,故附録於此。

---

[1]　指顏師古,《匡謬正俗》之著者。

補記二

　　此文成後十年，得詳讀居延漢簡之文，復取《後漢書·西羌傳》參證，塢壁之來源與西北之關係益瞭然矣。

　　　　　　原載一九三六年一月《清華學報》第拾壹卷第壹期

陶淵明之思想與清談之關係

　　古今論陶淵明之文學者甚衆，論其思想者較少。至於魏晉兩
朝清談内容之演變與陶氏族類及家傳之信仰兩點以立論者，則淺
陋寡聞如寅恪，尚未之見，故兹所論即據此二端以爲説，或者可略
補前人之所未備歟？

　　關於淵明血統之屬於溪族及家世宗教信仰爲天師道一點，涉
及兩晉南朝史事甚多，寅恪已别著論文專論之，題曰《魏書司馬叡
傳江東民族條釋證及推論》，故於此點不欲重複考論，然此兩點實
亦密切連繫，願讀此文者一并參閲之也。

　　兹請略言魏晉兩朝清談内容之演變：當魏末西晉時代即清談
之前期，其清談乃當日政治上之實際問題，與其時士大夫之出處進
退至有關係，蓋藉此以表示本人態度及辯護自身立場者，非若東晉
一朝即清談後期，清談只爲口中或紙上之玄言，已失去政治上之實
際性質，僅作名士身份之裝飾品者也。

　　記載魏晉清談之書今存《世説新語》一種，其書所録諸名士，上
起漢代，下迄東晉末劉宋初之謝靈運，即淵明同時之人而止。此時
代之可注意者也。其書分别門類，以孔門四科即德行、言語、政事、
文學，及識鑒、賞譽、品藻等爲目，乃東漢名士品題人倫之遺意。此
性質之可注意者也。大抵清談之興起由於東漢末世黨錮諸名士遭

政治暴力之摧壓，一變其指實之人物品題，而爲抽象玄理之討論，啓自<u>郭林宗</u>①，而成於<u>阮嗣宗</u>②，皆避禍遠嫌，消極不與其時政治當局合作者也。此義寅恪已於民國二十六年（公元一九三七年）《清華學報》所著《逍遙遊義探原》一文略發之，今可不必遠溯其源，及備論其事。但從<u>曹魏</u>之末<u>西晉</u>之初所謂"竹林七賢"者述起，亦得説明清談演變歷程之概況也。

大概言之，所謂"竹林七賢"者，先有"七賢"，即取《論語》"作者七人"之事數，實與<u>東漢</u>末三君、八廚、八及等名同爲標榜之義。迨<u>西晉</u>之末僧徒比附内典外書之"格義"風氣盛行，<u>東晉</u>初年乃取<u>天竺</u>"竹林"之名加於"七賢"之上，至<u>東晉</u>中葉以後<u>江左</u>名士<u>孫盛</u>、<u>袁宏</u>、<u>戴逵</u>輩遂著之於書【《魏氏春秋》《竹林名士傳》《竹林名士論》】，而<u>河北</u>民間亦以其說附會地方名勝，如《水經注》玖《清水篇》所載<u>東晉</u>末年人<u>郭緣生</u>撰著之《述征記》中<u>嵇康</u>故居有遺竹之類是也。七賢諸人雖爲同時輩流，然其中略有區別。以<u>嵇康</u>、<u>阮籍</u>、<u>山濤</u>爲領袖，<u>向秀</u>、<u>劉伶</u>次之，<u>王戎</u>、<u>阮咸</u>爲附屬。<u>王戎</u>從弟<u>衍</u>本不預七賢之數，但亦是氣類相同之人，可以合併討論者也。

《晉書》肆玖《阮籍傳》附《瞻傳》云：

> 見司徒<u>王戎</u>，<u>戎</u>問曰："聖人貴名教，<u>老莊</u>明自然，其旨同異?"<u>瞻</u>曰："將無同。"<u>戎</u>諮嗟良久，即命辟之。世人謂之"三

---

① 即郭泰。
② 即阮籍。

語掾"。

《世說新語・文學類》亦載此事，乃作王衍與阮修問對之詞。
【餘可參《藝文類聚》壹玖、《北堂書鈔》陸捌、《衛玠別傳》等。】其實
問者之爲王戎或王衍，答者之爲阮瞻或阮修皆不關重要，其重要者
只是老莊自然與周孔名教相同之說一點，蓋此爲當時清談主旨所
在。故王公舉以問阮掾，而深賞其與己意符合也。

夫老莊自然之旨固易通解，無取贅釋。而所謂周孔名教之義
則須略爲詮證。按老子云：

> 樸散則爲器，聖人用之則爲官長。

又云：

> 始制有名。

王弼注云：

> 始制爲樸散始爲官長之時也。始制官長，不可不立名分，
> 以定尊卑，故始制有名也。

《莊子・天下篇》云：

> 春秋以道名分。

故名教者，依魏晉人解釋，以名爲教，即以官長君臣之義爲教，亦即
入世求仕者所宜奉行者也。其主張與崇尚自然即避世不仕者適相
違反，此兩者之不同，明白已甚。而所以成爲問題者，在當時主張
自然與名教互異之士大夫中，其崇尚名教一派之首領如王祥、何
曾、荀顗等三大孝，即佐司馬氏欺人孤兒寡婦，而致位魏末晉初之
三公者也。【參《晉書》叁叁《王祥傳》《何曾傳》、叁玖《荀顗傳》。】其

眷懷魏室不趨赴典午者，皆標榜老莊之學，以自然爲宗。“七賢”之義即從《論語》“作者七人”而來，則“避世”“避地”固其初旨也。然則當時諸人名教與自然主張之互異即是自身政治立場之不同，乃實際問題，非止玄想而已。觀嵇叔夜與山巨源①絕交書，聲明其不仕當世，即不與司馬氏合作之宗旨，宜其爲司馬氏以其黨於不孝之呂安，即坐以違反名教之大罪殺之也。“七賢”之中應推嵇康爲第一人，即積極反抗司馬氏者。康娶魏武曾孫女，本與曹氏有連。【見《魏志》貳拾《沛穆王林傳》裴注引《嵇氏譜》。】與杜預之締婚司馬氏，遂忘父讎，改事新主【依焦循、沈欽韓之説】，癖於聖人道名分之《左氏春秋》者，雖其人品絕不相同，而因姻戚之關係，以致影響其政治立場則一也。《魏志》貳壹《王粲傳》裴注引嵇喜撰《嵇康傳》云：

> 少有儁才，曠邁不羣，高亮任性，不修名譽，寬簡有大量。學不師授，博洽多聞，長而好老莊之業。性好服食，常採御上藥。善屬文論，彈琴詠詩，自足於懷抱之中。以爲神仙者，稟之自然，非積學所致。至於導養得理，以盡性命，若安期、彭祖之倫，可以善求而得也。著《養生篇》。知自厚者，所以喪其所生，其求益者，必失其性，超然獨達，遂放世事，縱意於塵埃之表。撰録上古以來聖賢、隱逸、遁心、遺名者，集爲傳贊，自混沌至於管寧，凡百一十有九人，蓋求之於宇宙之內，而發之乎千載之外者矣。故世人莫得而名焉。

---

① 嵇叔夜、山巨源指嵇康、山濤。

裴注又引《魏氏春秋》略云：

　　康寓居河內之山陽縣，與陳留阮籍、河內山濤、河南向秀、

　籍兄子咸、琅邪王戎、沛人劉伶相與友善，遊於竹林，號爲“七

　賢”。大將軍①嘗欲辟康。康既有絕世之言，又從子不善，避之

　河東，或云“避世”。及山濤爲選曹郎，舉康自代，康答書拒絕，

　因自説不堪流俗，而非薄湯、武。大將軍聞而怒焉。初，康與

　東平呂昭子巽及巽弟安親善。會巽淫安妻徐氏，而誣安不孝，

　囚之。安引康爲證，康義不負心，保明其事。安亦至烈，有濟

　世志力。鍾會勸大將軍因此除之，遂殺安及康。

據此，可知嵇康在當時號爲主張老莊之自然，即避世，及違反周禮

之名教，即不孝不仕之人，故在當時人心中自然與名教二者不可合

一，即義而非同無疑也。

　　夫主張自然最激烈之領袖嵇康，司馬氏以不孝、不仕、違反名

教之罪殺之。【俞正燮《癸巳存稿·書〈文選·幽憤詩〉後》云：“乍觀

之，一似司馬氏以名教殺康也者，其實不然也。”寅恪案，司馬氏實以

當時所謂名教殺康者，理初於此猶未能完全瞭解。】其餘諸主張自然

之名士如向秀，據《世說新語·言語類》【參《晉書》肆玖《向秀傳》】云：

　　嵇中散既被誅，向子期舉郡計入洛，[司馬]文王引進，問

　曰：“聞君有箕山之志，何以在此？”對曰：“巢、許狷介之士，不足

　多慕。”王大諮嗟。

────────

① 司馬昭。

劉注引《向秀別傳》略云：

> ［秀］少爲同郡山濤所知，又與譙國嵇康、東平呂安友善，並有拔俗之韻，其進止無不同，而造事營生業亦不異。常與嵇康偶鍛於洛邑，與呂安灌園於山陽，不慮家之有無，外物不足怫其心，弱冠著《儒道論》。後康被誅，秀遂失圖，乃應歲舉到京師，詣大將軍司馬文王。文王問曰："聞君有箕山之志，何能自屈？"秀曰："嘗謂彼人不達堯意，本非所慕也。"一坐皆說。隨次轉至黃門侍郎、散騎常侍。

則完全改圖失節，棄老莊之自然，遵周孔之名教矣。故自然與名教二者之不可合一，即不相同，在當日名士心中向子期前後言行之互異，乃一具體之例證也。

　　若阮籍則不似嵇康之積極反晉，而出之以消極之態度，虛與司馬氏委蛇，遂得苟全性命。據《魏志》貳壹《王粲傳》【參《晉書》肆玖《阮籍傳》】云：

> 籍才藻豔逸，而倜儻放蕩，行己寡欲，以莊周爲模則。官至步兵校尉。

裴注引《魏氏春秋》略云：

> 籍曠達不羈，不拘禮俗。性至孝，居喪雖不率常檢，而毀幾至滅性。後爲尚書郎、曹爽參軍，以疾歸田里。歲餘，爽誅，太傅及大將軍乃以爲從事中郎。後朝論以其名高，欲顯崇之，籍以世多故，祿仕而已。聞步兵校尉缺，廚多美酒，營人善釀酒，求爲校尉，遂縱酒昏酣，遺落世事。籍口不論人過，而自然

高邁，故爲禮法之士<u>何曾</u>等深所讎疾。大將軍<u>司馬文王</u>常保持之，卒以壽終。

《世說新語·任誕類》云：

> <u>阮籍</u>遭母喪，在<u>晉文王</u>①坐進酒肉，司隸<u>何曾</u>亦在坐，曰："明公方以孝治天下，而<u>阮籍</u>以重喪顯於公坐，飲酒食肉，宜流之海外，以正風教。"<u>文王</u>曰："<u>嗣宗</u>毀頓如此，君不能共憂之，何謂？且有疾而飲酒食肉，固喪禮也。"<u>籍</u>飲噉不輟，神色自若。

《<u>魏志</u>》壹捌《<u>李通傳</u>》<u>裴</u>注引<u>王隱</u>《<u>晉書</u>》所載<u>李秉</u>《<u>家誡</u>》略云：

> ［<u>司馬文王</u>］曰："天下之至慎，其惟<u>阮嗣宗</u>乎？吾每與之言，言及玄遠，未曾評論時事，臧否人物，真可謂至慎矣。"

可知<u>阮籍</u>雖不及<u>嵇康</u>之始終不屈身<u>司馬氏</u>，然所爲不過"祿仕"而已，依舊保持其放蕩不羈之行爲，所以符合<u>老莊</u>自然之旨，故主張名教身爲<u>司馬氏</u>佐命元勛如<u>何曾</u>之流欲殺之而後快。觀於<u>籍</u>於<u>曾</u>之不能相容，是當時人心中自然與名教不同之又一例證也。夫自然之旨既在養生遂性，則<u>嗣宗</u>之苟全性命仍是自然而非名教。又其言必玄遠，不評論時事，臧否人物，則不獨用此免殺身之禍，並且將<u>東漢</u>末年黨錮諸名士具體指斥政治表示天下是非之言論，一變而爲完全抽象玄理之研究，遂開<u>西晉</u>以降清談之風派。然則世之所謂清談，實始於<u>郭林宗</u>，而成於<u>阮嗣宗</u>也。

至於<u>劉伶</u>，如《世說新語·任誕類》云：

---

① 　即司馬昭。

　　　　劉伶恒縱酒放達，或脫衣裸形在屋中。

亦不過有託而逃，藉此不與司馬氏合作之表示，與阮籍之苟全性命同是老莊自然之旨。樂廣以爲"名教中自有樂地"非笑此類行爲【見《世說新語·德行類》"王平子、胡毋彥國諸人，皆以任放爲達，或有裸體者"條及《晉書》肆叁《樂廣傳》】，足證當時伯倫①之放縱乃主張自然之説者，是又自然與名教不同之一例證也。

　　又若阮咸，則《晉書》肆玖《阮籍傳》附《咸傳》略云：

　　　　咸任達不拘，與叔父籍爲竹林之遊，當世禮法者譏其所爲。居母喪，縱情越禮。素幸姑之婢，姑當歸於夫家，初云留婢，既而自從去。時方有客，咸聞之，遽借客馬追婢，既及，與婢累騎而還。【參《世說新語·任誕類》"阮仲容先幸姑家鮮卑婢"條。】

　　考《世說新語·任誕類》"阮仲容、步兵居道南"條劉注引《竹林七賢論》云：

　　　　諸阮前世皆儒學，善居室，惟咸一家尚道棄事，好酒而貧。

　　所謂"儒學"即遵行名教之意，所謂"尚道"即崇尚自然之意，不獨證明阮咸之崇尚自然，亦可見自然與名教二者之不能合一也。

　　據上引諸史料，可知魏末名士其初本主張自然高隱避世之人，至少對於司馬氏之創業非積極贊助者。然其中如山濤者據《世說新語·政事類》"山公以器重朝望"條劉注引虞預《晉書》【參《晉書》

――――――――――

① 即劉伶。

肆叄《山濤傳》】云：

　　好莊老，與嵇康善。

則巨源本來亦與叔夜同爲主張自然之說者？但其人元是司馬氏之姻戚。【巨源爲司馬懿妻張氏之中表親，見《晉書》肆叄《山濤傳》。】故卒依附典午，佐成篡業。至王氏戎、衍兄弟既爲晉室開國元勳王祥之同族，戎父渾，衍父乂又皆司馬氏之黨與，其家世遺傳環境薰習固宜趨附新朝致身通顯也，凡此類因緣可謂之利誘，而嵇康之被殺可謂之威迫。魏末主張自然之名士經過利誘威迫之後，其佯狂放蕩，違犯名教，以圖免禍，如阮籍、阮咸、劉伶之徒尚可自解及見諒於世人，蓋猶不改其主張自然之初衷也。至若山、王輩，其早歲本崇尚自然，棲隱不仕，後忽變節，立人之朝，躋位宰執，其内慙與否雖非所知，而此等才智之士勢必不能不利用一已有之舊説或發明一種新説以辯護其宗旨反覆出處變易之弱點，若由此説，則其人可兼尊顯之達官與清高之名士於一身，而無所慙忌，既享朝端之富貴，仍存林下之風流，自古名利并收之實例，此其最著者也。故自然與名教相同之説所以成爲清談之核心者，原有其政治上實際適用之功用，而清談之誤國正在廟堂執政負有最大責任之達官崇尚虛無，口談玄遠，不屑綜理世務之故，否則林泉隱逸清談玄理，乃其分内應有之事，縱無益於國計民生，亦必不致使"神州陸沈，百年丘墟"也【見《世説新語·輕詆類》》"桓公①入洛"條及《晉書》玖捌《桓

---

① 即桓溫。

温傳》】。

　　但阮瞻自然與名教相同之說既深契王公之心，而自來無滿意詳悉之解釋者是何故耶？考魏晉清談以簡要爲尚，《世說新語・德行類》"王戎、和嶠同時遭大喪"條劉注引《晉諸公贊》中鍾會薦王戎之語云：

　　　　王戎簡要。

又同書《賞譽類》上云：

　　　　王夷甫①自嘆：我與樂令②談，未嘗不覺我言爲煩。

劉注引《晉陽秋》【參《晉書》肆叁《樂廣傳》】云：

　　　　樂廣善以約言厭人心，其所不知默如也。太尉王夷甫、光
　　　　祿大夫裴叔則③能清言，常曰："與樂君言，覺其簡至，吾等皆煩。"

故"三語掾"之三語中"將無"二語尚是助詞，其實僅"同"之一語，即名教自然二者相"同"之最簡要不煩之結論而已。夫清談之傳於今日者，大抵爲結論之類，而其所以然之故自不易考知，後人因亦只具一模糊籠統之觀念，不能確切指實。寅恪嘗徧檢此時代文字之傳於今者，然後知即在東晉，其實清談已無政治上之實際性，但凡號稱名士者其出口下筆無不涉及自然與名教二者同異之問題。其主張爲同爲異雖不一致，然未有捨置此事不論者。蓋非討論及此，無以見其爲名士也。舊草《名教自然同異考》，其文甚繁，茲不備

---

①　即王衍。
②　即樂廣。
③　即裴楷。

引,惟取袁宏《後漢紀》一書之論文關於名教自然相同之説,迻寫數節於下以見例,其實即《後漢紀》其他諸論中亦多此類之語,可知在當時名士之著述此類言説乃不可須臾離之點綴品,由今觀之,似可笑而實不可笑也。

《後漢紀》【茲所據者爲涵芬樓本及《四部叢刊》本,譌奪極多,略以意屬讀,未能詳悉校補也】《序》略云:

夫史傳之興所以通古今而篤名教也。丘明之作廣大悉備。史遷剖判六家,建立十書,非徒記事而已,信足扶明義教,網羅治體,然未盡之。班固源流周贍,近乎通人之作,然因藉史遷,無所甄明。荀悦才智經綸,足爲嘉史,所述當世,大得治功已矣,然名教之本帝王高義輥而未叙。今因前代遺事,略舉義教所歸,庶以弘敷王道。

寅恪案,此袁宏自述著書之主旨,所謂開宗明義之第一語。蓋史籍以《春秋》及《左氏傳》爲規則,而《春秋》爲道名分之書,作史者自應主張名教。然依東晉社會學術空氣,既號爲名士,則著作史籍,不獨須貴名教,亦當兼明自然,即發揮名教與自然相同之義也。今彥伯①以爲"名教之本輥而未叙",意指荀氏②《漢紀》只言名教,未及自然,故"因前代遺事,略舉義教所歸"。凡此序中"義教"爲名教之變文,全書之議論皆謂自然爲名教之本,"即略舉義教所歸",所

① 即袁宏。
② 即荀悦。

以闡明名教實與自然不異,而"三語掾""將無同"之說得《後漢紀》一書爲注脚,始能瞭解矣。

《後漢紀》貳貳桓帝延嘉九年(公元一六六年)述李膺、范滂等名士標榜之風氣事其論略云:

> 夫人生合天地之道,感於事動,性之用也。故動用萬方,參差百品,莫不順乎道,本乎性情者也。是以爲道者清淨無爲,少思少欲,沖其心而守之,雖爵以萬乘,養以天下,不榮也。爲德者言而不華,默而有信,推誠而行之,不愧於鬼神,而況於天下乎!爲仁者博施兼愛,崇善濟物,得其志而中心傾之,然忘己以爲千載一時也。爲義者潔軌跡,崇名教,遇其節而明之,雖殺身糜軀,猶未悔也。故因其所弘,則謂之風,節其所託,則謂之流,自風而觀,則同異之趣可得而見,以流而尋,則好惡之心於是乎區別。是以古先哲王必節順羣風,而導物爲流之途,而各使自盡其業,故能班叙萬物之才,以成務經綸王略、直道而行者也。中古陵遲,斯道替矣。春秋之時,戰國縱橫。高祖之興,逮乎元、成、明、章之間,自茲以降,而肆直之風盛矣。

寅恪案,彦伯此節議論乃范蔚宗《後漢書·黨錮傳》序所從出。初觀之,殊不明白其意旨所在,詳繹之,則知彦伯之意古今世運治亂遞變,依老子"失道而後德,失德而後仁,失仁而後義"以爲解釋。"本乎性情"即出於自然之意。若"爲義者崇名教,雖殺身糜軀猶未悔也",意謂爲義者雖以崇名教之故,至於殺身,似與自然之旨不合，但探求其本，則名教實由自然遞變而來，故名教與自然並非衝突，不過就本末先後言之耳。大抵袁氏之所謂本末，兼涵體用之義，觀於下引一節，其義更顯，今錄此節者，以范蔚宗議論所從出，並附及之，或可供讀范書者之參證歟？

《後漢紀》貳叁靈帝建寧二年（公元一六九年）述李膺、范滂誅死事其論略云：

> 夫稱至治者，非貴其無亂，貴萬物得所，而不失其情也。言善教者，非貴其無害也，貴性理不傷，性命咸遂也。古之聖人知其如此，故作爲名教，平章天下。天下既寧，萬物之生全也。保生遂性，久而安之，故名教之益，萬物之情大也。當其治隆，則資教以全生；及其不足，則立身以重教。然則教也者，存亡之所由也。夫道衰則教虧，幸免同乎苟生；教重則道存，滅身不爲徒死，所以固名教也。汙隆者，世時之盛衰也。所以世亂而治理不盡，世弊而教道不絕者，任教之人存也。夫稱誠而動，以理爲心，此情存乎名教者也。內不忘己以爲身，此利名教者也。情存於名教者少，故道深於千載。利名教者衆，故道顯於當年。蓋濃薄之誠異，而遠近之義殊也。統體而觀，斯利名教者之所取也。

寅恪案，此節彥伯發揮自然與名教相同之旨較爲明顯，文中雖不標出自然二字，但"保生遂性"即主張自然之義，蓋李、范爲名教而殺身，似有妨自然，但名教元爲聖人準則自然而設者，是自然爲本，名教爲末，二者實相爲體用，故可謂之"同"也。

《後漢紀》貳陸獻帝初平二年(公元一九一年)述蔡邕宗廟之議,其論略云:

> 夫君臣父子,名教之本也。然則名教之作何爲者也?蓋準天地之性,求之自然之理,擬議以制其名,因循以弘其教,辯物成器,以通天下之務者也。是以高下莫尚於天地,故貴賤擬斯以辯物;尊卑莫大於父子,故君臣象茲以成器。天地無窮之道,父子不易之體。夫以無窮之天地,不易之父子,故尊卑永固而不逾,名教大定而不亂,置之六合,充塞宇宙,自今及古,其名不去者也。未有違夫天地之性,而可以序定人倫,失乎自然之理,而可以彰明治體者也。末學膚淺,不達名教之本,牽於事用,以惑自然之性,見君臣同於父子,謂之兄弟,可以相傳爲體,謂友于齊於昭穆,違天地之本,滅自然之性,豈不哀哉!

寅恪案,此節言自然名教相同之義尤爲明暢,蓋天地父子自然也,尊卑君臣名教也,名教元是準則自然而設置者也。文中"末學膚淺,不達名教之本,牽於事用,以惑自然之性"等語,乃指斥主張自然與名教不同之說者,此彥伯自高聲價之詞,當時號稱名士者所不可少之裝飾門面語也。然則袁氏之意以自然爲本或體,名教爲末或用,而阮瞎對王公之問亦當如是解釋,可以無疑矣。

東晉名士著作必關涉名教與自然相同問題,袁書多至三十卷,固應及此,即短章小詩如淵明同時名士謝靈運之《從遊京口北固應詔詩》【《文選》貳貳】,開始即云:

玉璽戒誠信，黃屋示崇高。事爲名教用，道以神理超。

寅恪案，郭象注《莊子・逍遥遊》云：

夫聖人雖在廟堂之上，然其心無異於山林之中，世豈識之
哉！徒見其戴黃屋，佩玉璽，便謂足以纓紱其心矣。見其歷山
川、同民事，便謂足以憔悴其神矣，豈知至至者之不虧哉！

此注亦自然名教合一説，即當日之清談也。

又依客兒①之意，玉璽黃屋皆名教之"事用"也，其本體則爲具
有神理之道，即所謂自然也。此當日名士紙上之清談，後讀之者不
能得其確解，空歎賞其麗詞，豈非可笑之甚耶？

夫東晉中晚衰、謝之詩文僅爲紙上清談，讀者雖不能解，尚無
大關係。至於曹魏、西晉之際此名教與自然相同一問題，實爲當時
士大夫出處大節所關，如山濤勸嵇康子紹出仕司馬氏之語，爲顧亭
林所痛恨而深鄙者【《日知録》壹叁"正始"條】，顧氏據正誼之觀點
以立論，其苦心固極可欽敬，然於當日士大夫思想蛻變之隱微似猶
未達一間，故兹略釋巨源之語，以爲讀史論世之一助。

《世説新語・政事類》云：

嵇康被誅後，山公②舉康子紹爲秘書丞。紹諮公出處，公
曰："爲君思之久矣，天地四時猶有消息，而況人乎？"

寅恪案，天地四時即所謂自然也。猶有消息者，即有陰晴寒暑

---

① 即謝靈運。
② 即山濤。

之變易也。出仕司馬氏，所以成其名教之分義，即當日何曾之流所謂名教也。自然既有變易，則人亦宜做效其變易，改節易操，出仕父讎矣。斯實名教與自然相同之妙諦，而此老安身立命一生受用之祕訣也。嗚呼！今《晉書》以《山濤傳》《王戎》及《衍傳》先後相次，列於一卷【第肆叁卷】。此三人者，均早與嵇、阮之徒同尚老莊自然之說，後則服遵名教，以預人家國事，致身通顯，前史所載，雖賢不肖互殊，而獲享自然與名教相同之大利，實無以異也。其傳先後相次於一卷之中，誰謂不宜哉！

　　復次，《藝文類聚》肆捌載晉裴希聲《侍中嵇侯碑文》，茲節錄其中關於名教與自然相同說之數語於下，即知當時之人其心中以爲嵇紹之死節盡忠雖是名教美事，然傷生害性，似與自然之道違反，故不得不持一名教與自然相同說爲之辯護，此固爲當日思想潮流中必有之文字。若取與袁彥伯及顧亭林之言較其同異，尤可見古今思想及人物評價之變遷。至其文中所記年月或有譌誤，然以時代思想論，其爲晉人之作不容疑也。其文略云：

　　　　夫君親之重，非名教之謂也。愛敬出於自然，而忠孝之道畢矣。樸散真離，背生殉利，禮法之興，於斯爲薄，悲夫！銘曰：
　　　　在親成孝，於敬成忠。

《世說新語》記錄魏晉清談之書也。其書上及漢代者，不過追溯原起，以期完備之意。惟其下迄東晉之末劉宋之初迄於謝靈運，固由其書作者只能述至其所生時代之大名士而止，然在吾國中古思想史，則殊有重大意義。蓋起自漢末之清談適至此時代而消滅，是<u>臨川康王</u>①不自覺中却於此建立一劃分時代之界石及編完一部清談之全集也。前已言清談在<u>東漢</u>晚年<u>曹魏</u>季世及<u>西晉</u>初期皆與當日士大夫政治態度實際生活有密切關係，至<u>東晉</u>時代，則成口頭虛語，紙上空文，僅爲名士之裝飾品而已。夫清談既與實際生活無關，自難維持發展，而有漸次衰歇之勢，何況<u>東晉</u>、<u>劉宋</u>之際<u>天竺</u>佛教大乘玄義先後經<u>道安</u>、<u>慧遠</u>之整理，<u>鳩摩羅什</u>師弟之介紹，開<u>震旦</u>思想史從來未有之勝境，實於紛亂之世界，煩悶之心情具指迷救苦之功用，宜乎當時士大夫對於此新學說驚服歡迎之不暇。回顧舊日之清談，實爲無味之雞肋，已陳之芻狗，遂捐棄之而不惜也。

以上略述<u>淵明</u>之前<u>魏晉</u>以來清談發展演變之歷程既竟，兹方論<u>淵明</u>之思想，蓋必如是，乃可認識其特殊之見解，與思想史上之地位也。凡研究<u>淵明</u>作品之人莫不首先遇一至難之問題，即何以絕不發見其受佛教影響是也。以<u>淵明</u>之與蓮社諸賢，生既同時，居復相接，除有人事交際之記載而外，其他若《蓮社高賢傳》所記聞鐘悟道等說皆不可信之物語也。《陶集》中詩文實未見贊同或反對能仁教義之單詞隻句，是果何故耶？

嘗考<u>兩晉</u>、<u>南北朝</u>之士大夫，其家世夙奉<u>天師道</u>者，對於<u>周孔</u>世法，本無衝突之處，故無贊同或反對之問題。惟對於佛教則可分三派：一爲保持家傳之道法，而排斥佛教，其最顯著之例爲<u>范縝</u>【見《梁書》肆捌《南史》伍柒《儒林傳·范縝傳》及拙著《天師道與濱海

---

① 即劉義慶。

地域之關係》文中論范蔚宗條】，其《神滅之論》震動一時。今觀僧祐《弘明集》第捌、第玖兩卷所載梁室君臣往復辨難之言說，足徵子真①守護家傳信仰之篤至矣。二爲棄捨其家世相傳之天師道，而皈依佛法，如梁武帝是其最顯著之例，道宣《廣弘明集》肆載其《捨事道法》文略云：

> 維天監三年（公元五零四年）四月梁國皇帝蘭陵蕭衍稽首和南十方諸佛、十方尊法、十方聖僧。弟子經遲迷荒，躭事老子，歷葉相承，染此邪法，習因善發，棄迷知返。今捨棄舊醫，歸憑正覺，不樂依老子教，暫得生天，涉大乘心，離二乘念，正願諸佛證明，菩薩攝受！弟子蕭衍和南。

又《弘明集》壹貳所載護持佛法諸文之作者，如范泰，即蔚宗之父，與子真爲同族，及琅邪王謐，皆出於天師道世家，而歸依佛教者，此例甚多，無待詳舉矣。三爲持調停道佛二家之態度，即不盡棄家世遺傳之天師道，但亦兼採外來之釋迦教義，如南齊之孔稚珪，是其例也。孔氏本爲篤信天師道之世家【見《南齊書》肆捌《孔稚珪傳》、《南史》肆玖《孔珪傳》及拙著《天師道與濱海地域之關係》文中論范蔚宗條】，《弘明集》壹壹載其答蕭司徒【竟陵王子良】第一書略云：

> 民積世門業依奉李老，民仰攀先軌，自絕秋塵，而宗心所向，猶未敢墜。至於大覺明教般若正源，民生平所崇，初不違

---

① 即范縝。

背。民齋敬歸依，早自淨信，所以未變衣缽眷黃老者，實以門業有本，不忍一日頓棄，心世有源，不欲終朝悔遁，既以二道大同，本不敢惜心迴向，實顧言稱先業，直不忍棄門志耳。民之愚心正執門範，情於釋老，非敢異同，始私追尋民門，昔嘗明一同之義，經以此訓張融，融乃著《通源》之論，其名少子①。【寅恪案，《弘明集》陸載張融《門論》略云：吾門世恭佛，舅氏奉道。道也……汝可專遵於佛迹，無侮於道本。少子致書諸遊生者。】

其第二書云：

> 民今心之所歸，輒歸明公之一向，道家戒善，故與佛家同耳。兩同之處民不苟捨道法，道之所異，輒婉輒入公大乘。

鄙意淵明當屬於第一派，蓋其平生保持陶氏世傳之天師道信仰，雖服膺儒術，而不歸命釋迦也。凡兩種不同之教徒往往不能相容，其有捐棄舊日之信仰，而歸依他教者，必為對於其夙宗之教義無創闢勝解之人也。中國自來號稱儒釋道三教，其實儒家非真正之宗教，決不能與釋道二家並論。故外服儒風之士可以內宗佛理，或潛修道行，其間並無所衝突。他時代姑不置論，就淵明所生之東晉、南北朝諸士大夫而言，江右琅邪王氏及河北清河崔氏本皆天師道世家，亦為儒學世家，斯其顯證。然此等天師道世家中多有出入佛教之人，惟皆為對於其家傳信仰不能獨具勝解者也。至若對於

---

① "少子"乃張融之別名。

其家傳之天師道之教義具有創闢勝解之人，如河北之清河崔浩者，當日之儒宗也，其人對於家傳之教義不僅篤信，且思革新，故一方結合寇謙之，"除去三張僞法、錢稅及男女合氣之術"，一方利用拓拔燾毀滅佛教【詳見《魏書》壹壹肆《釋老志》及同書貳伍《崔浩傳》、《北史》貳壹《崔宏傳》附《浩傳》】，尤爲特著之例。淵明之爲人雖與崔伯淵異，然其種姓出於世奉天師道之溪族【見拙著《魏書司馬叡傳江東民族條釋證及推論》】，其關於道家自然之說別有進一步之創解【見下文】，宜其於同時同地慧遠諸佛教徒之學說竟若充耳不聞也。淵明著作文傳於世者不多，就中最可窺見其宗旨者，莫如《形影神贈答釋詩》，至《歸去來辭》《桃花源記》《自祭文》等尚未能充分表示其思想，而此三首詩之所以難解亦由於是也。此三首詩實代表自曹魏末至東晉時士大夫政治思想人生觀演變之歷程及淵明己身創獲之結論，即依據此結論以安身立命者也。前已言魏末、晉初名士如嵇康、阮籍叔姪之流是自然而非名教者也，何曾之流是名教而非自然者也，山濤、王戎兄弟則老莊與周孔並尚，以自然名教爲兩是者也。其尚老莊是自然者，或避世，或禄仕，對於當時政權持反抗或消極不合作之態度，其崇尚周孔是名教者，則干世求進，對於當時政權持積極贊助之態度，故此二派之人往往互相非詆，其周孔、老莊並崇，自然、名教兩是之徒，則前日退隱爲高士，晚節急仕至達官，名利兼收，實最無恥之巧宦也。時移世易，又成來復之象，東晉之末葉宛如曹魏之季年，淵明生值其時，既不盡同嵇康之自然，更有異何曾之名教，且不主名教自然相同之說如山、王①輩之所爲。蓋其己身之創解乃一種新自然説,與嵇、阮之舊自然説殊異,惟其仍是自然,故消極不與新朝合作,雖篇篇有酒【昭明太子《陶淵明集序》語】,而無沈湎任誕之行及服食求長生之志。夫淵明既有如是創闢之勝解,自可以安身立命,無須乞靈於西土遠來之學説,而後世佛徒妄造物語,以爲附會,抑何可笑之甚耶?

茲取《形影神贈答釋詩》略釋之於下:

形影神(並序)

　　貴賤賢愚,莫不營營以惜生,斯甚惑焉。故極陳形影之苦,言神辨自然以釋之。好事君子,共取其心焉。

寅恪案,"惜生"不獨指舊日自然説者之服食求長生,亦兼謂名教説者孜孜爲善。立名不朽,仍是重視無形之長生,故所以皆苦也。茲言"神辨自然",可知神之主張即淵明之創解,亦自然説也。今以新自然説名之,以別於中散②等之舊自然説焉。

形贈影

寅恪案,此首淵明非舊自然説之言也。

　　天地長不没,山川無改時。

　　草木得常理,霜露榮悴之。

　　謂人最靈智,獨復不如兹!

　　適見在世中,奄去靡歸期。

---

① 山濤、王戎。
② 官名,此處指嵇康。

奚覺無一人，親識豈相思？

但餘平生物，舉目情淒洏。

寅恪案，此節言人生不如大自然之長久也。

詩又云：

我無騰化術，必爾不復疑。

願君取吾言，得酒莫苟辭。

寅恪案，此詩結語謂主張舊自然說者求長生學神仙【主舊自然說者大都學神仙，至嵇叔夜以神仙非積學所致，乃一例外也】爲不可能。但主舊自然說者如阮籍、劉伶諸人藉沈湎於酒，以圖苟全性命，或差可耳。此非舊自然說之言也。

影答形

寅恪案，託爲是名教者非舊自然說之言也。

存生不可言，衛生每苦拙。

誠願遊崑華，邈然茲道絕。

寅恪案，此數句承《形贈影》詩結語，謂長生不可期，神仙不可求也。

詩又云：

與子相遇來，未嘗異悲悅。

憩蔭若暫乖，止日終不別。

此同既難常，黯爾俱時滅。

寅恪案，此節申言舊自然說之非也。

詩又云：

> 身没名亦盡,念之五情熱。
>
> 立善有遺愛,胡爲不自竭?

寅恪案,此託爲主張名教者之言,蓋長生既不可得,則惟有立名即立善可以不朽,所以期精神上之長生,此正周孔名教之義,與道家自然之旨迥殊,何曾、樂廣所以深惡及非笑阮籍、王澄、胡毋輔之輩也。

神釋

寅恪案,此首之意謂形所代表之舊自然説與影所代表之名教説之兩非,且互相衝突,不能合一,但己身別有發明之新自然説,實可以皈依,遂託於神之言,兩破舊義,獨申創解,所以結束二百年學術思想之主流,政治社會之變局,豈僅淵明一人安身立命之所在而已哉!

> 大鈞無私力,萬理自森著。
>
> 人爲三才中,豈不以我故。
>
> 與君雖異物,生而相依附。
>
> 結託善惡同,安得不相語。

寅恪案,此節明神之所以特貴於形影,實淵明之所自託,宜其作如是言也。或疑淵明之專神至此,殆不免受佛教影響,然觀此首結語"應盡便須盡,無復獨多慮"之句,則淵明固亦與范縝同主神滅論者。縝本世奉天師道,而淵明於其家傳之教義尤有所創獲,此二人同主神滅之説,必非偶然也。

又子真所著《神滅論》云:"若知陶甄稟於自然,森羅均於獨化,忽焉自有，悦爾而無，來也不禦，去也不追，乘乎天理，各安其性。”
則與淵明《神釋》詩所謂“縱浪大化中，不喜亦不懼。應盡便須盡，
無復獨多慮”及《歸去來辭》所謂“聊乘化以歸盡，樂夫天命復奚疑”
等語旨趣符合。惟淵明生世在子真之前，可謂“孤明先發”【慧皎
《高僧傳》贊美道生之語】耳。陶、范俱天師道世家，其思想冥會如
此，故治魏晉南北朝思想史，而不究家世信仰問題，則其所言恐不
免皮相，此點斯篇固不能詳論，然即依陶、范旨趣符同一端以爲例
論而推之，亦可以思過半矣。

　　或疑陶公《乞食》詩“冥報以相貽”之句與釋氏之説有關，不知
老人結草之物語實在佛教入中國之前，且釋氏冥報之義復由後世
道家採入其教義，故淵明此語無論其爲詞彙問題，抑或宗教問題，
若果涉宗教，則當是道教，未必爲佛教也。

　　詩又云：

　　　　三皇大聖人，今復在何處？

　　寅恪案，此反詰影所謂“身没名亦盡，念之五情熱。立善有遺
愛，胡爲不自竭”之語，乃非名教之説也。

　　詩又云：

　　　　彭祖壽永年，欲留不得住。老少同一死，賢愚無復數。

　　寅恪案，此非主舊自然説者長生求仙之論，兼非主名教説者立
善不朽及遺愛之言也。

　　詩又云：

　　　　日醉或能忘，將非促齡具。

寅恪案，此駁形"得酒莫苟辭"之語，意謂主舊自然説者沈湎於酒，欲以全生，豈知其反傷生也。

詩又云：

> 立善常所欣，誰當爲汝譽？

寅恪案，此駁影"立善有遺愛，胡爲不自竭"之語，蓋既無譽者，則將何所遺耶？此非名教之言也。

詩又云：

> 甚念傷吾生，正宜委運去。
> 縱浪大化中，不喜亦不懼。
> 應盡便須盡，無復獨多慮。

寅恪案，此詩結語意謂舊自然説與名教説之兩非，而新自然説之要旨在委運任化。夫運化亦自然也，既隨順自然，與自然混同，則認己身亦自然之一部，而不須更別求騰化之術，如主舊自然説者之所爲也。但此委運任化，混同自然之旨自不可謂其非自然説，斯所以別稱之爲新自然説也。考陶公之新解仍從道教自然説演進而來，與後來道士受佛教禪宗影響所改革之教義不期冥合，是固爲學術思想演進之所必致，而淵明則在千年以前已在其家傳信仰中達到此階段矣，古今論陶公者旨未嘗及此，實有特爲指出之必要也。

又《歸去來辭》結語"聊乘化以歸盡，樂夫天命復奚疑"乃一篇主旨，亦即《神釋》詩所謂"甚念傷吾生，正宜委運去。縱浪大化中，不喜亦不懼。應盡便須盡，無復獨多慮"之意，二篇主旨可以互證。又《自祭文》中"樂天委分，以至百年"亦即《神釋》詩"正宜委運去"及

"應盡便須盡"之義也。至文中"惟此百年,夫人愛之。懼彼無成,愒日惜時。存爲世珍,没亦見思",乃《影答形》詩"身没名亦盡,念之五情熱。立善有遺愛,胡爲不自竭"之意,蓋主名教説者之言,其下即接以"嗟我獨邁,曾是異兹。寵非己榮,涅豈吾淄? 捽兀窮廬,酣飲賦詩。識運知命,疇能罔眷? 余今斯化,可以無恨",則言己所爲異趣,乃在"識運知命",即"乘化歸盡,樂夫天命"之恉,實以名教説爲非,可知淵明始終是天師教信徒,而道教爲自然主義。淵明雖異於嵇、阮之舊自然説,但仍不離自然主義,殊無可疑也。

又《弘明集》伍釋慧遠《沙門不敬王者論·出家》二云:

其爲教也,達患累緣於有身,不存身以息患,知生生由於稟化,不順化以求宗。

是則與淵明所得持任生委運乘化樂天之宗旨完全相反,陶令絕對未受遠公①佛教之影響益可證明矣。

又遠公此論之《在家》一中"是故因親以教愛,使民知有自然之恩,因嚴以教敬,使民知有自然之重",及《體極不兼應》四中"常以爲道法之與名教,如來之與堯孔,發致雖殊,潛相影響,出處誠異,終期則同"等語,仍是東晉名士自然與名教相同之流行言論,不過遠公以釋迦易老莊耳。淵明宗旨實有異於此,斯又陶令思想與遠公無關之一證也。

復次,《桃花源記》爲描寫當時塢壁之生活,而加以理想化者,

---

① 即慧遠。

非全無根據之文也。詳見拙著《桃花源記旁證》及《魏書司馬叡傳江東民族條釋證及推論》，兹不備及。惟有一事特可注意者，即淵明理想中之社會無君臣官長尊卑名分之制度，王介甫①《桃源行》"雖有父子無君臣"之句深得其旨，蓋此文乃是自然而非名教之作品，藉以表示其不與劉寄奴②新政權合作之意也。

又《五柳先生傳》爲淵明自傳之文。文字雖甚短，而述性嗜酒一節最長。嗜酒非僅實録，如見於詩中飲酒止酒述酒及其關涉酒之文字，乃遠承阮、劉之遺風，實一種與當時政權不合作態度之表示，其是自然非名教之意顯然可知，故淵明之主張自然，無論其爲前人舊説或己身新解，俱與當日實際政治有關，不僅是抽象玄理無疑也。

取魏晉之際持自然説最著之嵇康及阮籍與淵明比較，則淵明之嗜酒禄仕，及與劉宋諸臣王弘、顏延之交際往來，得以考終牖下，固與嗣宗相似，然如《詠荆軻》詩之慷慨激昂及《讀山海經》詩精衛刑天之句，情見乎詞，則又頗近叔夜之元直矣。總之，淵明政治上之主張，沈約《宋書·淵明傳》所謂"自以曾祖晉世宰輔，恥復屈身異代，自［宋］高祖王業漸隆，不復肯仕"最爲可信。與嵇康之爲曹魏國姻，因而反抗司馬氏者，正復相同。此嵇、陶符同之點實與所主張之自然説互爲因果，蓋研究當時士大夫之言行出處者，必以詳

---

① 即王安石。
② 即劉裕。

知其家世之姻族連繫及宗教信仰二事爲先決條件，此爲治史者之常識，無待贅論也。近日梁啓超氏於其所撰《陶淵明之文藝及其品格》一文中謂："其實淵明只是看不過當日仕途混濁，不屑與那些熱官爲伍，倒不在乎劉裕的王業隆與不隆"，"若説所爭在甚麽姓司馬的，未免把他看小了"，及"宋以後批評陶詩的人最恭維他恥事二姓，這種論調我們是最不贊成的"。斯則任公先生取己身之思想經歷，以解釋古人之志尚行動，故按諸淵明所生之時代，所出之家世，所遺傳之舊教，所發明之新説，皆所難通，自不足據之以疑沈休文①之實録也。

又淵明雖不似主舊自然説者之求長生學神仙，然其天師道之家傳信仰終不能無所影響，其《讀山海經》詩云："泛覽周王傳，流觀山海圖。"蓋《穆天子傳》《山海經》俱屬道家秘籍，而爲東晉初期人郭璞所注解，景純②不是道家方士，故篤好之如此，淵明於斯亦習氣未除，不覺形之吟詠，不可視同偶爾興懷，如《詠荆軻》《詠三良》《讀史述》《扇上畫贊》之類也。茲論淵明思想，因并附及之，以求教於讀陶詩者。

今請以數語概括淵明之思想如下：

淵明之思想爲承襲魏晉清談演變之結果及依據其家世信仰道教之自然説而創改之新自然説。惟其爲主自然説者，故非名教説，

---

① 即沈約。
② 即郭璞。

并以自然與名教不相同。但其非名教之意僅限於不與當時政治勢力合作，而不似阮籍、劉伶輩之佯狂任誕。蓋主新自然說者不須如主舊自然說之積極抵觸名教也。又新自然說不似舊自然說之養此有形之生命，或別學神仙，惟求融合精神於運化之中，即與大自然爲一體。因其如此，既無舊自然說形骸物質之滯累，自不致與周孔入世之名教說有所觸礙。故淵明之爲人實外儒而內道，捨釋迦而宗天師者也。推其造詣所極，殆與千年後之道教採取禪宗學說以改進其教義者，頗有近似之處。然則就其舊義革新，"孤明先發"而論，實爲吾國中古時代之大思想家，豈僅文學品節居古今之第一流，爲世所共知者而已哉！

一九四五年哈佛燕京學社在成都出版單行本

讀哀江南賦

　　古今讀《哀江南賦》者衆矣，莫不爲其所感，而所感之情，則有
淺深之異焉。其所感較深者，其所通解亦必較多。<u>蘭成</u>①作賦，用
古典以述今事。古事今情，雖不同物，若於異中求同，同中見異，融
會異同，混合古今，別造一同異俱冥，今古合流之幻覺，斯實文章之
絶詣，而作者之能事也。自來解釋《哀江南賦》者，雖於古典極多詮
説，時事亦有所徵引。然關於<u>子山</u>②作賦之直接動機及篇中結語特
所致意之點，<u>止</u>限於詮説古典，舉其詞語之所從出，而於當日之實
事，即<u>子山</u>所用之“今典”，似猶有未能引證者。故兹篇僅就此二事
論證，其他則不併及云。

上

　　解釋詞句，徵引故實，必有時代限斷。然時代劃分，於古典甚
易，於“今典”則難。蓋所謂“今典”者，即作者當日之時事也。故須
考知此事發生必在作此文之前，始可引之，以爲解釋。否則，雖似
相合，而實不可能。此一難也。此事發生雖在作文以前，又須推得

---

①②　即庾信。

作者有聞見之可能。否則其時即已有此事，而作者無從取之以入其文。此二難也。質言之，解釋《哀江南賦》之“今典”，先須考定此賦作成之年月。又須推得周、陳通好，使命往來，南朝之文章，北使之言語，子山實有聞見之可能，因取之入文，以發其哀感。請依次論之。

《周書》肆壹《庾信傳》《哀江南賦》序云：

　　中興道銷，窮於甲戌。

又云：

　　天道周星，物極不反。

賦云：

　　況復零落將盡，靈光①歸然。日窮於紀，歲將復始。逼切危慮，端憂暮齒。踐長樂之神皐，望宣平之貴里。

寅恪案，西魏之取江陵在梁元帝承聖三年甲戌，即西魏恭帝元年【五五四年】。歲星一周，爲周武帝天和元年丙戌，即陳文帝天嘉七年【五六六年】，是歲子山年五十三【詳倪璠《庾子山年譜》。倪氏雖有舛誤遺漏之處，然與茲所論證無涉者，均不置辨】，雖或可云暮齒，然是年王褒未卒【見《周書》肆壹《北史》捌叁《王褒傳》】，子山入關與石泉②齊名，苟子淵③健在，必不宜有“靈光歸然”之語，明矣。若歲星再周，則爲周武帝宣政元年戊戌，即陳宣帝太建十年【五七

---

①　漢長安靈光殿。
②③　即王褒。

八年】。是年子山已由洛州刺史，徵還長安，爲司宗中大夫，年已六十五歲，即符暮齒之語。且其時王褒已逝，靈光獨存。任職司宗，身在長安，亦與踐望長樂、宣平等句尤合。又據其“日窮於紀，歲將復始”之語，則《哀江南賦》作成之時，其在周武帝宣政元年十二月乎？【是時周武帝已崩。宣帝即位，尚未改元。】

此賦作成之年月既考定，則時事之在此斷限以前，論其性質，苟爲子山所得聞見者，固可徵引以解釋此賦也。

自陳毛喜進陳、周和好之策，南北使命屢通。其事之見載於《陳》《周書》及《南》《北史》諸紀傳者甚衆，不須備引。茲僅錄《陳書》貳玖《毛喜傳》【《南史》陸捌《毛喜傳》，《通鑑》壹陸捌陳文帝天嘉元年（公元五六零年）條略同】一條，以見陳、周通好之原起於下：

　　及江陵陷，喜及高宗①俱遷關右。世祖即位，喜自周還，進和好之策。朝廷乃遣周弘正等通聘。及高宗反國，喜於郢州奉迎。又遣喜入關，以家屬爲請。周冢宰宇文護執喜手曰：“能結二國之好者，卿也。”仍迎柳皇后及後主還。天嘉三年（公元五六二年）至京師。

陳、周既通好，流寓之士各許還國。子山本欲南歸，而陳朝又以子山爲請。《周書》肆壹《庾信傳》【《北史》捌叁《文苑傳·庾信傳》同】云：

　　時陳氏與朝廷通好，南北流寓之士，各許還其舊國。陳氏

———————

① 即陳宣帝。

乃請王褒及信等十數人。高祖①惟放王克、殷不害等，信及褒並留而不遣。

《陳書》叁貳《孝行傳·殷不害傳》【《南史》柒肆《孝義傳·殷不害傳》同】略云：

與王褒、庾信俱入長安。太建七年（公元五七五年），自周還朝。

倪魯玉注《北史·庾信傳》據此云：

是陳氏請褒及信在太建七年，周武帝之建德四年也。

寅恪案，《周書》伍《高祖紀》上【《北史》拾《周本紀》下，《通鑑》壹陸捌陳文帝天嘉二年六月條同】云：

[保定元年（公元五六一年）]六月乙酉，遣治御正殷不害等使於陳。

此殷不害與《陳書·孝行傳》及《南史·孝義傳》之殷不害當是一人。考周武帝保定元年即陳文帝天嘉二年【五六一年】，尚在周武帝建德四年即陳宣帝太建七年【五七五年】之前十四年。《周書》《北史》"本紀"等所載之年月，雖顯與《陳書》《南史》殷不害傳不合，然殷不害之爲周武帝所遣還，則無可疑也。

又王克事附見《南史》貳叁《王彧傳》，不載其自周還陳始末及年月。惟《陳書》壹玖《沈炯傳》【《南史》陸玖《沈炯傳》略同】云：

少日，便與王克等並獲東歸。紹泰二年（公元五五六年）

————————

① 即北周武帝。

至都，除司農卿。

寅恪案，梁敬帝紹泰二年，即西魏恭帝三年【五五六年】。下距周武帝建德四年，更早十九年，則非在周武帝之世明矣。史傳之文先後參錯，雖不易確定，然可藉是推知二十年間陳、周通好，沈炯、王克、殷不害之徒，先後許歸舊國。惟子山與子淵數輩爲周朝歷世君主所不遣放，亦不僅武帝一人欲羈留之也。今史文雖有差異，然於此可不置論。所應注意者，即此二十年間流寓關中之南士，屢有東歸之事，而子山則屢失此機緣。不但其思歸失望，哀怨因以益甚。其前後所以圖歸不成之經過，亦不覺形之言語，以著其憤慨。若非深悉其内容委曲者，《哀江南賦》哀怨之詞，尚有不能通解者矣。又子山圖歸舊國之心既切，則陳使之來，周使之返，苟蒙允許，必殷勤訪詢。南朝之消息，江左之文章，固可以因緣聞見也。《北史》捌叁《文苑傳・王褒傳》【《周書》肆壹《王褒傳》略同】云：

> 初，褒與梁處士汝南周弘讓相善。及讓兄弘正自陳來聘，[武]帝許褒等通親知音問，褒贈弘讓詩並書焉。【《周書》兼載弘讓復書。】

史所謂"褒等"自指子山之流。今《庾子山集》肆如《別周尚書弘正》，《送別周尚書弘正二首》，《重别周尚書二首》等詩，俱可據以證知也。

復次，當時使者往來，其應對言辭，皆有紀録，以供返命後留呈參考。如後來趙宋時奉使遼金者，所著行程語録之比。今《宋書》肆陸《南史》叁貳《張暢傳》，《魏書》伍叁《北史》叁叁《李孝伯傳》，所

載暢與孝伯彭城問答之語，即依據此類語錄撰成者也。子山既在
關中，位望通顯，朝貴復多所交親，此類使臣語錄，其關切己身者，
自必直接或間接得以聞見。然則當日使臣傳佈之江左篇章及其將
命應對之語錄，苟在《哀江南賦》作成以前者，固可據之以爲賦中詞
句之印證，實於事理無所不合也。

下

《陳書》壹玖《沈炯傳》【《南史》陸玖《沈炯傳》略同】略云：

少日，便與王克等並獲東歸。紹泰二年至都，除司農卿。
文帝又重其才用，欲寵貴之。會王琳入寇大雷，留異擁據東
境。帝欲使炯因是立功，乃解中丞，加明威將軍，遣還鄉里，收
合徒衆。以疾卒於吳中，時年五十九。

《陳書》叁《世祖紀》【《南史》玖《陳本紀》上、《陳書》叁伍《南史》
捌拾《留異傳》、《通鑑》壹陸柒及壹陸捌《陳紀》略同】云：

［陳武帝永定三年（公元五五九年）］十一月乙卯，王琳寇
大雷，詔遣太尉侯瑱、司空侯安都、儀同徐度率衆以禦之。

［陳文帝天嘉二年十二月］先是，縉州刺史留異應於王琳
等反。丙戌，詔司空侯安都率衆討之。

據此，沈初明卒年當在陳武帝永定三年，即周明帝武成元年
【五五九年】。初明以梁敬帝紹泰二年即西魏恭帝三年【五五六年】
由長安還建康。其南歸僅四歲，即逝世也。檢《藝文類聚》貳柒及

柒玖俱載有初明所製《歸魂賦》。其序云："余自長安反，乃作《歸魂賦》。"是知《歸魂賦》作成之年必在紹泰二年【是年九月朔改元太平】梁尚未禪陳之時，即或稍後，亦不能踰永定三年之時限，則不待言也。【史言初明卒年五十九。據《歸魂賦》云："嗟五十之踰年，忽流離於凶忒。"則其卒年似不止五十九也。兹以與此篇無關，故不考辨。】今觀《歸魂賦》，其體制結構固與《哀江南賦》相類，其内容次第亦少差異。至其詞句如"而大盜之移國"，"斬蚩尤之旗"，"去莫敖①之所繼"，"但望斗而觀牛"等，則更符同矣。頗疑南北通使，江左文章本可以流傳關右，何況初明失喜南歸之作，尤爲子山思歸北客所亟欲一觀者耶？子山殆因緣機會，得見初明此賦。其作《哀江南賦》之直接動機，實在於是。注《哀江南賦》者，以《楚辭·招魂》之"魂兮歸來哀江南"一語，以釋其命名之旨。雖能舉其遣詞之所本，尚未盡其用意之相關。是知古典矣，猶未知"今典"也。故讀子山之《哀江南賦》者，不可不並讀初明之《歸魂賦》。深惜前人未嘗論及，遂表而出之，以爲讀《哀江南賦》者進一解焉。

又《周書》《北史》庾信傳並云：

> 信雖位望通顯，常有鄉關之思。乃作《哀江南賦》，以致其意云。

是其賦末結語尤爲其意旨所在。"豈知霸陵夜獵，猶是故時將軍。咸陽布衣，非獨思歸王子"二句，非僅用李將軍、楚王子之古典也，

---

① 楚官，指屈瑕，屈原之祖。

亦用當時之"今典"焉。倪注釋將軍句云："謂己猶是故左衞將軍
也。"是誠能知"今典"矣。而釋王子句,乃泛以梁國子孫之客長安
者爲説,是猶未達一間也。檢《北史》柒拾《杜杲傳》【《周書》叁玖《杜
杲傳》略同】略云:

> 初,陳文帝弟安成王頊爲質於梁,及江陵平,頊隨例遷長
> 安。陳人請之,周文帝許而未遣。至是,[武]帝欲歸之,命杲
> 使焉。陳文帝大悦,即遣使報聘,並賂黔中數州地,仍請畫界
> 分疆,永敦鄰好。以杲奉使稱旨,進授都督,行小御伯,更往
> 分界。陳於是歸魯山郡。[武]帝乃拜頊柱國大將軍,詔杲送
> 之還國。陳文帝謂杲曰:"家弟今蒙禮遣,實是周朝之惠。然
> 不還魯山,亦恐未能及此。"杲答曰:"安成之在關中,乃咸陽
> 一布衣耳。然是陳之介弟,其價豈止一城?"建德初,授司城
> 中大夫,仍使於陳。[陳]宣帝謂杲曰:"長湖公①軍人等雖築
> 館處之,然恐不能無北風之戀。王褒、庾信之徒既羈旅關中,
> 亦當有南枝之思耳。"杲揣陳宣意,欲以元定軍將士易王褒
> 等,乃答之曰:"長湖總戎失律,臨難苟免,既不死節,安用此
> 爲? 且猶牛之一毛,何能損益。本朝之議,初未及此。"陳宣
> 帝乃止。

寅恪案,《哀江南賦》致意之點,實在於此。杜杲使陳語録,必
爲子山直接或間接所知見。若取此當時之"今典",以解釋"王子"

---

① 又稱長湖郡公,北周大將軍元定。

之句，則尤深切有味，哀感動人。並可見子山作賦，非徒泛用古典，約略比擬。必更有實事實語，叩資印證者在，惜後人之不能盡知耳。然則《哀江南賦》豈易讀哉！

原載一九四一年昆明《清華學報》第壹叁卷第壹期

論隋末唐初所謂「山東豪傑」

　　隋末唐初之史乘屢見"山東豪傑"之語，此"山東豪傑"者乃一胡漢雜糅，善戰鬥，務農業，而有組織之集團，常爲當時政治上敵對兩方爭取之對象。茲略引史料，稍爲證明，並設一假説，以推測其成立之由來，或可供研治吾國中古史者之參考歟？

　　今爲證釋便利計，姑分別爲（一）竇建德、劉黑闥等，（二）翟讓、徐世勣等，及（三）青、齊、徐、兗諸豪雄等三類，次第叙述之如下：

《新唐書》捌伍《竇建德傳》云：

　　竇建德，貝州漳南人。世爲農。自言漢景帝太后父安成侯充之苗裔。

同書捌陸《劉黑闥傳》略云：

　　劉黑闥，貝州漳南人。與竇建德少相友。［王世充］以其武健，補馬軍總管。［後竇］建德用爲將。建德有所經略，常委以斥候，陰入敵中，覘虛實，每乘隙奮奇兵，出不意，多所摧克，軍中號爲神勇。

《舊唐書》陸拾《廬江王瑗傳》略云：

　　時隱太子建成將有異圖，外結於瑗。及建成誅死，瑗乃舉兵反。［王］利涉曰：山東之地，先從竇建德，酋豪首領，皆是僞官，今並黜之，退居匹庶，此人思亂，若旱苗之望雨。王宜發使復其舊職，各於所在遣募本兵，諸州儻有不從，即委隨便誅戮。此計若行，河北之地可呼吸而定也。

《資治通鑑》壹玖拾唐高祖武德五年（公元六二二年）十二月壬申“[劉黑闥]衆遂大潰”條《考異》引《太宗實錄》云：

> [劉]黑闥重反，高祖謂太宗曰：“前破黑闥，欲令盡殺其黨，使空山東，不用吾言，致有今日。”及隱太子征闥，平之，將遣唐儉往，使男子十五已上悉阬之，小弱及婦女總驅入關，以實京邑。

《全唐文》柒肆肆殷侔《竇建德碑》略云：

> 自建德亡，距今已久遠，山東、河北之人或尚談其事，且爲之祀，知其名不可滅，而及人者存也。聖唐大和三年（公元八二九年），魏州書佐殷侔過其廟下，見父老群祭，駿奔有儀，“夏王”之稱猶紹於昔。

寅恪案，竇建德、劉黑闥等徒黨爲隋末唐初間最善戰鬥而有堅固組織之集團，實是唐室之勍敵，高祖“欲令盡殺其黨，使空山東”，疑真有其事，司馬君實不信《太宗實錄》之記載，以爲史臣歸美太宗之詞，鄙見太宗蓋別有用意，欲利用此集團，爲其政治上之工具，如後來與建成、元吉決鬥時，遣張亮往洛陽招引“山東豪傑”以爲己助之例耳。觀殷侔之碑文，知竇建德死後逾二百年，其勢力在舊地猶若此，與後來安禄山、史思明死後，其勢力終未衰歇，而成唐代藩鎮之局者，似頗相類【詳見拙著《唐代政治史述論稿》上篇】，其必有民族特殊性存乎其間，可以推知也。竇建德自言出於漢代外戚之竇氏,實則鮮卑紇豆陵氏之所改【見《新唐書》柒壹下《宰相世系表》"竇氏"條】,實是胡種也。劉黑闥之劉氏爲胡人所改漢姓之最普遍者,其"黑闥"之名與北周創業者宇文黑獺之"黑獺"同是一胡語,然則劉黑闥不獨出於胡種,其胡化之程度蓋有過於竇建德者矣。其以武健見賞於王世充,任馬軍總管,又在竇建德軍中常爲斥候,以神勇著稱,此正胡人專長之騎射技術,亦即此集團的戰鬥力所以特強之故,實與民族性有關,決非偶然也。至竇建德之"世爲農"及張亮之"以農爲業"【見後引《舊唐書》陸玖《張亮傳》】與王利涉言欲令竇建德部下"酋豪首領各於所在遣募本兵",實有相互之關係,最爲可注意之點,俟後論之,兹姑不涉及。

此集團中翟讓、徐世勣一系統在唐初政治上最居重要地位,兹稍多迻録有關史料,綜合論之於下:

《舊唐書》伍叁《李密傳》略云:

李密,本遼東襄平人。魏司徒弼曾孫。後周賜弼姓徒何氏。祖曜,周太保、魏國公。父寬,隋上柱國、蒲山公,皆知名當代。密説[翟]讓曰:"明公以英傑之才,而統驍雄之旅,宜當廓清天下,誅翦群凶,豈可求食草間,常爲小盜而已?"讓曰:"僕起隴畝之間,望不至此。"柴孝和説密曰:"秦地阻山帶河,西楚背之而亡,漢高都之而覇。如愚意者,令[裴]仁基守迴洛,翟讓守洛口,明公親簡精銳,西襲長安,百姓孰不郊迎? 必當有征無戰。既剋京邑,業固兵強,方更長驅崤、函,掃蕩東洛,傳檄指撝,天下可定。但今英雄競起,實恐他人我先,一朝失之,噬臍何及?"密曰:"君之所圖,僕亦思之久矣,誠乃上策。但昏主尚存,從兵猶衆,我之所部,並是山東人,既見未下洛陽,何肯相隨西入? 諸將出於群盜,留之各競雄雌。若然者,殆將敗矣。"

《新唐書》玖叁《李勣傳》略云:

李勣,曹州離狐人。本姓徐氏。客衛南。家富,多僮僕,積粟常數千鍾。與其父蓋皆喜施貸,所周給無親疏之間。隋大業末,韋城翟讓爲盜,勣年十七,往從之。武德二年(公元六一九年),[李]密歸朝廷,其地東屬海,南至江,西直汝,北抵魏郡,勣統之,未有所屬。乃錄郡縣戶口以啓密,請自上之。詔授黎州總管,封萊國公。賜姓,附宗正屬籍,徙封曹,封蓋濟陰王。從秦王伐東都,戰有功。平[竇]建德,俘[王]世充,乃振旅還,秦王爲上將,勣爲下將,皆服金甲,乘戎輅,告捷於廟。又從破劉黑闥、徐圓朗,圓朗復反,詔勣爲河南大總管,討平之。帝【太宗】疾,謂太子【高宗】曰:"爾於勣無恩,今以事出之,我死,宜即授以僕射,彼必致死力矣。"

《大唐新語》捌《聰敏類》云:

賈嘉隱,年七歲,以神童召見。時太尉長孫無忌、司空李勣於朝堂立語。李戲之曰:"吾所倚者何樹?"嘉隱對曰:"松樹。"李曰:"此槐也,何忽言松?"嘉隱曰:"以公配木則爲松樹。"無忌連問之曰:"[吾]所倚者何樹?"嘉隱曰:"槐樹。"無忌曰:"汝不能復矯對耶?"嘉隱應聲曰:"何須矯對? 但取其以鬼配

木耳。"勣曰:"此小兒作獠面,何得如此聰明?"嘉隱又應聲曰:
"胡面尚爲宰相,獠面何廢聰明?"勣狀貌胡也。

《舊唐書》陸肆《隱太子傳》略云:

　　及劉黑闥重反,王珪、魏徵謂建成曰:"願請討之,且以立
功,深自封植,因結山東英俊。"建成從其計。及[太宗]將行【往
洛陽】,建成、元吉相謀曰:"秦王今往洛陽,既得土地甲兵,必
爲後患。留在京師制之,一匹夫耳。"密令數人上封事曰:"秦
王左右多是東人,聞往洛陽,非常欣躍,視其情狀,自今一去,
不作來意。"高祖於是遂停。

同書陸玖《張亮傳》略云:

　　張亮,鄭州滎陽人也。素寒賤,以農爲業。大業末,李密
略地滎、汴,亮仗策從之,署驃騎將軍,隸於徐勣。後房玄齡、
李勣薦之於太宗,引爲秦府車騎將軍,委以心膂。會建成、元
吉將起難,太宗以洛州形勝之地,一朝有變,將出保之,遣亮之
洛陽,統左右王保等千餘人,陰引山東豪傑以俟變,多出金帛,
恣其所用。元吉告亮欲圖不軌,坐是屬吏,亮卒無所言,事釋,
遣還洛陽。及建成死,授懷州總管,封長平郡公。

同書陸捌《尉遲敬德傳》略云:

　　隱太子、巢剌王元吉將謀害太宗,密致書以招敬德,仍贈
以金銀器物一車。敬德辭,尋以啓聞,太宗曰:"送來但取,寧
須慮也。且知彼陰計,足爲良策。"

同書同卷《張公謹傳》略云:

　　張公謹,魏州繁水人也。初爲王世充洧州長史。武德元
年(公元六一八年),與王世充所署洧州刺史崔樞以州城歸國。
初未知名,李勣驟薦於太宗,乃引入幕府。[武德九年(公元六
二六年)]六月四日,公謹與長孫無忌等九人伏於玄武門以俟
變。及斬建成、元吉,其黨來攻玄武門,兵鋒甚盛。公謹有勇
力,獨閉關以拒之。以功累授左武侯將軍,封定遠郡公。

巴黎圖書館藏敦煌寫本李義府撰《常何碑》略云:

　　公諱□,字□□,其先居河內溫縣,迺祖遊陳留之境,因徙
家焉,今爲汴州浚儀人也。[公]傾産周窮,捐生拯難,嘉賓狎
至,俠侶爭歸。既而炎靈①將謝,政道云衰,黑山競結,白波潛
駭,爰顧宗姻,深憂淪溺。鄉中豪傑五百餘人以公誠信早彰,
譽望所集,互相糺率,請爲盟主。李密擁兵敖庾②,枕威河曲,
廣集英彥,用託爪牙,乃授公上柱國雷澤公。尋而天歷有歸,
聖圖斯啓,自參墟而鳳舉,指霸川而龍躍。公智叶陳、張③,策
踰荀、賈④,料安危之勢,審興亡之迹,抗言於密,請歸朝化。密
竟奉謁丹墀,升榮紫禁,言瞻彼相,實賴於公,既表忠圖,爰膺
厚秩,授清義府驃騎將軍上柱國雷澤公。密奉詔綏撫山東,公
又以本官隨密,密至函城之境,有背德之心,公既知逆謀,乃流

---

① 原謂火德之王朝,如漢、宋。隋朝亦爲火德,應爲此處所指。
② 敖倉。
③ 陳平、張良。
④ 荀彧、賈詡。

涕極諫,密憚公强正,遂不告而發,軍敗牛關之側,命盡熊山①
之陽。公徇義莫從,獻忠斯阻,欲囚機以立効,聊枉尺以直尋,
言造王充,冀傾瀍洛,爲充所覺,奇計弗成,率充内營左右去逆
歸順。高祖嘉其變通,尚其英烈,臨軒引見,特申優獎,授車騎
將軍。徐員朗竊據沂、兗,稱兵淮、泗,龜蒙積沴,蜂午挺妖,公
與史萬寶併力攻圍,應期便陷。方殄餘噍,奉命旋師,令從隱
太子討平河北。又與曹公李勣窮追員朗,賊平,留鎮於洧州。
[武德]七年(公元六二四年),奉太宗令追入京,賜金刀子一
枚,黄金卅挺,令於北門領健兒長上,仍以數十金刀子委公錫
驍勇之夫,趍奉藩朝,參聞霸略,承解衣之厚遇,申繞帳之深
誠。九年六月四日令揔北門之寄。

《舊唐書》柒壹《魏徵傳》略云:

魏徵,鉅鹿曲城人也。父長賢,北齊屯留令。及[李]密敗,
徵隨密來降,至京師,久不見知,自請安輯山東,乃授秘書丞,
驅傳至黎陽。時徐世勣尚爲李密擁衆,徵與世勣書。世勣得
書,遂定計遣使歸國。嘗密薦中書侍郎杜正倫及吏部尚書侯
君集有宰相之材。徵卒後,正倫以罪黜,君集犯逆伏誅,太宗
始疑徵阿黨。徵又自録前後諫諍言辭往復,以示史官起居郎
褚遂良,太宗知之,愈不悦。先許以衡山公主降其長子叔玉,
於是手詔停婚,顧其家漸衰矣。

---

① 即熊耳山。

《新唐書》玖柒《魏徵傳》云：

> ［太宗］即位，拜諫議大夫，封鉅鹿縣男。當是時，河北州縣素事隱、巢者不自安，往往曹伏思亂。徵白太宗曰："不示至公，禍不可解。"帝曰："爾行安喻河北。"道遇太子千牛李志安、齊王護軍李思行傳送京師，徵與其副謀曰："屬有詔，官府舊人普原之。今復執送志安等，誰不自疑者？吾屬雖往，人不信。"即貸而後聞。使還，帝悦。

《北史》伍陸《魏長賢傳》云：

> 魏長賢，收之族叔也。

《元和郡縣圖志》壹陸"河北道澶州臨黃縣"條云：

> 魏長賢墓在縣北十五里。貞觀七年（公元六三三年），追贈定州刺史，即徵父也。

同書壹柒"河北道恒州鼓城縣"條云：

> 魏收墓在縣北七里。後魏、北齊貴族諸魏皆此邑人也。

所云鉅鹿曲陽人者是也。

《新唐書》柒貳中《宰相世系表》"魏氏"條云：

> 館陶魏氏。長賢北齊屯留令。徵相太宗。

《全唐詩》第柒函高適《三君詠（並序）》云：

> 開元中，適遊於魏郡，郡北有故太師［魏］鄭公①舊館。

《舊唐書》柒拾《杜正倫傳》云：

---

① 魏鄭公即魏徵。

　　杜正倫，相州洹水人也。隋仁壽中，與兄正玄、正藏俱以秀才擢第。隋代舉秀才止十餘人，止倫一家有二秀才，甚爲當時稱美。

同書陸玖《侯君集傳》略云：

　　侯君集，豳州三水人也。貞觀四年（公元六三零年），遷兵部尚書。明年【貞觀十二年（公元六三八年）】，拜吏部尚書。君集出自行伍，素無學術，及被任遇，方始讀書。典選舉，定考課，出爲將領，入參朝政，並有時譽。十七年（公元六四三年），張亮以太子詹事出爲洛州都督，君集激怒亮曰："何爲見排？"亮曰："是公見排，更欲誰冤？"君集曰："我平一國來，逢屋許大嗔，何能仰排？"因攘袂曰："鬱鬱不可活，公能反乎？當與公反耳。"亮密以聞。承乾在東宮，恐有廢立，又知君集怨望，遂與通謀。及承乾事發，君集被收，遂斬於四達之衢，籍没其家。

綜觀上引史料，可得而論者，約有四端：

（一）翟讓、徐世勣之系統人物實以洛陽爲其政治信仰之重心。觀李密答柴孝和之言，知密所以力攻王世充，爭取洛陽，卒以此敗亡者，蓋有不得已之苦衷也。唐太宗之實力在能取得洛陽，撫用此系統人物，而獲其輔助之效也。當太宗與建成、元吉決鬥於長安之時，秦王府中雖多山東豪傑，然洛陽爲其根據地，更遣張亮、王保等往保之，廣事招引，以增加其勢力。既不慮長安秦府中"山東人"之離心【見上引《舊唐書·隱太子傳》】，又爲在長安萬一失敗，可以作避亂及復興之預備。斯太宗與李密雖同屬關隴六鎮集團，同利用此系統之人物以爲其主力，然此二並世英傑所以成敗互異者，即太宗能保有洛陽以爲基地，而李密不能攻取東都，失去此輩豪傑政治信仰之故也。

（二）武德九年（公元六二六年）六月四日玄武門之事變爲太宗一生中最艱苦之奮鬥，其對方之建成、元吉亦是智勇俱備之人，謀士鬥將皆不減於秦府左右，其結果則太宗勝而建成、元吉敗者，其關鍵實在太宗能利用守衛宮城要隘玄武門之山東豪傑，如常何輩，而常何者兩《唐書》無專傳，其姓名唯附見於兩書《馬周傳》及《舊唐書》叁《太宗紀》下貞觀十八年（公元六四四年）十一月張亮以舟師攻高麗事中【《新唐書》柒伍上《宰相世系表》常氏條不載何之名】，其本末不詳久矣。近世敦煌石室發見寫本中有李義府撰常何碑文，義府奸佞而能文之人也，此文亦久佚，然爲最佳之史料。寅恪昔年草《唐代政治史述論稿》時，嘗於上篇論述玄武門事變曾一及之，今稍詳錄其文，以資推究。據碑文，知何之家世及少時所爲蓋同於徐世勣，而其與世勣之關係復頗似張亮、張公謹，又嘗從建成平定河北，故建成亦以舊部視之而不疑，豈意其"趨奉藩朝，參聞霸略"耶？觀太宗既賜何以金挺，復以數十金刀子委何以錫守衛玄武門驍勇之夫，則是用金寶買通玄武門守衛將士，此與建成、元吉之以金銀器物贈與尉遲敬德者，抑何以異？此蓋當時兩方習用之策略也。職是之故，太宗能於武德九年六月四日預伏其徒黨於玄武門，而守衛將士亦竟不之發覺，建成、元吉雖先有警告，而不以爲意者，殆必以常何輩守衛玄武門之將士至少非太宗之黨徒也。碑文所謂"九年六月四日令揔北門之寄",則此事變中何地位之重要及其功績之偉大,據是可推知矣。張公謹與張亮俱用徐世勣之薦,而爲太宗心膂,其屬於世勣系統,固不待言,當此事變迫急之時,公謹能獨閉宮門,以拒東宮齊府死黨之來攻,因得轉危爲安,其勇力可以想見,此亦山東豪傑集團特點之一也。張亮在此系統中地位甚高,或亦徐世勣之亞,故太宗委以保據洛陽,招引山東豪傑之重任。然其人"素寒賤,以農爲業",則與翟讓所謂"僕起隴畝之間"【見上引《舊唐書·李密傳》】,正復相同。此輩乃農民武裝集團,依此可以推知,其歷史之背景及成立之由來俟後再詳論。總之,太宗之戡定內難,其得此系統人物之助力,較任何其他諸役如戰勝隋末群雄及摧滅當時外族者爲更多也。

(三)徐世勣者,翟讓死後,實代爲此系統之領袖,李密不過以資望見推,而居最高之地位耳。密既降唐,其土地人衆均爲世勣所有,世勣於王世充、竇建德與唐高祖鼎峙競爭之際,蓋有舉足輕重之勢,其絕鄭、夏①而歸李唐,亦隋唐間政權轉移之大關鍵也。李唐破滅王、竇②,凱旋告廟,太宗爲上將,世勣爲下將,蓋當時中國武力集團最重要者,爲關隴六鎮及山東豪傑兩系統,而太宗與世勣二人即可視爲其代表人也。世勣地位之重要實因其爲山東豪傑領袖之故,太宗爲身後之計欲平衡關隴、山東兩大武力集團之力量,以鞏

① 鄭、夏,分別指王世充、竇建德政權。
② 王世充、竇建德。

固其皇祚，是以委任長孫無忌及世勣輔佐柔懦之高宗，其用心可謂深遠矣。後來高宗欲立武曌爲后，當日山東出身之朝臣皆贊助其事，而關隴集團代表之長孫無忌及其附屬系統之褚遂良等則竭力諫阻，①高宗當日雖欲立武氏爲后，以元舅大臣之故有所顧慮而不敢行，惟有取決於其他別一集團之代表人即世勣之一言，而世勣竟以武氏爲山東人而贊成其事【見《册府元龜》叁叁陸《宰輔部·依違門》】，論史者往往以此爲世勣個人道德之污點，殊不知其社會集團之關係有以致之也。又兩《唐書》以李靖、李勣同傳，後世亦以二李並稱，此就二公俱爲唐代之名將而言耳，其實靖爲韓擒虎之甥，屬於關隴府兵集團，而世勣則是山東豪傑領袖，其社會背景迥然不同，故二人在政治上之地位亦互異，斯亦治唐史者所不可不注意及之者也。史復言世勣家多僮僕，積粟常數千鍾，當是與翟讓、張亮同從事農業，而豪富遠過之者，即所謂大地主之流也，此點亦殊重要，俟後論之。

（四）古今論唐史者往往稱道太宗、魏徵君臣遭遇之盛事，而深惜其恩禮之不終，以爲此僅個人間之關係，實不足說明當時政治社會之情況及太宗所以任用魏徵之用心也。今試發其覆，以供讀史者參考。

《舊唐書·魏徵傳》雖稱徵是鉅鹿曲陽人，《北史》徵父《長賢傳》亦言其爲魏收之族叔，就表面論，似徵爲山東之高門，此不過南

---

① 編者案：褚遂良，杭州錢塘人，祖籍陽翟（今河南洛陽東），不應視爲關隴集團成員。

北朝、隋唐時代矜誇郡望之風習耳。然據《元和郡縣圖志》載魏收墓在恒州鼓城縣，且言"後魏、北齊貴族諸魏皆此邑人也。所云鉅鹿曲陽人者是也"。但同書載魏長賢墓在澶州臨黄縣，《新書·宰相世系表》以徵爲館陶魏氏，高達夫詩又謂魏郡北有徵舊館，則是徵父墳墓及己身所居皆與魏收葬地並不相近，《新表》之言甚得其實。依此推論，則徵家不可視爲後魏、北齊貴族諸魏之盛門，可以無疑也。明乎此，則太宗所以任用徵之故始可瞭解。太宗雖痛惡山東貴族【見《唐會要》叁陸《氏族門》及《新唐書》玖伍《高儉傳》等】，而特重用徵者，正以其非山東盛門，而爲山東武裝農民集團即所謂山東豪傑之聯絡人耳。在太宗心目中，徵既非山東貴族，又非山東武人，其責任僅在接洽山東豪傑監視山東貴族及關隴集團，以供分合操縱諸政治社會勢力之妙用。苟徵之行動踰越此種賦與之限度，則必啓太宗之疑忌，自不待言也。①史言徵薦杜正倫爲相，而正倫者出自山東之盛門，則徵監視山東貴族之作用消失，轉有連合山東社會文武兩大勢力之嫌疑。侯君集者，兩《唐書》本傳雖不詳載其家世，只言其爲武人，然《周書》貳玖、《北史》陸陸俱有君集祖植傳，又《新唐書》柒貳中《宰相世系表》侯氏條亦載其祖植爲周驃騎大將軍、肥城節公，與《周書》《北史》相同。後來出土之侯植墓誌稱植曾賜姓賀屯氏【參陸增祥《八瓊室金石補正》貳叁及李宗蓮《懷珉精舍金石跋尾》等】，復與《周書》《北史》所載符合。是君集與太宗俱

---

① 此説欠妥。如果太宗防範山東貴族、武人，爲何任用山東豪傑之首李勣？

屬六鎮胡漢關隴集團，史言其才備將相自非偶然，徵竟與之相通，[①]
則是總合當日東西文武三大社會勢力，而己身爲其樞紐，此爲太宗
所甚不能容忍者，幸其事發覺於徵已死之後，否則必與張亮、侯君
集同受誅戮，停婚仆碑【見《新唐書·魏徵傳》】猶是薄懲也。觀徵
自請招撫山東，發一書而降徐世勣，先觀建成討平劉黑闥，因於其
地深自封植，建成果從其策（《舊唐書》陸肆《魏徵傳》）[②]。及建成不
幸失敗，又自請於太宗，親往河北安喻其徒黨，能發之，復能收之，
誠不世出之才士。故建成用之以籠絡河北英俊，太宗亦用之以招
撫山東豪傑，其個人本身之特點固不應抹殺，但如歷來史家論徵之
事功，頗忽視社會集體之關係，則與當時史實不能通解，故略辨之
如此。至若徵自録前後諫諍言辭往復，以示史官褚遂良，太宗知之
不悦者，蓋太宗沽名，徵又賣直，致斯結果，本無可怪，然其事僅關
係個人，殊微末不足道矣。

隋末唐初之雄豪其起於青、齊、徐、兗之地者頗多矣，或爲唐室
功臣，或爲李朝叛賊，政治上向背之關係雖異，若一究其種姓來源，
民族特質，恐仍當視爲同一大類，而小有區分也。兹略徵史籍，論
之於下：

《舊唐書》陸捌《秦叔寶傳》略云：

秦叔寶，名瓊，齊州歷城人。從鎮長春宮，拜馬軍總管。

---

① 侯魏相通之指責只因魏徵曾薦君集爲相，除此之外毫無根據。況且，遼東戰勢不利，太
宗再度肯定魏徵之功用。
② 編者補。

同書同卷《段志玄傳》略云：

> 段志玄，齊州臨淄人也。

同書同卷《程知節傳》略云：

> 程知節，本名齩金，濟州東阿人也。授秦王府左三統軍。破宋金剛，擒竇建德，降王世充，並領左一馬軍總管。

《新唐書》捌陸《劉黑闥傳》附《徐圓朗傳》略云：

> 徐圓朗者，兗州人。隋末爲盜，據本郡，以兵徇琅邪以西，北至東平，盡有之。附李密，密敗，歸竇建德。山東平，授兗州總管、魯郡公。會[劉]黑闥兵起，圓朗應之，自號魯王，黑闥以爲大行臺元帥。河間人劉復禮説圓朗曰："彭城有劉世徹，才略不常，將軍欲自用，恐敗，不如迎世徹立之。"盛彥師以世徹若聯叛，禍且不解，即謬説曰："公亡無日矣！獨不見翟讓用李密哉？"圓朗信之，世徹至，奪其兵，遣徇地，所至皆下，忌而殺之。會淮安王神通、李世勣合兵攻圓朗，總管任瓌遂圍兗州。圓朗棄城夜亡，爲野人所殺。

同書捌柒《輔公祏傳》略云：

> 輔公祏，齊州臨濟人。隋季與鄉人杜伏威爲盜，轉掠淮南。

同書同卷《李子通傳》略云：

> 李子通，沂州丞人。隋大業末，長白山賊左才相自號"博山公"，子通依之。有徒萬人，引衆渡淮，爲隋將來整所破，奔海陵。

同書玖貳《杜伏威傳》略云：

> 杜伏威，齊州章丘人。隋大業九年（公元六一三年），入長
> 白山，依賊左君行，不得意，舍去，轉剽淮南，攻宜安，屠之。與
> 虎牙郎將公孫上哲戰鹽城，進破高郵，引兵渡淮，攻歷陽，據
> 之。江淮群盜爭附。

隋末青、齊之健者頗以馬軍見稱，此亦可注意之點，疑與民族
遷徙問題有關，詳下引《魏書・上黨王天穆傳》。兗州之徐圓朗、彭
城之劉世徹所謂徐、兗之豪强也，其與竇建德、劉黑闥之關係至爲
密切，疑其與竇、劉之徒同一來源，"劉"即劉黑闥之"劉"，"徐"即徐
世勣之"徐"也。此點俟後綜合論之。更有可注意者，隋末之亂首
發於長白山諸豪，自非偶然之事。隋末暴政全國人民同受其害，然
上之壓力其寬猛不必各地皆同一程度，而下之抵抗者亦有强悍柔
懦及組織堅固與否之分別。隋末此區域非重兵鎮壓之地，而諸豪
又爲强悍而較有組織之集團，是以能首發大難，其不轉向西北而直
趨東南者，其以江、淮爲財富之地，當時全國武力又方用於攻高麗，
江、淮一隅阻遏力少，引誘力多之故歟？綜合上引關於山東豪傑之
史料，就其性强勇，工騎射，組織堅固，從事農業，及姓氏多有胡族
關係，尤其出生地域之分配諸點觀之，深疑此集團乃北魏鎮戍屯兵
營戶之後裔也。六鎮問題於吾國中古史至爲重要，自沈垚以來，考
證六鎮問題之著述於鎮名地望頗多精義，然似不免囿於時間空間
之限制，猶未能總匯貫通，瞭解其先後因果之關係也。據《魏書》玖
《肅宗紀》云：

　　〔正光五年(公元五二四年)八月〕丙申,詔曰:"賞貴宿勞,明主恒德,恩沾舊績,哲后常範。太祖道武皇帝應期撥亂,大造區夏。世祖太武皇帝纂戎丕緒,光闡王業,躬率六師,掃清逋穢,諸州鎮城人,本充牙爪,服勤征旅,契闊行間,備嘗勞劇。逮顯祖獻文皇帝自北被南,淮海思乂,便差割强族,分衛方鎮。高祖孝文皇帝遠遵盤庚,將遷嵩洛,規遏北疆,蕩闢南境,選良家酋胕,增戍朔垂,戎捍所寄,實惟斯等。先帝【世宗宣武皇帝】以其誠効既亮,方加酬錫,會宛郢馳烽,胷泗告警,軍旗頻動,兵連積歲,兹恩仍寢,用迄於今,怨叛之興,頗由於此。朕叨承乾曆,撫馭宇宙,調風布政,思廣惠液,宜追述前恩,敷兹後施。諸州鎮軍貫,元非犯配者,悉免爲民,鎮改爲州,依舊立稱。此等世習干戈,率多勁勇,今既甄拔,應思報効。可三五簡發,討彼沙隴。當使人齊其力,奮擊先驅,妖黨狂醜,必可蕩滌。衝鋒斬級,自依恒賞。"

知北魏邊鎮之本末有三事可注意:(一)北魏之邊境鎮戍有前後移動之不同。(二)因前後境外敵人强弱之互異,爲適應情勢緩急之故,而有南北移防之措施。(三)充任邊鎮之兵役者其重要成分爲胡人,尤其是敕勒種族。此詔書所述爲北魏六鎮及其他邊鎮問題最佳史料,但似未經治吾國中古史者之深切注意,故兹更旁引其他有關材料分別證釋之於下:

　　北魏太祖初率其部落,進入中原,其邊境大約如《元和郡縣圖志》壹肆"雲州"條所云:

後魏道武帝又於此建都，東至上谷軍都關，西至河，南至中山隘門塞，北至五原。地方千里，以爲甸服。

觀《魏書》伍捌《楊播傳》附《椿傳》云：

> 除定州刺史。自太祖平中山，多置軍府，以相威攝。凡有八軍，軍各配兵五千，食禄主帥軍各四十六人。自中原稍定，八軍之兵，漸割南戍，一軍兵纔千餘，然主帥如故，費禄不少。椿表罷四軍，減其帥百八十四人。州有宗子稻田，屯兵八百户，年常發夫三千，草三百車，修補畦堰。椿以屯兵惟輸此田課，更無徭役，及至閑月，即應修治，不容復勞百姓。椿亦表罷，朝廷從之。

可知北魏當時於近邊要地配置重兵，以資防衛，及國勢漸强，邊境推廣而鎮兵亦隨之轉移也。

南北朝對峙，其國勢强弱之分界線大約在北朝乘南朝内爭之際而攻取青、齊之地一役，詔書所謂"顯祖獻文皇帝自北被南，淮海思乂"者是也。故"便差割强族，分衛方鎮"。即《魏書》伍拾《尉元傳》所云：

> [太和]十六年（公元四九二年），元表曰："今計彼【徐州】戍兵，多是胡人。臣前鎮徐州之日，胡人子都將呼延籠達因於負罪，便爾叛亂，鳩引胡類，一時扇動。賴威靈遐被，罪人斯戮。又團城子都將胡人王敕懃負釁南叛，每懼姦圖，狡誘同黨。愚誠所見，宜以彭城胡軍换取南豫州徙民之兵，轉戍彭城，又以中州鮮卑增實兵數，於事爲宜。"

其充任徐州防衛之胡兵,本由北方諸邊鎮移調而來者,蓋北魏當時邊境自北移南而邊鎮之兵亦隨之而遷徙也。至北魏孝文帝自平城遷都洛陽,其政治武力之重心既已南移,距南朝邊境頗近,而離北邊之鎮戍甚遠,遂又移調中原即北魏當時用以防衛南朝之戍兵,以守禦朔垂也。此北魏邊境屯戍之兵南北互相移調之事實,往往不爲史家注意,如《北史》壹陸《太武五王傳·廣陽王深【本作淵,唐人避諱改】傳》【參《魏書》伍捌《楊播傳》附《昱傳》及《津傳》】所云:

> 先是,別將李叔仁以[破六韓]拔陵來逼,請求迎援,深赴之,前後降附二十萬人。深與行臺元纂表求恒州北別立郡縣,安置降戶,隨宜振賚,息其亂心。不從。詔遣黃門侍郎楊昱分散之於冀、定、瀛三州就食。深謂纂曰:"此輩復爲'乞活'矣。禍亂當由此作。"既而鮮于修禮叛於定州,杜洛周反於幽州,其餘降戶,猶在恒州,遂欲推深爲主。深乃上書乞還京師,令左衛將軍楊津代深爲都督。

論者往往歸咎於不從安置北鎮降戶於恒州北,而分散之於冀、定、瀛三州就食,以致釀成大亂。殊不知魏朝採取如此之決策者,非僅因冀、定、瀛等州土地饒沃可以供給降戶就食,實亦有二原因:(一)在此以前魏朝邊鎮本有南北移防之故事;(二)徙降戶於冀、定、瀛三州,正符合祖宗之舊制。觀《魏書》肆下《世祖紀》下云:

> 太平真君五年(公元四四四年)六月,北部民殺立義將軍、衡陽公莫孤,率五千餘落北走。追擊於漠南,殺其渠帥,餘徙冀、相、定三州爲營戶。

及同書柒上《高祖紀》上云：

> ［延興元年（公元四七一年）］冬十月丁亥，沃野、統萬二鎮
> 敕勒叛。詔太尉、隴西王源賀追擊，至枹罕，滅之，斬首三萬餘
> 級，徙其遺迸於冀、定、相三州爲營户。

> ［延興］二年（公元四七二年）三月，連川敕勒謀叛，徙配
> 青、徐、齊、兗四州爲營户。

同書同卷下《高祖紀》下云：

> ［太和二十一年（公元四九七年）六月］壬戌，詔冀、定、瀛、
> 相、濟五州發卒二十萬，將以南討。

等條，知北魏祖宗本以冀、定、瀛、相、濟、青、齊、徐、兗等州安置北邊
降人，使充營户，魏朝此舉未可以爲重大之錯誤。又觀《魏書》柒肆
《爾朱榮傳》略云：

> 榮率衆至肆州，刺史尉慶賓畏惡之，閉城不納。榮怒，攻
> 拔之，乃署其從叔羽生爲刺史，執慶賓於秀容。自是榮兵威漸
> 盛，朝廷亦不能罪責也。

若果安置此等降户於恒州北，則此最有戰鬥力之徒衆必入於爾朱
榮之勢力範圍，與後來葛榮之衆歸於爾朱氏，復轉入高歡之手者正
同一例，如《隋書》貳肆《食貨志》所云：

> 尋而六鎮擾亂，相率内徙，寓食於齊【此齊乃《魏書》壹佰
> 陸上《地形志》上，武州領之齊郡】晉之郊，齊神武因之，以成
> 大業。

者，可爲明證也。

據前引《魏書・世祖紀》《高祖紀》之記載，知北魏常以高車即
敕勒或丁零族充任邊鎮營户，蓋此族爲諸胡中最善戰者。觀《魏
書》壹佰叁《高車傳》略云：

> 高車，初號爲狄歷，北方以爲敕勒，諸夏以爲高車、丁零。
> 太祖時，分散諸部，唯高車以類粗獷，不任使役，故得別爲部
> 落。

及同書捌叁《外戚傳・賀訥傳》略云：

> 訥從太祖平中原，其後離散諸部，分土定居，不聽遷徙，其
> 君長大人皆同編户。訥以元舅，甚見尊重，然無統領。以壽終
> 於家。

等條可知也。又觀《魏書》壹壹叁《官氏志》略云：

> 從第四品上　高車羽林郎將
>
> 從第四品下　高車虎賁將軍

同書壹玖上《汝陰王天賜傳》略云：

> 簡西部敕勒豪富兼丁者爲殿中武士。

及同書肆肆《宇文福傳》略云：

> [高祖]敕福領高車羽林五百騎，出賊【指南朝軍言】南面，
> 遏絶歸路。

則是北魏不獨以高車族爲邊兵，且以之充禁旅矣。至青、齊諸豪之
來源，或是邢杲黨徒之後裔。《魏書》壹肆《高凉王孤傳》附《上黨王
天穆傳》云：

> 初，杜洛周、鮮于修禮爲寇，瀛、冀諸州人多避亂南向。幽

　　州前北平府主簿河間邢杲，擁率部曲，屯據鄴城，以拒洛周、葛

榮，垂將三載。及廣陽王深【淵】等敗後，杲南度，居青州北海

界。靈太后詔流人所在皆置命屬郡縣，選豪右爲守令，以撫鎮

之。時青州刺史元世儁表置新安郡，以杲爲太守，未報。會臺

申汰簡所授郡縣，以杲從子子瑶資蔭居前，乃授河間太守。杲

深恥恨，於是遂反。所在流人先爲土人凌忽，聞杲起逆，率來

從之，旬朔之間，衆踰十萬。劫掠村塢，毒害民人，齊人號之爲

"韰榆賊"。

殊堪玩味，蓋此輩豈亦北魏早期河北屯戍營户之後裔耶？常疑楊

隋之祖先頗與之有關，以非此篇範圍，姑不置論。

　　總之，冀、定、瀛、相、濟、青、齊、徐、兖諸州皆隋末唐初間山東豪

傑之出產地，其地實爲北魏屯兵營户之所在。由此推測此集團之

驍勇善戰，中多胡人姓氏【翟讓之"翟"亦是丁零姓】，胡種形貌【如

徐世勣之類】，及從事農業，而組織力又强。【其由鎮兵轉爲農民之

歷程涉及北朝兵制範圍，此文所不能詳，可參拙著《隋唐制度淵源

略論稿·兵制章》。】求其所以然之故，苟非假定此集團爲北魏鎮

兵之後裔，則殊難解釋。兹略引史料，以爲證釋如此。然歟？否歟？

願求教於當世治國史之君子。

原載一九五二年六月《嶺南學報》第拾貳卷第壹期

記唐代之李武韋楊婚姻集團

　　唐代之史可分爲前後二期,而以玄宗時安史之亂爲其分界線
【詳見拙著《唐代政治史述論稿》上篇】。前期之最高統治集團表面
上雖爲李氏或武氏,然自高宗之初年至玄宗之末世,歷百年有餘,
實際上之最高統治者遞嬗輪轉,分歧混合,固有先後成敗之不同,
若一詳察其内容,則要可視爲一牢固之複合團體,李、武爲其核心,
韋、楊助之黏合,宰制百年之世局,幾佔唐史前期最大半時間,其政
治社會變遷得失莫不與此集團有重要關係,故本文略取有關史料,
稍加探討,或者於吾國中古史之研究亦有所助歟?

　　此李、武、韋、楊四大家族最高統治集團之組成實由於婚姻之
關係,故不可不先略述南北朝、隋及唐初社會對於婚姻門族之
觀念。

　　《新唐書》壹玖玖《儒學中・柳沖傳》附柳芳論氏族略云:

　　　[晉]過江則爲僑姓,王、謝、袁、蕭爲大。東南則爲吴姓,
　　朱、張、顧、陸爲大。山東則爲郡姓,王、崔、盧、李、鄭爲大。關中
　　亦號郡姓,韋、裴、柳、薛、楊、杜首之。代北則爲虜姓,元、長孫、
　　宇文、于、陸、源、竇首之。山東之人質,故尚婚婭。江左之人文,
　　故尚人物。關中之人雄,故尚冠冕。代北之人武,故尚貴戚。及
　　其弊,則尚婚婭者,先外族,後本宗。尚人物者,進庶孽,退嫡

長。尚冠冕者，略伉儷，慕榮華。尚貴戚者，徇①勢利，亡禮教。

據此，當時社會婚姻觀念之不同蓋由地域區分及門族淵源之互異所致。李唐皇室本出於宇文泰之胡漢六鎮關隴集團【詳見拙著《唐代政治史述論稿》上篇】，實具關中、代北兩系統之性質。觀唐太宗制定《貞觀氏族志》之意旨及唐初皇室婚姻締搆之實況即可證知。茲引史料，略加解釋於下：

《唐會要》叁陸《氏族門》顯慶四年（公元六五九年）九月五日"詔改《[貞觀]氏族志》爲《姓[氏]録》"條云：

> 初，《貞觀氏族志》稱爲詳練，至是，許敬宗以其書不敘明皇后武氏本望，李義府又恥其家無名，乃奏改之。

《新唐書》玖伍《高儉傳》略云：

> [高宗]又詔後魏隴西李寶，太原王瓊，滎陽鄭温，范陽盧子遷【今本《唐會要》捌叁《嫁娶門》作盧子選，據《魏書》肆叁《北史》叁拾《盧玄傳》，玄子度世字子遷，然則今本《會要》"選"字誤也。《通鑑》貳佰唐高宗顯慶四年十月條亦作盧子遷】、盧澤【《唐會要》捌叁《嫁娶門》顯慶四年十月條均作盧渾】、盧輔，清河崔宗伯、崔元孫，前燕博陵崔懿，晉趙郡李楷，凡七姓十家，不得自爲昏，納幣悉爲歸裝，夫氏禁受陪門財。先是，後魏太和中，定四海望族，以寶等爲冠，其後矜尚門地，故《氏族志》一切降之。王妃、主壻皆取當世勳貴名臣家，未嘗尚山東舊族。

---

① 原文作"狥"，據《新唐書》改。

後房玄齡、魏徵、李勣復與昏，故望不減。然每姓第其房望，雖一姓中，高下縣隔。李義府爲子求昏不得，始奏禁焉。其後天下衰宗落譜，昭穆所不齒者，皆稱禁昏家，益自貴，凡男女皆潛相聘娶，天子不能禁，世以爲敝云。

《舊唐書》柒捌《張行成傳》云：

太宗嘗言及山東、關中人，意有同異。行成正侍宴，跪而奏曰：“臣聞天子以四海爲家，不當以東西爲限，若如是，則示人以隘陋。”太宗善其言。

《新唐書》捌拾《太宗諸子傳》云：

曹王明母本巢王【即元吉】妃，帝寵之，欲立爲后，魏徵諫曰：“陛下不可以辰嬴自累。”乃止。

《册府元龜》捌陸陸《總錄部・貴盛門》略云：

楊恭仁爲雒州都督，從姪女爲巢剌王妃。

《新唐書》捌拾《鬱林王恪傳》云：

其母隋煬帝女，地親望高，中外所向。帝【太宗】初以晉王【高宗】爲太子，又欲立恪，長孫無忌固爭，帝曰：“公豈以非己甥邪？且兒英果類我，若保護舅氏，未可知。”無忌曰：“晉王仁厚，守文之良主，且舉棋不定則敗，況儲位乎？”帝乃止。故無忌常惡之。永徽中，房遺愛謀反，因遂誅恪，以絕天下望。

寅恪案，太宗深惡山東士族，故施行壓抑七姓十家之政策。①

----

① 然七姓十家之首隴西李寶並非山東士族。

《張行成傳》所謂"山東人"乃指山東之士族階級，非其他不屬於高等門族之文人及一般庶民，至若山東武人，如隋末唐初間所謂"山東豪傑"者，則尤爲太宗所特別籠絡之集團，固不當於宴集朝臣時公然有所軒輊也。元吉之妃楊氏，楊隋宗室之女。鬱林王恪以母爲隋煬帝女之故，太宗竟欲使其承繼皇位，則重視楊氏可知，①蓋太宗之婚姻觀念不僅同於關中人之尚冠冕，兼具代北人之尚貴戚矣，若更由此推論，曹王明之母必不止以色見寵，當與鬱林王恪母同出一源，否則無作皇后之資格。世之讀史者頗怪陳、隋覆滅以後，其子孫猶能貴顯於新朝，不以亡國之餘而見廢棄者，則未解隋、唐皇室同爲關隴胡漢之集團，其婚姻觀念自應同具代北之特性也。房玄齡、魏徵、徐世勣三人其社會階級雖不相同，然皆是山東人，故違反太宗之政策，而與山東士族爲婚，此則地域分別與婚姻觀念其關係密切如此，可以推見。而李唐皇室初期婚姻之觀念及其婚姻締搆之實況必帶有深重之地域色彩，即關中地方性，又可證明矣。②

《高儉傳》言"王妃、主壻皆取當世勳貴名臣家，未嘗尚山東舊族"。今王妃氏族不易詳考，但取高祖、太宗、高宗、中宗諸女之夫壻姓名觀之，可以知唐皇室之婚姻觀念實自武曌後而一變也。所謂變者，即自武后以山東寒族加入李唐皇室系統後，李唐皇室之婚姻關係經武氏之牽混組織，遂成爲一牢固集團，宰制世局，達百餘

①　此言不妥。太宗欲立李恪爲太子主要因爲其"英果類我"，而當時太子李治懦弱。
②　此説欠妥。太宗卻將高陽公主、衡山公主下嫁給"山東集團"的房玄齡、魏徵之子（後者後取消），豈非違反太宗自己之婚姻政策？

年之久。兹爲簡便計,僅擇録高宗及中宗諸女夫壻姓名之有關者於後,①亦可窺見其變遷之一斑也。

《唐會要》陸《公主門》略云:

> 高宗女鎮國太平降薛紹,後降武攸暨。中宗女新都降武延暉。定安降王同皎,後降韋濯,三降崔銑。長寧降楊慎交,後降蘇彦伯。永壽降韋鏐。永泰降武延基。安樂降武崇訓,後降武延秀。成安降韋捷。

武曌之家族其淵源不易考知,但就《新唐書》柒肆上《宰相世系表》"武氏"條所載,其族人數不多,可推知其非山東之大族。又據僞託柳宗元著《龍城録》所記武后先世武居常事【"武居常有身後名"條】,復可推知其非山東之高門,蓋《龍城録》雖非子厚之作,其所記武氏事當亦源出唐代民間舊傳也。至武曌父士彠之事跡實亦難確考,誠如《舊唐書》伍捌《武士彠傳》論所云:

> 武士彠首參起義,例封功臣,無戡難之勞,有因人之迹,載窺他傳,過爲褒詞,慮當武后之朝,佞出敬宗之筆,凡涉虚美,削而不書。

者也。據《太平廣記》壹叁柒《徵應類》"武士彠"條所云:

> 唐武士彠,太原文水縣人。微時,與邑人許文寶以鬻材爲事,常聚材木數萬莖,一旦化爲叢林,森茂,因致大富。士彠與文寶讀書林下,自稱爲厚材,文寶自稱枯木,私言必當大貴。

及高祖起義兵,以鎧冑從入關,故鄉人云:士彟以鬻材之故,果逢搆夏之秋。及士彟貴達,文寶依之,位終刺史。【出《太原事跡》】

則知士彟本一商販寒人,以投機致富,其非高門,尤爲明證。《廣記》此條源出武氏鄉里所傳,其中神話部分固不可信,但士彟本來面目實是如此,要自不誣也。更就史傳考之,益知武氏非山東士族。據《新唐書》貳佰陸《外戚傳·武士彟傳》【參《舊唐書》伍捌《武士彟傳》及同書壹捌叁《外戚傳·武承嗣傳》】略云:

> 武士彟字信,世殖貲,喜交結。高祖嘗領屯汾晉,休其家,因被顧接。後留守太原,引爲行軍司鎧參軍。兵起,士彟不與謀也。以大將軍府鎧曹參軍從平京師。自言嘗夢帝騎而上天,帝笑曰:"爾故王威黨也,以能罷繫劉弘基等,其意可録,且嘗禮我,故酬汝以官。今胡迂妄媚我邪?"始士彟娶相里氏,生子元慶、元爽,又娶楊氏,生三女,元女妻賀蘭氏,早寡,季女妻郭氏,不顯。士彟卒後,諸子事楊不盡禮,銜之。[武]后立,封楊代國夫人,進爲榮國,后姊韓國夫人。韓國有女在宫中,帝【高宗】尤愛幸。后欲並殺之,即導帝幸其母所,[后兄子]惟良等上食,后寘堇焉,賀蘭①食之,暴死。后歸罪惟良等,誅之,諷有司改姓蝮氏,絶屬籍,元爽緣坐死,家屬投嶺外。后取賀蘭

___
① 即韓國夫人女。

敏之①爲士彠後，賜氏武，襲封。敏之韶秀自喜，烝於榮國，挾所愛，佻橫多過失。榮國卒，后出珍幣，建佛廬徼福，敏之乾匿自用。司衛少卿楊思儉女選爲太子妃，告婚期矣，敏之聞其美，彊私焉。楊喪未畢，褫衰麤，奏音樂。太平公主往來外家，官人從者，敏之悉逼亂之。后疊數怒，至此暴其惡，流雷州，表復故姓，道中自經死。乃還元爽之子承嗣，奉士彠後，宗屬悉原。

寅恪案，武氏一家所爲如此，其非夙重閨門禮法之山東士族，不待詳論。頗可笑者，武后以賀蘭敏之爲士彠後，與晉賈充之以外孫韓謐爲後者【見《晉書》肆拾《賈充傳》】事極相類。賈氏之先嘗爲市魁【見《晉書》伍拾《庾純傳》】，而武士彠亦是投機之木材商，豈所謂淵源氣類相似，其家庭所爲復更相同耶？士彠一生事蹟至不足道，唯有一點殊可注意，即娶楊氏女爲繼妻一事。

據《新唐書》壹佰《楊執柔傳》略云：

> 武后母，即恭仁叔父達之女。及臨朝，武承嗣、攸寧相繼用事。后曰：“要欲我家及外氏常一人爲宰相。”乃以執柔同中書門下三品。又以武后外家尊寵，凡尚主者三人，女爲王妃五人。

《册府元龜》捌伍叁《總録部·姻好門》云：

> 武士彠武德中簡較右廂宿衛，既喪妻，高祖謂士彠曰：“朕自爲卿更擇嘉偶。”隨曰：“有納言楊達英才冠絶，奕葉親賢，今

_____

① 韓國夫人子。

有女,志行賢明,可以輔德。"遂令桂楊公主與楊家作婚,①主降
勑結親,庶事官給。

然則武曌母乃隋觀王雄之姪女【見《新唐書·宰相世系表》"楊氏觀
王房"條】,楊雄雖非隋皇室直系,但位望甚重。武士彠在隋世乃一
富商,必無與觀王雄家聯姻之資格。其娶楊氏在隋亡以後,蓋士彠
以新朝貴顯娶舊日宗室,藉之增高其社會地位,此當時風俗所使
然,無足怪也。史言太宗聞武曌之美乃召入宮【見《新唐書》肆《則
天順聖武皇后紀》及《通鑑》壹玖伍貞觀十一年(公元六三七年)"武
士彠女年十四入宮"條】,鄙意則天之美固不待論,然以太宗重視楊
氏之心理推之,恐不得不與榮國夫人爲楊雄姪女有關也。

　　武曌既非出自山東士族,其家又不屬關隴集團,但以母爲隋楊
宗室之故,遂亦可備宮闈下陳之選,至若徑立爲皇后,則尚無此資
格。當高宗廢王皇后立武昭儀之時,朝臣贊否不一,然詳察兩派之
主張,則知此事非僅宮闈后妃之爭,實爲政治上社會上關隴集團與
山東集團決勝負之一大關鍵,今取有關史料,略加詮釋,亦足證明
鄙説也。

　　《舊唐書》伍壹《后妃上·高宗廢皇后王氏傳》略云:

　　　高宗廢后王氏,并州祁人也。父仁祐,貞觀中羅山令。同
　　安長公主即后之從祖母也,公主以后有美色,言於太宗,遂納

---

① "遂令桂楊公主與楊家作婚"句與上文無關,疑是衍文。編者案,桂楊公主爲高祖女,下
　嫁楊師道。

爲晉王妃。永徽初，立爲皇后。母柳氏求巫祝厭勝，事發，帝大怒，斷柳氏不許入宮中，后舅中書令柳奭罷知政事，並將廢后，長孫無忌、褚遂良等固諫，乃止。俄又納李義府之策，永徽六年（公元六五五年）十月，廢后及蕭良娣皆爲庶人。武后令人杖庶人及蕭氏各一百，截去手足，投於酒甕中，數日而卒。後則天頻見王、蕭二庶人披髮瀝血，如死時狀，武后惡之，禱以巫祝，又移居蓬萊宮，復見，故多在東都。

《新唐書》捌壹《燕王忠傳》略云：

　　帝【高宗】始爲太子而忠生。永徽初，拜雍州牧。王皇后無子，后舅柳奭說后，以忠母［後宮劉氏］微，立之必親己，后然之，請於帝，又奭與褚遂良、韓瑗、長孫無忌、于志寧等繼請，遂立爲皇太子。后廢，武后子弘甫三歲，許敬宗希后旨，建言：“國有正嫡，太子宜同漢劉彊故事。”帝召見敬宗曰：“立嫡若何？”對曰：“東宮所出微，今知有正嫡，不自安；竊位而不自安，非社稷計。”於是降封梁王，［後］廢爲庶人，囚黔州承乾故宅。麟德初，宦者王伏勝得罪於武后，敬宗乃誣忠及上官儀與伏勝謀反，賜死。

寅恪案，王皇后本唐皇室舊姻，且其外家柳氏亦是關中郡姓，故爲關隴集團所支持，欲藉以更鞏固其政治之勢力也。[①]燕王忠之

---

①　此說似難成立，王皇后父出自并州王氏，應屬山東，而非關隴系，按父系，王皇后應被視爲山東系人。

爲太子亦爲<u>關隴</u>集團政治上之策略，<u>高宗</u>廢黜<u>王皇后</u>並<u>燕王忠</u>之儲位，而改立<u>山東</u>寒族之<u>武氏</u>及立其子爲太子，①此爲<u>關隴</u>集團所萬不能容忍者，<u>長孫無忌</u>等之力爭實以關係重大之故，非止皇室之家事而已也。至<u>褚遂良</u>、<u>許敬宗</u>等忠姦不同，然俱屬來自<u>南朝</u>之系統。此系統之人物不論其先世在<u>晉</u>過江前或後爲何地域之人，但<u>北朝</u>平滅<u>南朝</u>以後，此等人乃屬俘虜家臣性質，絕無獨立資格，非若<u>山東</u>士族<u>北齊</u>亡後仍保有地方勢力者可比，是以<u>遂良</u>可視爲<u>關隴</u>集團之附屬品，而<u>敬宗</u>則又以姦諂之故，傾向於出身<u>山東</u>地域之<u>武氏</u>也。②明乎此，則詳悉分析贊成與反對立<u>武氏</u>爲后兩方出身之籍貫，於當時政治社會及地域集團之競爭，其關鍵所在更可以瞭然矣。

　　兹先迻録反對方面之記載於下：

　　《册府元龜》叄貳柒《宰輔部·諫諍門》【參《舊唐書》捌拾，《新唐書》壹佰伍《褚遂良傳》】略云：

　　　　[<u>唐高宗永徽</u>]六年，<u>高宗</u>將廢<u>王皇后</u>，帝退朝後，於別殿召太尉<u>長孫無忌</u>、司空<u>李勣</u>、左僕射<u>于志寧</u>及[<u>褚</u>]<u>遂良</u>，<u>勣</u>稱疾不至。<u>無忌</u>等將入，<u>遂良</u>曰：“今者多議中宮事，<u>遂良</u>欲諫何如？”<u>無忌</u>曰：“公但極言，<u>無忌</u>請繼焉。”及入，<u>高宗</u>難發於言，再

———————————

①　武后母爲關隴貴族，父爲山東寒門，王后母爲關隴貴族，父爲山東貴族，爲何武后屬山東，而王后屬關隴？

②　此説不實。佞臣許敬宗之父許善心同爲“絕無獨立資格”的南方世系，卻能在隋滅陳後哀聲慟哭，並在煬帝被弑時，以身殉國。

三顧謂無忌曰："莫大之罪無過絕嗣，皇后無子，今當廢，立武士彠女如何？"遂良進曰："皇后是先帝爲陛下所娶，伏奉先帝，無愆婦德。先帝不豫，親執陛下手，以語臣曰：'我好兒、好新婦今以付卿。'陛下親承德音，言猶在耳，皇后自此未聞有愆失，恐不可廢。"帝不悅而罷。翌日，又言之，遂良曰："陛下必欲易皇后，伏請妙擇天下令族，何必要在武氏？且武昭儀經事先帝，衆所共知，陛下豈可蔽天下耳目，伏願再三思審。"帝大怒，命引出之。昭儀在簾中大言曰："何不撲殺之？"

《舊唐書》捌拾《韓瑗傳》略云：

> 韓瑗，雍州三原人也。[永徽]四年（公元六五三年），與來濟皆同中書門下三品。六年，遷侍中。時高宗欲廢王皇后，瑗涕泣諫，帝不納。尚書左僕射褚遂良以忤旨左授潭州都督，瑗復上疏理之，帝竟不納。顯慶二年（公元六五七年），許敬宗、李義府希皇后之旨，誣奏瑗與褚遂良潛謀不軌，左授瑗振州刺史，四年，卒官。

同書同卷《來濟傳》略云：

> 來濟，揚州江都人。永徽二年（公元六五一年），拜中書侍郎。四年，同中書門下三品。六年，遷中書令、檢校吏部尚書。時高宗欲立昭儀武氏爲宸妃，濟密表諫。武皇后既立，濟等懼不自安，后乃抗表稱濟忠公，請加賞慰，而心實惡之。[顯慶]二年，許敬宗等奏濟與褚遂良朋黨搆扇，左授台州刺史。五年，徙庭州刺史。龍朔二年（公元六六二年），突厥入寇，濟總

兵拒之，謂其衆曰："吾嘗挂刑網，蒙赦性命，當以身塞責。"遂不釋甲肯赴賊，没於陣。

同書同卷《上官儀傳》略云：

> 上官儀，本陝州陝人也。父弘，隋江都宮副監，因家於江都。龍朔二年，[爲]西臺侍郎、同東西臺三品。麟德元年（公元六六四年），宦者王伏勝與梁王忠抵罪，許敬宗乃搆儀與忠通謀，遂下獄而死。

寅恪案，高宗將立武曌爲皇后時，所與決策之四大臣中，長孫無忌、于志寧、褚遂良三人屬於關隴集團，故爲反對派，徐世勣一人則爲山東地域之代表【見拙著《嶺南學報》第壹貳卷第壹期《論隋末唐初所謂"山東豪傑"》】，故爲贊成派，至韓瑗、來濟、上官儀等之爲反對派者，亦由屬於關隴集團之故，一考諸人出身籍貫即可證明，不待詳論也。①

兹復迻録贊成方面之記載於下：

《册府元龜》叁叁陸《宰輔部·依違門》云：

> 唐李勣爲太尉，高宗欲廢王皇后，立武昭儀，韓瑗、來濟諫，皆不納。勣密奏曰："此是陛下家事，何須問外人。"意乃定。

《舊唐書》柒柒《崔義玄傳》略云：

> 崔義玄，貝州武城人也。高宗之立皇后武氏，義玄協贊

---

① 此説似難成立。反對派主將，長孫無忌爲河南洛陽人，褚遂良爲杭州錢塘人，俱非關隴。其他人中，來濟爲揚州江都人，上官儀爲陝州人，在江都長大，可視爲半個南方人。僅于志寧、韓瑗二位次要角色爲地道關隴人。

其謀。

同書捌貳《許敬宗傳》略云：

> 許敬宗,杭州新城人,隋禮部侍郎善心子也。高宗將廢皇
> 后王氏而立武昭儀,敬宗特贊成其計。

同書同卷《李義府傳》略云：

> 李義府,瀛州饒陽人也,其祖爲梓州射洪縣丞,因家於永
> 泰。高宗將立武昭儀爲皇后,義府嘗密申協贊。

寅恪案,崔、許、李等雖贊成立武曌爲皇后,然其位望決非徐世
勣之比,故武氏之得立,其主要原因實在世勣之贊助,其對高宗之
言舊史以爲“依違”,其實乃積極之贊成也。蓋當時無人不知高宗
之欲立武氏爲后,但此事不能不取決於四大臣,世勣不施用否決
權,而取棄權之方略,則與積極贊成何異？世勣在當時爲軍事力量
之代表,高宗既得此助,自可不顧元舅無忌等關隴集團之反對,悍
然行之。然則武曌之得立爲皇后乃決定於世勣之一言,而世勣所
以不附和關隴集團者,則以武氏與己身同屬山東系統,自可不必反
對也。

《舊唐書》陸《則天皇后紀》云：

> 則天皇后武氏諱曌,并州文水人也。父士彠,隋大業末爲
> 鷹揚府隊正,高祖行軍於汾晉,每休止其家。義旗初起,從平
> 京城。貞觀中,累遷工部尚書、荊州都督,封應國公。初,則天
> 年十四,時太宗聞其美容止,召入宮,立爲才人。及太宗崩,遂
> 爲尼,居感業寺。大帝於寺見之,復召入宮,拜昭儀。時皇后

王氏、良娣蕭氏頻與武昭儀爭寵，互讒毀之，帝皆不納，進號宸妃。永徽六年，廢王皇后而立武宸妃爲皇后，高宗稱天皇，武后亦稱天后。后素多智計，兼涉文史。帝自顯慶已後，多苦風疾，百司表奏皆委天后詳決，自此內輔國政數十年，威勢與帝無異，當時稱爲二聖。

《通鑑》貳佰唐高宗永徽六年冬十月乙卯條云：

百官上表請立中官，乃下詔曰："武氏門著勳庸，地華纓黻，往以才行選入後庭。朕昔在儲貳，特荷先慈，常得侍從，弗離朝夕，宮壼之內，恒自飭躬，嬪嬙之間，未曾迕目，聖情鑒悉，每垂賞嘆，遂以武氏賜朕，事同政君①。可立爲皇后。"

寅恪案，高宗此詔以武曌比於西漢"配元生成"之王政君，姦佞詞臣之文筆固不可謂不妙，然欲蓋彌彰，事極可笑，此文所不欲詳及者也。此文所欲喚起讀史者注意之一點，即此詔之發佈在吾國中古史上爲一轉捩點，蓋西魏宇文泰所創立之系統至此而改易，宇文氏當日之狹隘局面已不適應唐代大帝國之情勢，太宗以不世出之英傑，猶不免牽制於傳統之範圍，而有所拘忌，武曌則以關隴集團外之山東寒族，一旦攫取政權，久居洛陽，轉移全國重心於山東，重進士詞科之選舉，拔取人材，遂破壞南北朝之貴族階級，運輸東南之財賦，以充實國防之力量諸端【可參拙著《唐代政治史述論稿》及《隋唐制度淵源略論稿》有關諸章】，皆吾國社會經濟史上重大之

---

① 政君：王政君，漢元帝后。

措施,而開啓後數百年以至千年後之世局者也。然此諸端軼出本文範圍,可置不論,但就世人所喜言之武曌男寵私德一事略論之,以祛迷惑而資譚助於下:

《李義山①文集》肆《紀宜都内人事》云:

> 武后篡既久,頗放縱,肆内習,不敬宗廟,四方日有叛逆,防豫不暇。宜都内人以唾壺進,思有以諫者。后坐帷下,倚檀机,與語。問四方事,宜都内人曰:"大家知古女卑於男耶?"后曰:"知。"内人曰:"古有女媧,亦不正是天子,佐伏羲理九州耳。後世孃姥有越出房閤斷天下事者,皆不得其正,多是輔昏主,不然,抱小兒。獨大家革天姓,改去釵釧,襲服冠冕,符瑞日至,大臣不敢動,真天子也。【中略】大家始今日能屏去男妾,獨立天下,則陽之剛亢明烈可有矣。如是過萬萬世,男子益削,女子益專,妾之願在此。"后雖不能盡用,然即日下令誅作明堂者【寅恪案,此指薛懷義】。

《舊唐書》柒捌《張行成傳》附《易之傳》云:

> 天后令選美少年爲左右奉宸供奉。右補闕朱敬則諫曰:"臣聞志不可滿,樂不可極。嗜慾之情,愚智皆同,賢者能節之,不使過度,則前聖格言也。陛下内寵,已有薛懷義、張易之、昌宗,固應足矣。近聞尚舍奉御柳謨自言子良賓潔白美鬚眉,左監門衛長史侯詳云:陽道壯偉,過於薛懷義,專欲自進,

---

① 即李商隱。

堪奉宸內供奉。無禮無儀，溢於朝聽。臣愚職在諫諍，不敢不奏。"則天勞之曰："非卿直言，朕不知此。"賜綵百段。

據此，讀史者須知武曌乃皇帝或女主，而非太后，既非太后，而是皇帝，則皇帝應具備之禮制，武曌亦當備有之，區區易之、昌宗、懷義等男寵，較之唐代之皇帝後宮人數猶爲寡少也。否則朱敬則何以能昌言無忌諱，而武曌又何以公加賞慰，不自愧恥耶？世人又有疑武曌年事已高，何必畜此輩者，乃以史言爲過甚，殊不知賀蘭敏之亦且上烝其外祖母，亦即榮國夫人楊氏，計當時榮國之年齡必已五六十歲。榮國爲武后之生母，以此例之，則武后所爲何容置疑？且朱敬則疏中明言陽道壯偉是其碻證，此事頗涉猥褻，不宜多及，然世之通達古今風俗變遷者，自可捐棄其拘墟之見也。

武后掌握政權，固不少重大過失，然在歷史上實有進步之意義，蓋北朝之局勢由此而一變也。今以本文之限制，不能涉及其社會經濟上之重大措施，止就武曌於政治方面最重要者，如混合李、武兩家及維持其政治勢力甚久之故兩端論之如下：

《舊唐書》陸《則天皇后紀》云：

> ［聖曆二年（公元六九九年）］七月，上以春秋高，慮皇太子、相王①與梁王武三思、定王武攸寧等不協，令立誓文於明堂。

《大唐新語》壹《匡贊篇》略云：

---

① 皇太子、相王分指中宗、睿宗。

[吉]頊曰：“水土各一盆，有競乎？”則天曰：“無。”頊曰：“和之爲泥，有競乎？”則天曰：“無。”頊曰：“分泥爲佛，爲天尊，有競乎？”則天曰：“有。”頊曰：“臣亦以爲有。竊以皇族外戚各有區分，豈不兩安全耶？今陛下貴賤是非於其間，則居必競之地。今皇太子萬福，而三思等久已封建，陛下何以和之？臣知兩不安矣。”頊與張昌宗同供奉控鶴府，昌宗以貴寵，懼不全，計於頊。頊曰：“天下思唐德久矣，主上春秋高，武氏諸王殊非所屬意，公何不從容請復相王、廬陵①，以慰生人之望？”昌宗乃乘間屢言之。幾一歲，則天意乃易，既知頊之謀，乃召頊問。頊對曰：“廬陵、相王皆陛下子，高宗初顧託於陛下，當有所注意。”乃迎中宗。其興復唐室，頊有力焉。睿宗登極，下詔曰：“曩時王命中圮，人謀未輯，首陳反正之議，克創祈天之業，永懷忠烈，寧忘厥勳，可贈御史大夫。”

寅恪案，武曌以己身所生之李氏子孫與武氏近親混合爲一體，觀前所引《唐會要·公主門》所載，亦是一例，此吉頊所謂水土和爲泥者也。明乎此，則知神龍之復辟不能徹底，亦不必徹底，雖以狄仁傑之忠義，止可採用溫和手段，張柬之等亦止能誣指張易之、昌宗爲謀逆，挾持中宗以成事，而中宗後覺其有貪功迫母之嫌，柬之等遂初爲功臣後作罪人也。據《新唐書》壹壹伍《狄仁傑傳》【參《舊唐書》捌玖《狄仁傑傳》、《新唐書》壹貳拾《張柬之傳》】略云：

---

① 即中宗。

　　張易之嘗從容問自安計，仁傑曰："惟勸迎盧陵王可以免禍。"會后欲以武三思爲太子，以問宰相，衆莫敢對。仁傑曰："臣觀天人，未厭唐德。今欲繼統，非盧陵王莫可。"后怒，罷議。久之，召謂曰："朕數夢雙陸不勝，何也?"於是，仁傑與王方慶俱在，二人同辭對曰："雙陸不勝，無子也。天其意者以儆陛下乎? 且太子，天下本，本一搖，天下危矣。文皇帝①身蹈鋒鏑，勤勞而有天下，傳之子孫。先帝②寢疾，詔陛下監國。陛下掩神器而取之，十有餘年，又欲以三思爲後。且姑姪與母子孰親? 陛下立盧陵王，則千秋萬歲後常享宗廟，三思立，廟不祔姑。"后感悟，即日遣徐彥伯迎盧陵王於房州。王至，后匿王帳中，召見仁傑，語盧陵事。仁傑敷請切至，涕下不能止。后乃使王出曰："還爾太子。"仁傑降拜頓首曰："太子歸，未有知者，人言紛紛，何所信?"后然之，更令太子舍龍門，具禮迎還，中外大悅。初，吉頊、李昭德數請還太子，而后意不回，唯仁傑每以母子天性爲言，后雖忮忍，不能無感，故卒復唐嗣。仁傑所薦進，若張柬之、桓彥範、敬暉、姚崇等，皆爲中興名臣。

《舊唐書》玖壹《桓彥範傳》【《新唐書》壹貳拾《桓彥範傳》同，並參《舊唐書》壹捌柒上、《新唐書》壹玖壹《忠義傳·王同皎傳》】略云：

　　[張]柬之遽引彥範及[敬]暉並爲左右羽林將軍，委以禁

① 太宗諡號。
② 指高宗。

兵,共圖其事。時皇太子每於北門起居,彥範與暉因得謁見,密陳其計,太子從之。神龍元年(公元七零五年)正月,彥範與敬暉及左羽林將軍李湛、李多祚、右羽林將軍楊元琰、左威衛將軍薛思行等,率左右羽林兵及千騎五百餘人,討[張]易之、昌宗於宮中,令李湛、李多祚就東宮迎皇太子,兵至玄武門,彥範等奉太子斬關而入。時則天在迎仙宮之集仙殿。斬易之、昌宗於廊下。明日,太子即位。

《舊唐書》壹佰玖《李多祚傳》【《新唐書》壹壹拾《李多祚傳》同】略云:

> 李多祚,代爲靺鞨酋長。少以軍功歷位右羽林軍大將軍,前後掌禁兵,北門宿衛二十餘年。神龍初,張柬之將誅張易之兄弟,引多祚籌其事,謂曰:"將軍在北門幾年?"曰:"三十年矣。"柬之曰:"將軍位極武臣,豈非大帝之恩乎?"曰:"然。"又曰:"既感大帝殊澤,能有報乎? 大帝之子見在東宮,逆豎張易之兄弟擅權,朝夕危逼。誠能報恩,正屬今日。"多祚曰:"苟緣王室,唯相公所使。遂與柬之等定謀誅易之兄弟。"

《舊唐書》壹捌陸上《酷吏傳・吉頊傳》略云:

> 初,中宗未立爲皇太子時,[張]易之、昌宗嘗密問頊自安之策。頊云:"公兄弟承恩既深,非有大功於天下,則不全矣。今天下士庶感思李家,廬陵既在房州,相王又已幽閉,主上春秋既高,須有付託。武氏諸王,殊非屬意。明公若能從容請建立廬陵及相王,以副生人之望,豈止轉禍爲福,必長享茅土之

重矣。"易之然其言,遂承間奏請。則天知頊首謀,召而問之。頊曰:"盧陵王及相王,皆陛下之子,先帝顧託於陛下,當有主意,唯陛下裁之。"則天意乃定。頊既得罪,時無知者。睿宗即位,左右發明其事,乃下制贈左御史臺大夫。

《通鑑》貳壹陸玄宗天寶九載(公元七五零年)十月條【參《新唐書》壹佰肆《張行成傳》附《易之傳》】云:

> 楊剣,張易之之甥也,奏乞昭雪易之兄弟。庚辰,制引易之兄弟迎中宗於房陵之功,復其官爵,仍賜一子官。剣以圖讖有金刀,請更名。上賜名國忠。

《通鑑》貳佰捌唐中宗神龍元年五月"以侍中敬暉爲平陽王"條《考異》云:

> 《統紀》曰:太后善自粉飾,雖子孫在側,不覺其衰老。及在上陽宮,不復櫛頮,形容羸悴。上入見,大驚。太后泣曰:"我自房陵迎汝來,固以天下授汝矣,而五賊貪功,驚我至此。"上悲泣不自勝,伏地拜謝死罪。由是三思等得入其謀。按,中宗頑鄙不仁,太后雖毀容涕泣,未必能感動移其志,其所以疏忌五王,自用韋后、三思之言耳。今不取。

寅恪案,中宗之復辟實由張易之之力,睿、玄兩朝制詔可爲明證,五王貪功之譏恐難自解,故武后一言,而中宗頓悟,溫公作史,轉不置信,殊失是非之公,不可從也。至李多祚本爲武人,出自外族,忠而無識,易於受欺,可爲嘆息。總之,在李、武集團混合已成之後,當時謀復唐室者捨用狄仁傑解鈴者即繫鈴者之策略外,別無他途,而最有資格進言於武后之人亦捨張易之等外,更別無他輩,此當日事勢所必致,然讀史者多忽視之,故特爲標出如此。

兹請續論武后政治勢力所以久而不衰之故,蓋混合李、武兩家爲一體,已令忠於李者亦甚難不忠於武矣。又拔取人才,使甚感激,爲之効力,當日中國捨此輩才智之士外,別無其他可用之人,此輩才智之士得用於世,則感其知賞之殊遇,而武氏之政治勢力亦因得以延長也。

《李相國論事集》①陸上"言須惜官"條【參《新唐書》壹伍貳《李絳傳》】云:

> 天后朝命官猥多,當時有車載斗量之語,及開元中,致朝廷赫赫有名望事績者,多是天后所進之人。

《舊唐書》壹叁玖《陸贄傳》【參《陸宣公奏議》】略云:

> 贄論奏曰:"往者則天太后踐祚臨朝,欲收人心,尤務拔擢,弘委任之意,開汲引之門,進用不疑,求訪無倦,非但人得薦士,亦許自舉其才。所薦必行,所舉輒試,其於選士之道,豈不傷於容易哉!而課責既嚴,進退皆速,不肖者旋黜,才能者驟升,是以當代謂知人之明,累朝賴多士之用。此乃近於求才貴廣,考課貴精之効也。"

《新唐書》壹貳肆《姚崇傳》【參《舊唐書》玖陸《姚崇傳》】略云:

> 張易之私有請於崇,崇不納,易之譖於[武]后,降司僕卿,

---

① 李相國即李絳。

猶同鳳閣鸞臺三品。出爲靈武道大總管。張柬之等謀誅二張
（易之、昌宗），崇適自屯所還，遂參計議。以功封梁縣侯。后遷
上陽宮，中宗率百官起居，王公更相慶，崇獨流涕。柬之等曰：
"今豈涕泣時邪？恐公禍由此始。"崇曰："比與討逆，不足以語
功。然事天后久，違舊主而泣，人臣終節也，由此獲罪，甘心
焉。"俄爲亳州刺史。後五王被害，而崇獨免。張説以素憾，諷
趙彦昭劾崇，及當國，説懼，潛詣岐王[範]申款。崇它日朝，衆
趨出，崇曳踵爲有疾狀。帝（玄宗）召問之，對曰："臣損足。"曰：
"無甚痛乎?"曰："臣心有憂，痛不在足。"問以故，曰："岐王陛下
愛弟，張説輔臣，而密乘車出入王家，恐爲所誤，故憂之。"於是
出説相州。

據此，武氏之政治勢力至玄宗朝而不稍衰歇，姚崇、張説雖爲
政敵，然皆武氏之黨，不過有派別之分耳，李絳、陸贄之言殊可
信也。

武曌所組織之統治集團內既有派別，則自中宗神龍初至玄宗
先天末，其間唐代中央數次政變之情勢可以瞭然。韋后、安樂公主
等一派與太平公主、玄宗等一派相爭，前派敗而後派勝，此固武曌
組織之大集團內派別之爭也。即太平公主等與玄宗等之爭，則此
一派中又分爲兩派，自相競爭，而有勝敗也。其分別雖多，要爲此
大集團內之競爭。至若重俊之舉兵，乃以局外之孤軍，而與此大集
團決鬥，强弱懸殊，宜其失敗也。

兹引有關史料於下：

《舊唐書》伍壹《后妃傳上·中宗韋庶人傳》【《新唐書》柒陸《后妃傳上·韋皇后傳》同,並參考《舊唐書》壹捌叁、《新唐書》貳佰陸《外戚傳·韋溫傳》】略云:

> 時侍中敬暉謀去諸武,武三思患之,乃結上官氏以爲援,因得幸於后,潛入宮中謀議。於是三思驕橫用事,敬暉、王同皎相次夷滅,天下咸歸咎於后。帝【中宗】遇毒暴崩,后懼,秘不發喪,定策立溫王重茂爲皇太子,召諸府兵五萬人屯京城,分爲左右營,然後發喪。少帝即位,尊后爲皇太后,臨朝攝政,韋溫總知內外兵馬,守援宮掖,駙馬韋捷、韋濯分掌左右屯營,武延秀及溫從子播、族弟璿、外甥高嵩共典左右羽林軍及飛騎、萬騎。播、璿欲先樹威嚴,拜官日先鞭萬騎數人,衆皆怨,不爲之用。臨淄王【玄宗】率薛崇簡、鍾紹京、劉幽求領萬騎入自玄武門,至左羽林軍,斬將軍韋璿、韋播及中郎將高嵩於寢帳,遂斬關而入,至太極殿。后惶駭逃入殿前飛騎營,爲亂兵所殺。

同書捌陸《節愍太子重俊傳》【《新唐書》捌壹《節愍太子重俊傳》同】略云:

> 時武三思得幸中宮,深忌重俊。三思子崇訓尚安樂公主,常教公主凌忽重俊,以其非韋氏所生,常呼之爲奴。或勸公主請廢重俊爲王,自立爲皇太女,重俊不勝忿恨。[神龍]三年(公元七零七年)七月,[重俊]率左羽林大將軍李多祚等矯制發左右羽林兵及千騎三百餘人,殺[武]三思及[武]崇訓於其

第。又令左金吾大將軍成王千里分兵守宮城諸門，自率兵趨
蕭章門，斬關而入，求韋庶人及安樂公主所在。韋庶人及安樂
公主遽擁帝【中宗】馳赴玄武門樓，召左羽林將軍劉景仁等，令
率留軍飛騎及百餘人於樓下列守。俄而多祚等兵至，欲突玄武
門樓，宿衛者拒之，不得進。帝據檻呼多祚等所將千騎，謂曰：
"汝等並是我爪牙，何故作逆？若能歸順，斬多祚等，與汝富貴。"
於是千騎王歡喜等倒戈，斬多祚等於樓下，餘黨遂潰散。

《新唐書》捌叁《諸公主傳》略云：

安樂公主，[中宗]最幼女。[韋后所生，]后尤愛之。下嫁
武崇訓。帝【中宗】復位，光豔動天下，侯王柄臣多出其門。請
爲皇太女，左僕射魏元忠諫不可。主曰："元忠，山東木強，烏
足論國事？'阿武子'尚爲天子，天子女有不可乎？"崇訓死。主
素與武延秀亂，即嫁之。臨淄王【玄宗】誅[韋]庶人，主方覽鏡
作眉，聞亂，走至右延明門，兵及，斬其首。

又略云：

太平公主，則天皇后所生。帝【高宗】擇薛紹尚之。紹死，
更嫁武承嗣，會承嗣小疾，罷婚，后殺武攸暨妻，以配主。韋
后、上官昭容用事，自以謀出主下遠甚，憚之。玄宗將誅韋氏，
主與秘計，遣子崇簡從。事定，將立相王，未有以發其端者。
主乃入見[溫]王①曰："天下事歸相王【睿宗】，此非兒所坐。"乃

---

① 即李重茂。

掖王下，取乘輿服進睿宗。睿宗即位，主權由此震天下。玄宗以太子監國，使宋王[憲]、岐王[範]總禁兵。主恚權分，乘輦至光範門，召宰相，白廢太子。時宰相七人，五出主門下。又左羽林大將軍常元楷、知羽林軍李慈皆私謁主。主內忌太子明，又宰相皆其黨，乃有逆謀。太子得其姦，前一日，率高力士叩虔化門，梟元楷、慈於北闕下，執[宰相岑]羲、[蕭]至忠至朝堂，斬之。主聞變，亡入南山，三日乃出，賜死於第。

《舊唐書》捌《玄宗紀》上【《新唐書》伍《玄宗紀》及《通鑑》貳佰玖景雲元年(公元七一零年)六月條同】略云：

[唐隆元年(公元七一零年)六月]庚子夜，[上]率[劉]幽求等數十人自苑南入，總監鍾紹京又率丁匠百餘以從。分遣萬騎往玄武門，殺羽林將軍韋播、高嵩，持首而至，衆歡叫大集。攻白獸、玄德等門，斬關而進，左萬騎自左入，右萬騎自右入，合於凌煙殿前。時太極殿前有宿衛梓宮萬騎，聞譟聲，皆披甲應之。韋庶人惶惑走入飛騎營，爲亂兵所害。

同書壹佰陸《王毛仲傳》【《新唐書》壹貳壹《王毛仲傳》同】云：

[景龍]四年(公元七一零年)六月，中宗遇弒，韋后稱制，令韋播、高嵩爲羽林將軍，令押千騎營【寅恪案，《通鑑》"千"作"萬"，是，蓋中宗已改千騎爲萬騎矣，溫公之精密有如是者】，榜箠以取威。其營長葛福順、陳玄禮等相與見玄宗訴冤，會玄宗已與劉幽求、麻嗣宗、薛崇簡等謀擧大計，相顧益歡，令幽求諷之，皆願決死從命。及二十日夜，玄宗入苑中。乙夜，福順

等至，玄宗曰："與公等除大逆，安社稷，各取富貴，在於俄頃，何以取信?"福順等請號而行，斯須斬韋播、韋璿、高嵩等頭來，玄宗舉火視之。又召鍾紹京領總監丁匠刀鋸百人至，因斬關而入，后及安樂公主等皆爲亂兵所殺。

　　寅恪案，韋氏在此集團內競爭之失敗，其主因自在韋后、安樂公主等之無能力所致，蓋武曌拔取之人才皆不爲之用故也。韋氏敗後，當時此等人才及其他非武曌所拔取，而以趨附勢利，成爲武氏之黨者，又分屬於太平公主及玄宗兩派，玄宗派如姚崇、宋璟等較太平公主派如岑羲、蕭至忠等才略爲優，故玄宗勝而太平公主敗。然此兩派亦皆與武曌有直接或間接之關係者。其中有最可注意之人，即是高力士，此人潛身宮禁，實爲武氏政治勢力之維持者，蓋與玄宗一生之政治生活發生密切關係，殆有過於專任之宰臣或鎮將者，因文武大臣之任用止限於外朝及邊境，且任用期間亦不及力士之長久也。

　　玄宗政權自來分爲開元、天寶兩時期，以先天時期甚短，且此時期玄宗尚未能完全行使其政權之故。開元時如姚崇、宋璟、張說、張九齡等先後任將相，此諸人皆爲武曌所拔用，故亦皆是武氏之黨，固不待論。即天寶時最有實權之宰相，先爲李林甫，後爲楊國忠，此二人之任用實與力士有直接或間接之關係，故亦不可謂不與武氏有關係也。此武氏政治勢力自高宗初年至玄宗末年雖經神龍之復辟，而歷久不衰之主因，力士在玄宗朝其地位重要亦可以推知矣。茲引舊史及其他有關材料，略論之於下：

《舊唐書》壹捌肆《宦官傳·高力士傳》略云：

內官高延福收爲假子，延福出自武三思家，力士遂往來三思第。則天召入禁軍。

同書壹佰陸《李林甫傳》略云：

武惠妃愛傾後宮，二子壽王、盛王以母愛特見寵異，太子瑛益疏薄。林甫多與中貴人善，乃因中官干惠妃云：願保護壽王。惠妃德之。初，侍中裴光庭妻武三思女，詭譎有才略，與林甫私。中官高力士本出三思家，及光庭卒，武氏銜哀，祈於力士，請林甫代其夫位，力士未敢言。玄宗使中書令蕭嵩擇相，嵩久之以右丞韓休對，玄宗然之，乃令草詔。力士遽漏於武氏，乃令林甫白休。休既入相，甚德林甫，與嵩不和，乃薦林甫堪爲宰相，惠妃陰助之，因拜黃門侍郎。[開元二十三年（公元七三五年）]爲禮部尚書、同中書門下三品。

《唐會要》叁《皇后門》【參《通鑑》貳壹叁開元十四年（公元七二六年）"上欲以武惠妃爲皇后"條《考異》】略云：

[玄宗貞順]皇后武氏，恒安王攸止女。攸止卒後，后尚幼，隨例入宮。及王皇后廢，賜號惠妃，宮中禮秩一同皇后。初，[開元]十四年四月，侍御史潘好禮聞上欲以惠妃爲皇后，進疏諫曰："臣聞《禮記》曰：'父母之讎不可共戴天。'《公羊傳》曰：'子不復父讎，不子也。'陛下豈得欲以武氏爲國母，當何以見天下之人乎？不亦取笑於天下乎？又，惠妃再從叔三思、從父延秀等，並干亂朝綱，遞窺神器，豺狼同穴，梟獍同林。至如

惡木垂陰，志士不息，盜泉飛溢，正夫莫飲，良有旨哉。伏願陛
下慎擇華族之女，必在禮義之家，且惠妃本是左右執巾櫛者
也，不當參立之。又見人間盛言，尚書左丞相張說自被停知政
事之後，每諂附惠妃，誘盪上心，欲取立后之功，更圖入相之
計。且太子本非惠妃所生，惠妃復自有子，若惠妃一登宸極，
則儲位實恐不安。臣職參憲府，感激懷憤，陛下留神省察。"
【蘇冕駁曰：此表非潘好禮所作。且好禮，先天元年（公元七一
二年）爲侍御史，開元十二年［公元七二四年］爲溫州刺史致
仕。表是十四年獻，而云"職參憲府"，若題年恐錯，即武惠妃
先天元年始年十四，王皇后有寵未衰，張說又未爲右丞相，竟
未知此表是誰獻之。】

寅恪案，李林甫爲天寶前期政治之中心人物，其所以能致是
者，則由於高力士、武惠妃之助力，此亦玄宗用人行政深受武氏影
響之明證，而武氏政治勢力至是猶未衰歇，可以想見也。

復次，肅宗之得立爲太子當亦與武氏之黨有關。不過與當日
武氏政治勢力之中心未能發生特別關係，所以皇位繼承權亦不甚
穩固，後來靈武內禪之舉恐亦非得已也。據《舊唐書》伍貳《后妃傳
下·玄宗元獻皇后傳》【參《次柳氏舊聞》中第一事】略云：

玄宗元獻皇后楊氏，弘農華陰人。曾祖士達，天授中，以
則天母族，追封士達爲鄭王。后景雲元年八月，選入太子宮。
時太平公主用事，尤忌東宮。宮中左右持兩端，而潛附太平者
必陰伺察，事雖纖芥，皆聞於上，太子心不自安。后時方娠，太

子密謂張説曰:"用事者不欲吾多息胤,恐禍及此婦人,其如之
何?"密令説懷去胎藥而入。太子於曲室躬自煮藥,醺然似寐,
夢神人覆鼎。既寤如夢,如是者三。太子異之,告説。説曰:
"天命也,無宜他慮。"既而太平誅,后果生肅宗。開元中,肅宗
爲忠王,后爲妃,又生寧親公主。張説以舊恩特承寵異,説亦
奇忠王儀表,必知運曆所鍾,故寧親公主降説子垍。開元十七
年(公元七二九年)后薨。

可知肅宗母爲武曌外家,張説復爲武氏之黨,此其所以終能立爲太
子,而又因其關係不及武惠妃諸子與武氏關係之深切,所以雖在儲
位,常危疑不安也。

　　天寶後期中央之政權在楊國忠之手,而國忠之進用全由於楊
貴妃之專寵,此爲不待考辨之事。今所欲論者,止貴妃何以入宮之
問題而已。略錄有關史料於下:

　　《新唐書》柒陸《后妃傳上・楊貴妃傳》【參《舊唐書》伍壹《后妃
傳上・玄宗楊貴妃傳》】略云:

　　　玄宗貴妃楊氏,隋梁郡通守汪四世孫。徙籍蒲州,遂爲永
　　樂人。始爲壽王妃。開元二十四【寅恪案,四應作五,詳見拙
　　著《元白詩箋證稿・長恨歌章》】年(公元七三六年),武惠妃
　　薨,後廷無當帝意者。或言妃資質天挺,宜充掖庭,遂召内禁
　　中,異之,即爲自出妃意者,丐籍女官,號"太真",更爲壽王聘
　　韋昭訓女,而太真得幸,遂專房宴,宮中號"娘子",儀體與皇后
　　等。天寶初,進册貴妃。

《白氏長慶集》壹貳《長恨歌傳》略云：

　　玄宗在位歲久，倦於旰食宵衣，政無小大始委於右丞相【李林甫】，深居遊宴，以聲色自娛。先是，元獻皇后、武淑妃【即武惠妃】皆有寵，相次即世，宮中雖良家子千數，無可悅目者，上心忽忽不樂。【中略】詔高力士潛搜外宮，得弘農楊玄琰女於壽①邸。

《楊太真外傳》上【參拙著《元白詩箋證稿·長恨歌章》】云：

　　開元二十二年（公元七三四年）十一月［楊妃］歸於壽邸。二十八年（公元七四零年）十月玄宗幸溫泉宮，使高力士取楊氏女於壽邸，度爲女道士，號"太真"，住內太真宮。天寶四載（公元七四五年）七月，冊左衛中郎將韋昭訓女配壽邸。是月於鳳凰園冊太真宮女道士楊氏爲貴妃。

據此，楊貴妃爲武惠妃之代替人，所謂"娘子"者，即今世俗"太太"之稱，蓋以皇后視之。若貴妃死於安祿山亂前，玄宗必追贈爲皇后，如武惠妃之例也。又貴妃之入宮，乃由高力士之搜拔，觀前引后妃公主諸史料，知唐皇室之婚姻與此集團有密切關係，此集團爲武曌所組成，高力士爲武氏死黨，其所搜拔自不出於此集團之外，可以無疑。據《新唐書》柒壹下《宰相世系表》"楊氏"條云：

　　太尉震，子奉，八世孫結，二子：珍、繼，至順，徙居河中永樂。

---

① 即壽王李瑁。

楊貴妃即出此房，此房雖非武瞾外家近屬，然就貴妃曾選爲壽王妃一點觀之，知其亦屬於此大集團，不過爲距核心較遠之外圍人物耳。世人往往以貴妃之色藝爲當時大唐帝國數千萬女性之冠，鄙意尚有疑問，但其爲此集團中色藝無雙之人，則可斷言，蓋力士搜拔之範圍原有限制，而玄宗亦爲武黨所包圍蒙蔽故也。

綜括言之，此一集團武瞾創組於大帝之初，楊玉環結束於明皇之末者也。唐代自高宗至玄宗爲文治武功極盛之世，即此集團居最高統治地位之時，安禄山亂起，李唐中央政府已失統治全國之能力，而此集團之勢力亦衰竭矣。故研究唐之盛世者不可不研究此集團，特爲論述其組成及變遷之概略，以供治吾國中古史者之參考。

原載《歷史研究》一九五四年第壹期

論唐代之蕃將與府兵

　　唐代武功自開國至玄宗爲最盛時代。此時期之兵力可分爲蕃將及府兵兩類。其關於府兵者，寅恪已於拙著《隋唐制度淵源略論稿·兵制章》述其概要，然止限於府兵創設及初期與後期不同諸點，其他未遑多及。至於蕃將，則世之讀史者，僅知蕃將與唐代武功有密切重要關係，而不知其前期之蕃將與後期之蕃將亦大有分別在也。今請先論李唐開國之初至玄宗時代之蕃將，玄宗後之蕃將問題，則本文姑不涉及。次論李唐開國之初至玄宗時代之府兵，而專就太宗、武后、玄宗三人關於此兩種武力組織之政策，略加論辨，或可供治唐史者之參考歟？

　　唐之開國，其兵力本兼府兵蕃將兩類，世人習見唐承西魏、北周、隋代之後，太宗之武功又照耀千古，遂誤認太宗之用兵其主力所在，實爲府兵，此大謬不然者也。兹舉一例，證成鄙説於下：

《貞觀政要》貳《納諫篇》略云：

　　　右僕射封德彝等，並欲中男十八已上，簡點入軍。敕三四出，[魏]徵執奏，以爲不可。德彝重奏：今見簡點者云，次男內大有壯者。太宗怒，乃出敕：中男以上，雖未十八，身形壯大，亦取。徵又不從，不肯署敕。徵曰：“且比年國家衛士，不堪攻戰。豈爲其少？但爲禮遇失所，遂使人無鬭心。”

《通鑑》壹玖貳武德九年(公元六二六年)十二月"上遣使點兵"條胡注云：

> 唐制，民年十六爲中男，十八始成丁，二十一爲丁，充力役。

寅恪案，魏徵所謂"國家衛士"即指府兵而言。蓋府兵之制，更番宿衛，故稱之爲"衛士"也。由此可知武德之世，即李唐開國之時代，其府兵實"不堪攻戰"也。[1]然則此時期太宗頻年用兵，內安外攘。高宗繼之，武功之盛，照耀史乘。其所用之兵，主力部分必非"不堪攻戰"之府兵。既非府兵，其主力果爲何種兵耶？治史者習知唐代之蕃將關係重要，故《新唐書》特爲蕃將立一專傳。茲擇其最有關者節錄之，並略附《舊唐書·西戎傳》有關之文如下：

《新唐書》壹壹拾《諸夷蕃將傳》略云：

> 史大奈，本西突厥特勒【勤】也。與處羅可汗入隋，事煬帝，從伐遼。後分其部於樓煩。高祖興太原，大奈提其衆隸麾下。桑顯和戰飲馬泉，諸軍却。大奈以勁騎數百，背擊顯和，破之。軍遂振。從平長安，賜姓史。從秦王平薛舉、王世充、竇建德、劉黑闥。

> 阿史那社爾，突厥處羅可汗之次子。[貞觀]十四年(公元六四零年)，以交河道行軍總管平高昌，封畢國公。從征遼東，

---

[1] 編者案，國家衛士即府兵之説僅有此孤證。再者，魏徵主張偃武修文，其此番言論意在説明，"國家衛士"不能攻戰，並非由於人少，故無必要將兵源擴至十六七歲之中男。

所部奮屬，皆有功。二十一年（公元六四七年），以崑丘道行軍大總管與契苾何力、郭孝恪、楊弘禮、李海岸等五將軍發鐵勒十三部及突厥騎十萬討龜茲。

執失思力，突厥酋長也。及討遼東，詔思力屯金山道，領突厥扞薛延陀。復從江夏王道宗破延陀餘衆。與平吐谷渾。

契苾何力，鐵勒哥論易勿施莫賀可汗之孫。〔貞觀〕九年（公元六三五年），與李大亮、薛萬徹、萬均討吐谷渾於赤水川。十四年，爲葱山道副大總管，與討高昌，平之。永徽中，西突厥阿史那賀魯叛。詔何力爲弓月道大總管，率左武衛大將軍梁建方，統秦、成、岐、雍及燕然都護迴紇兵八萬討之。

黑齒常之，百濟西部人。儀鳳三年（公元六七八年），從李敬玄、劉審禮擊吐蕃。調露中，吐蕃使贊婆等入寇，屯良非川。常之引精騎三千夜襲其軍，即拜河源道經略大使。凡蒞軍七年，吐蕃懾畏，不敢盜邊。垂拱中，突厥復犯塞，常之率兵追擊，至兩井。賊夜遁。久之，爲燕然道大總管，與李多祚、王九言等擊突厥骨咄禄、元珍於黃花堆，破之。

李謹行，靺鞨人。父突地稽，部酋長也。隋末，率其屬千餘內附，居營州。劉黑闥叛，突地稽身到定州，上書秦王，請節度。以戰功封耆國公。徙部居昌平。高開道以突厥兵攻幽州，突地稽邀擊，敗之。貞觀初，賜氏李。

《舊唐書》壹玖捌《吐谷渾傳》略云：

　　貞觀九年，詔特進李靖爲西海道行軍大總管，并突厥、契苾之衆以擊之。

同書同卷《高昌傳》略云：

[貞觀十四年]太宗乃命吏部尚書侯君集爲交河道大總管，率左屯衛大將軍薛萬均及突厥、契苾之衆，步騎數萬衆以擊之。

寅恪案，觀上引史料，固知太宗以府兵"不堪攻戰"，而以蕃將爲其武力之主要部分矣。但詳繹史文，則貞觀四年（公元六三零年）破滅突厥頡利可汗之前，其蕃將如史大奈、突地稽等以外，亦未見太宗有何重用蕃將之事。然則貞觀四年以前，太宗對內對外諸戰爭，究用何種兵力，以補救其"不堪攻戰"之府兵耶？寅恪嘗擬此問題之答案，即太宗未大用蕃將以前，其主要兵力實寄託於所謂"山東豪傑"集團。至"山東豪傑"與唐代初期之重要關係，寅恪已於拙著《論隋末唐初所謂"山東豪傑"》一文詳言之，故不贅論，讀者可取參閱也。

治唐史者習知唐之用蕃將矣。然似未能辨唐代初期即太宗、高宗之用蕃將，與後來玄宗之用蕃將有重要之區別。蓋此兩期爲唐代武功最盛時代，而蕃將又多建戰功。若籠統含混，視爲同一，則於史事之真相及太宗、玄宗之用心，皆不能了知。請舉一例以證明之。

《舊唐書》壹佰陸《李林甫傳》云：

國家武德、貞觀以來，蕃將如阿史那社爾、契苾何力，忠孝有才略，亦不專委大將之任，多以重臣領使以制之。開元中，張嘉貞、王晙、張說、蕭嵩、杜暹皆以節度使入知政事。林甫固位，志欲杜出將入相之源。嘗奏曰："文士爲將，怯當矢石，不如用寒族、蕃人。蕃人善戰有勇。寒族即無黨援。"帝以爲然，乃用［安］思順代林甫領［朔方節度］使。自是高仙芝、哥舒翰皆專任大將。林甫利其不識文字，無入相由。然而禄山竟爲亂階，由專得大將之任故也。

據此，可知太宗所任之蕃將爲部落酋長，而玄宗所任之蕃將乃寒族胡人。[①]太宗起兵太原，與突厥酋長結"香火盟"，誼同骨肉。若自突厥方面觀之，則太宗亦是與突厥同一部之酋長，所謂"特勤"之類也。此點寅恪於拙著《論唐高祖稱臣於突厥事》一文中詳證之，兹不贅論。太宗既任部落之酋長爲將帥，則此部落之酋長必率領其部下之胡人，同爲太宗効力。功業成後，則此酋長及其部落亦造成一種特殊勢力，如唐代中世以後藩鎮之比。至若東突厥敗亡後而又復興，至默啜遂併吞東西兩突厥之領土，而建立一大帝國，爲中國大患。歷數十年，至玄宗初期，以失政内亂，遂自崩潰。此貞觀以來任用胡族部落酋長爲將領之覆轍，宜玄宗以之爲殷鑒者也。職此之故，玄宗之重用安禄山，其主因實以其爲雜種賤胡。【詳見拙著《唐代政治史述論稿》上篇。】哥舒翰則其先世雖爲突厥部落酋長，然至翰之身，已不統領部落，失其酋長之資格，不異於寒族之

---

① 　編者案，此處指寒門身份之胡人，而《李林甫傳》所言爲寒族和蕃人。高仙芝、哥舒翰均非寒族出身。

蕃人。是以玄宗亦視之與安禄山相等，而不慮其變叛，如前此復興東突厥諸酋長之所爲也。由是言之，太宗之用蕃將，乃用此蕃將及其所統之同一部落。玄宗之用蕃將，乃用此蕃將及其統領之諸種不同之部落也。太宗、玄宗任用蕃將之類別雖不同，而有任用蕃將之必要則相等。蕃將之所以被視爲重要者，在其部落之組織及騎射之技術。茲請先言其騎射之技術如下：

《新唐書》伍拾《兵志》略云：

唐之初起，得突厥馬二千四，又得隋馬三千於赤岸澤，徙之隴右，監牧之制始於此。初，用太僕少卿張萬歲領群牧。自貞觀至麟德四十年間，馬七十萬六千。方其時，天下以一縑易一馬。萬歲掌馬久，恩信行於隴右。自萬歲失職，馬政頗廢。永隆中，夏州牧馬之死失者十八萬四千九百九十。開元初，國馬益耗。太常少卿姜晦乃請以空名告身市馬於六胡州，率三十匹讎一游擊將軍。命王毛仲領內外閑厩。毛仲既領閑厩，馬稍稍復，始二十四萬。至十三年（公元七二五年），乃四十三萬。其後突厥款塞，玄宗厚撫之。歲許朔方軍西受降城爲互市，以金帛市馬，於河東、朔方、隴右牧之。既雜胡種，馬乃益壯。議謂秦、漢以來，唐馬最盛。［天寶］十三載（公元七五四年），隴右群牧都使奏，馬三十二萬五千七百。安禄山以內外閑厩都使兼知樓煩監，陰選勝甲馬歸范陽，故其兵力傾天下。

寅恪案，騎馬之技術本由胡人發明。其在軍隊中有偵察敵情及衝陷敵陣兩種最大功用。實兼今日飛機、坦克二者之効力，不僅騎兵運動迅速靈便，遠勝於部卒也。中國馬種不如胡馬優良。漢武帝之求良馬，史乘記載甚詳，後世論之者亦多，兹不贅述。即就上引史料觀之，則唐代之武功亦與胡地出生之馬及漢地雜有胡種之馬有密切關係，自無待言。至弓矢之用，若不與騎馬配合，則僅能防守，而不能進攻，只可處於被動之地位，而無以發揮主動進攻之效用。故言射而不言騎，則止得軍事技術之一面。若騎射並論，自必師法胡人，改畜胡種之馬，且任胡人血統之人主持牧政。此必然之理，必致之勢。今所存唐代馬政之史料雖衆，要不出此範圍也。

至軍隊組織，則胡人小單位部落中，其酋長即父兄，任將領。其部衆即子弟，任兵卒。即本爲血胤之結合，故情誼相通，利害與共。遠較一般漢人以將領空名，而統率素不親切之士卒者爲優勝。此點以寅恪之淺陋，唯見宋呂頤浩所論，最得其要領【四庫珍本《忠穆集》壹上《邊禦十策》】。讀者可於呂文詳究之也。

玄宗所用蕃將爲寒族胡人，如安禄山等，與太宗所用蕃將爲部落酋長，如阿史那社爾等，兩者既大不相同矣。或疑寒族胡人以非酋長之故，無與之相同血胤部卒可統率，其所領士兵，亦將同於漢將所領者不異，則蕃將雖長於騎射之技，而部隊却失去組織嚴整之效，何以玄宗必用蕃人爲大將耶？應之曰，玄宗所用蕃將，其本身雖非酋長，無直接之部屬，但其人則可統率其他諸不同胡族之部落。質言之，即是一諸不同胡族部落之最高統帥。蓋玄宗時默啜帝國崩潰後，諸不同胡族之小部落紛雜散居於中國邊境，或漸入内地。安禄山以雜種胡人之故，善於撫綏諸胡種，且其武力實以同一血統之部落爲單位，如併吞阿布思之同羅部落及畜義子爲"曳落河"，即收養諸雜類勇壯之人，編成軍隊，而視爲同一血統之部落。職此之故，其人數必非寡少。《通鑑》貳壹陸玄宗天寶十載（公元七五一年）述安禄山收養"曳落河"八千餘人事。司馬君實於其所著《考異》中以養子必無八千之數，而疑姚汝能之説爲不合，則殊未解胡人部落之制也。此種方法後來安史餘黨胡化漢人田承嗣輩亦遵依之，遂創啓唐末五代之"衙兵"，或唐人小説紅綫故事中所謂"外宅男"者是也【詳見姚汝能《安禄山事迹》上、《新唐書》貳貳伍上《安禄山傳》及拙著《唐代政治史述論稿》上篇】。上述安禄山及其餘黨所爲皆足爲例證。故玄宗之用蕃將，除用其騎射之技外，更兼取其部落組織嚴整之長。此點實與太宗用蕃將之心理未嘗有別也。

太宗之時，府兵雖"不堪攻戰"，但亦未致全部廢弛之階段。太宗一方面權用蕃將，以補府兵之缺點，一方面仍竭力增加及整頓府兵，以期恢復府兵盛時之原狀。故太宗時之武功，固以蕃將部落爲主力，然太宗貞觀以後，至於玄宗之世，府兵於逐漸衰廢之過程中，仍有傑出之人才，並收攻戰之效用。觀後引史傳，可以證知也。惟唐代河北設置府兵問題爲治唐史者所亟待解決者，近時頗有不同之論，茲略述鄙見於下：

《玉海》壹叁捌《兵制門》"唐府兵"條引《唐會要》云：

關内置府二百六十一，精兵士二十六萬，舉關中之衆以臨四方。又置折衝府二百八十【此是貞觀十年（公元六三六年）

事】,通計舊府六百三十三。河東道府額亞於關中。河北之地,人多壯勇,故不置府。其諸道亦置。

《玉海》壹叁捌《兵制門》引《鄴侯家傳》云:

> 玄宗時,奚、契丹兩蕃强盛,數寇河北諸州,不置府兵番上,以備兩蕃。

寅恪案,《鄴侯家傳》無傳世完本,惟可據《通鑑》及《玉海》諸書引述者,加以論釋。雖其中頗多誤失,如言唐玄宗時禁軍已有六軍之類,寅恪亦嘗徵引前人舊說及鄙意辨正之矣【見拙著《元白詩箋證稿・長恨歌章》】。但關於河北初不置折衝府事,則鄙意以爲甚得當時情勢之實,雖有時代差錯,而無文字之譌誤也。近日谷霽光君於其所著《唐折衝府考校補》【在《二十五史補編》】論《鄴侯家傳》紀此事文字有誤,其言云:

> 上引一段事實,多不可通解。如"不置府兵,以備兩蕃"一句,語意不相屬,既謂之不置府兵,何云"番上",更何云"備蕃"。此其一。兩蕃入寇,與不置府兵文義亦自相違。此其二。末又指出兵府總數,不記年代,易於混亂。此其三。綜觀全傳,不應致此。余疑"不"字乃"又"字之誤。如將"不置府兵"易爲"又置府兵",則文義連屬,於史實亦不背謬。

寅恪案,若上引史料中"不"字果爲"又"字之誤,則《新唐書》叁玖《地理志》"河北道幽州大都督府"條云:

> 有府十四,曰呂平、涿城、德聞、潞城、樂上、清化、洪源、良鄉、開福、政和、停驂、柘河、良杜、咸寧。

是此等河北道之折衝府皆非玄宗以前所設置者。但據陸增祥《八瓊室金石補正》肆陸《本願寺僧慶善等造幢題名》【第伍面下載"長安三年(公元七零三年)乞留檢校令裴琳記在獲鹿本願寺"】云：

應天神龍皇帝【中宗】、順天翊聖皇后【韋后】①、幢主昭武校尉右屯衞前檀州密雲府左果毅都尉上柱國孫義元。

《楊盈川集》陸《後周明威將軍梁公神道碑》云：

天授元年(公元六九零年)九月十六日加威武將軍，守左玉鈐衞翊善府折衝都尉。

羅振玉《唐折衝府考補》云：

河北道懷州翊善【勞補】。

《唐李經墓誌》："授懷州翊善府別將。"②玉案，勞氏據楊炯撰《梁待賓神道碑》補此府，不知何屬。據誌，知屬懷州。

則知武則天、中宗之時河北道實已設置折衝府矣。唐高祖以劉黑闥重反之故，竟欲盡殺河北丁壯，以空其地【詳見拙著《論隋末唐初所謂"山東豪傑"》】。蓋河北之人以豪强著稱，實爲關隴集團之李唐皇室所最忌憚。故太宗雖增置兵府，而不於河北之地設置折衝府者，即因於此。此《玉海》引《唐會要》所謂"河北之地，人多壯勇，

---

① 中宗、韋后於神龍三年(公元七零七年)八月上尊號。此條年代有誤。

② 編者案：此墓爲李經與夫人之合葬墓。李經歿於神龍元年(公元七零五年)，與夫人合葬於天寶九載(公元七五零年)。據此，夫人應剛過世不久。以享年八十(七十九歲)推算，其生年應爲武德九年(公元六二六年)。假設李經與妻同齡，其授翊善府別將時年紀二十三(二十二歲)，即貞觀二十二年(公元六四八年)。見周紹良、趙超編《唐代墓誌彙編》下，頁1638—1639。

故不置府。其諸道亦置"者也。①至武則天以山東寒族攫取政權之後，轉移全國之重心於洛陽，即《舊唐書》陸《則天皇后紀》所云：

> ［載初二年（公元六九零年）］七月，徙關內雍、同等七州户數十萬以實洛陽。

者是也。蓋武后以前，唐承西魏、北周、楊隋之遺業，以關隴爲本位，聚全國之武力於此西北一隅之地，藉之宰制全國，即《玉海》引《唐會要》所謂"舉關中之衆，以臨四方"者。又據《唐會要》捌肆《移户門》云：

> 貞觀元年朝廷議，户殷之處聽徙寬鄉。陝州刺史崔善爲上表曰："畿內之地是爲殷户，丁壯之民悉入軍府。若聽移轉，便出關外。此則虛近實遠，非經通之義。"其事遂止。

寅恪案，崔善爲言"畿內之地是爲殷户，丁壯之民悉入軍府"，實深得唐初府兵設置分配之用意，故不容許移徙畿內之民户，東出關外也。今武后徙雍、同等州之民户，以實洛陽，即是將全國武力之重心自關中而移於山東。河北之地即在山東區域之內。若非武后之世，決不能有此違反唐高祖、太宗以來傳統之政策。故今日所存之史料中，河北道兵府之設置，其時代在玄宗以前，武后以後，實與唐代當日之情勢相符應也。國內情勢既改，而東突厥復興，國外情勢又因之大變，此兩大原因乃促成河北自武則天後始置兵府之真相。特《鄴侯家傳》以之下屬玄宗之世，時代未免差錯。至其文

---

① 太宗至晚於貞觀末年已在河北置府。見前注。

中"不"字是否"又"字之譌誤，或字句有脫漏，恐須更待考證也。

太宗雖增加及整頓府兵，冀能一掃前此"不堪攻戰"之弊，而可不必倚賴蕃將。然在其生存之日，蓋未及收府兵之效用也。及太宗崩殂之後，府兵之效始漸表現。觀下引史料，亦足證知武后至玄宗朝，其漢人名將實與府兵有關，即可推見太宗增加及整頓府兵之心力，亦非虛捐矣。至郭子儀父子皆與折衝府有關，而子儀復由武舉出身。武舉本由武瞾創設【見《新唐書》伍拾《兵志》】。此則武后用詞科進士拔選文士之外，又別設置武舉，拔選武人。其各方面搜羅人材之方策，可謂不遺餘力。斯亦治史者所不容忽視之點也。

《舊唐書》壹佰叁《郭知運傳》略云：

郭知運，瓜州常樂人。初爲秦州三度府果毅。

同書同卷《張守珪傳》略云：

張守珪，陝州河北人也。初以戰功授平樂府別將，再轉幽州良社府果毅。

《金石萃編》玖貳《郭氏家廟碑》云：

敬之府君【郭子儀父】始自涪州錄事參軍，轉瓜州司倉，雍北府右果毅，加游擊將軍，申王府典軍，金谷府折衝。

碑陰：男。昭武校尉守絳州萬泉府折衝都尉上柱國琇，子儀武舉及第，左衛長上，改河南府城臯①府別將，又改同州興德府右果毅，又改汝州魯陽府折衝。

---

① 據《金石萃編》（卷九十二，第二頁）補。

府兵之制雖漸廢弛，有關史料頗亦不少，茲無詳引之必要，止取下引史文觀之，當能得其蛻變之概要也。

《舊唐書》玖叁《張仁愿傳》云：

> 時突厥默啜盡衆西擊突騎施娑葛，仁愿請乘虛奪取漢【應作漠】南之地，於河北築三受降城，首尾相應，以絶其南寇之路。仁愿表留年滿鎮兵以助其功。時咸陽兵二百餘人逃歸，仁愿盡擒之。

是中宗時府兵番上之制尚存舊規，可以推見。又據《唐大詔令集》柒叁開元二十六年（公元七三八年）正月《敕親祀東郊德音》略云：

> 朕每念黎甿，弊於征戍。所以別遣召募，以實邊軍。錫其厚賞，使令長住。今諸軍所召，人數尚足。在於中夏，自能罷兵。自今已後，諸軍兵健並宜停遣。其見鎮兵，並一切放還。

則知玄宗開元中府兵番上之制已爲長徵召募之制所代替。至玄宗天寶中如《新唐書》伍拾《兵志》所云：

> ［天寶］八載（公元七四九年），折衝諸府至無兵可交，李林甫遂請停上下魚書。其後徒有兵額、官吏，而戎器、駄馬、鍋幕、糗糧並廢矣。

則知宇文泰、楊堅、李世民、武曌四主所創建增置遷移整頓之制度遂於此而告結束矣。

自是之後，唐平安史之亂，其主力爲朔方軍，而朔方軍實一以胡人部落蕃將爲其主要成分者。其後平淮蔡，則賴李光顔之武力。李氏之軍隊亦爲胡兵。至若龐勛之役及黃巢之大會戰，無不與沙陀部落有絕大關係，此皆胡兵蕃將之問題。然此等均在玄宗以後，不在本文範圍，故不一一具論。讀者可取拙著《唐代政治史述論稿》下篇參之也。

　　綜括論之，以唐代之武功言，府兵雖至重要，然其重要性殊有時間限制，終不及蕃將一端，其關係至深且鉅，與李唐一代三百年相終始者，所可相比也。至若"河北之地，人多壯勇"，頗疑此集團實出自北魏冀、定、瀛、相諸州營戶屯兵之系統，而此種人實亦北方塞外胡族之子孫【詳見拙著《論隋末唐初所謂"山東豪傑"》】。李唐出身關隴集團，故最忌憚此等人群。太宗因亦不於其所居之地設置兵府，武曌改移政權以後，情勢大變，雖於河北置折衝府，然府兵之效用歷時不久，至玄宗之世，遂全部廢止矣。玄宗後半期以蕃將代府兵，爲其武力之中堅，而安、史以蕃將之資格，根據河北之地，施行胡化政策【詳見拙著《唐代政治史述論稿》上篇】。恢復軍隊部落制，即"外宅男"或義兒制。故唐代藩鎮如薛嵩、田承嗣之徒，雖是漢人，實同蕃將。其軍隊不論是何種族，實亦同胡人部落也。延及五代，"衙兵"尚是此"外宅男"之遺留。讀史者綜觀前後演變之迹象，自可了然矣。寅恪嘗謂歐陽永叔①深受北宋當時"濮議"之刺激，於其所著《五代史記》特標《義兒傳》一目，以發其感憤。然所論者僅限於天性、人倫、情誼、禮法之範圍，而未知五代義兒之制，如後唐義兒軍之類，實源出於胡人部落之俗。蓋與唐代之蕃將同一

---

① 　即歐陽修。

淵源者。若專就道德觀點立言，而不涉及史事，似猶不免未達一間也。茲以此端非本文所宜辨證，故止略陳鄙見，附記於篇末，更俟他日詳論之，以求教於當世通識君子。

原載《中山大學學報》一九五七年第壹期

李太白氏族之疑問

李陽冰《草堂集序》云：

李白，字太白，隴西成紀人。涼武昭王暠九世孫，蟬聯珪組。世爲顯著，中葉非罪謫居條支，易姓與【與字繆本作爲】名。然自窮蟬至舜，累世不大曜，亦可歎焉。神龍之始，逃歸於蜀。復指李樹而生伯陽。①驚姜之夕，長庚②入夢。故生而名白，以太白字之。

范傳正《唐左拾遺翰林學士李公新墓碑云》：

公名白，字太白，其先隴西成紀人。絶嗣之家，難求譜牒。公之孫女搜於箱篋中，得公之亡子伯禽手疏十數行，紙壞字缺，不能詳備。約而計之，涼武昭王九代孫也。隋末多難，一房被竄於碎葉，流離散落，隱易姓名。故自國朝已來漏於屬籍。神龍初，潛還廣漢，因僑爲郡人。父客以逋其邑，遂以客爲名。高卧雲林，不求禄仕。公之生也，先府君指天枝以復姓。先夫人夢長庚而告祥，名之與字咸所取象。

寅恪案，《新唐書》肆拾《地理志》云：

---

① 據《藝文類聚》卷七十八《靈異部上》（中華書局版），頁 1329，老子（伯陽）生李樹下，指樹爲姓。
② 太白金星。

安西大都護府，初治西州。顯慶二年（公元六五七年）平
賀魯，析其地，置濛池、崑陵二都護府，分種落，列置州縣，西盡
波斯國，皆隸安西，又徙治高昌故地。三年，徙治龜茲都督府，
而故府復爲西州。【有保大軍，屯碎葉城。】

又肆叁下云：

焉耆都督府。【貞觀十八年（公元六四四年）滅焉耆置。
有碎葉城。】

【中略】

西域府十六、州七十二。

【中略】

條支都督府，領州九。

【中略】

右隸安西都護府。

是碎葉、條支在唐太宗貞觀十八年即西曆六四四年平焉耆，高宗顯
慶二年即西曆六五七年平賀魯，隸屬中國政治勢力範圍之後，始可
成爲竄謫罪人之地。若太白先人於楊隋末世即竄謫如斯之遠地，
斷非當日情勢所能有之事實。其爲依託，不待詳辨。至所以詭稱
隋末者，殆以文飾其既爲涼武昭王後裔，又何以不編入屬籍，如鎮
遠將軍房、平涼房、姑臧房、敦煌房、僕射房、絳郡房、武陵房等之比
故耳【參閱《新唐書》柒拾上《宗室世系表》"興聖皇帝十子"條及柒
貳下《宰相世系表》"隴西李氏"條】。

又考《太白集》貳陸《爲宋中丞自薦表》云：

臣伏見前翰林供奉李白，年五十有七。

寅恪案，太白爲宋若思作此表時在唐肅宗至德二載，即西曆七五七年。據以上推其誕生之歲，應爲武后大足元年，即西曆七零一年。此年下距中宗神龍元年，即西曆七零五年，尚有四年之隔。然則太白由西域遷居蜀漢之時，其年至少已五歲矣。是太白生於西域，不生於中國也。又考李序“神龍之始逃歸於蜀，復指李樹而生伯陽”，及范碑“公之生也，先府君指天枝以復姓”之語，則是太白至中國後方改姓李也。其父之所以名客者，殆由西域之人其名字不通於華夏，因以胡客呼之，遂取以爲名，其實非自稱之本名也。夫以一元非漢姓之家，忽來從西域，自稱其先世於隋末由中國謫居於西突厥舊疆之内，實爲一必不可能之事。則其人之本爲西域胡人，絕無疑義矣。

又《續高僧傳》叁肆《感通篇上‧隋道仙傳》云：

釋道仙，本康居國人。以遊賈爲業，梁、周之際往來吳、蜀，行賈達於梓州。

又同書叁伍《感通篇》中《唐慧岸傳》云：

釋慧岸者，未詳何人。面鼻似胡，言同蜀漢。

又杜甫在夔州作《解悶十二首》之二云：

賈胡離別下揚州，憶上西陵故驛樓。

爲問淮南米貴賤，老夫乘興欲東遊。

據此，可知六朝、隋唐時代蜀漢亦爲西胡行賈區域。其地之有西胡人種往來僑寓，自無足怪也。

太白既詭託隴西李氏，又稱李陽冰爲從叔【見《獻從叔當塗宰陽冰》五言詩】。陽冰爲趙郡李氏【見《唐文粹》柒柒舒元輿《玉筯篆志》及《宣和書譜》貳等】，故太白之同時人及後來之人亦以山東人稱太白【杜甫《蘇端、薛復筵簡薛華醉歌》及元稹《唐檢校工部員外杜君墓誌》】，蓋謂其出於趙郡李氏也。《舊唐書》壹玖拾下《文苑傳·李白傳》既載不可徵信之"父爲任城尉，因家焉"之語，又稱白爲"山東人"。不知山東非唐代州縣之名。若依當時稱郡望之慣例，固應作"趙郡人"，即使以家住地爲籍貫，亦當云"兗州或魯郡任城人"。舊史於此誠可謂進退兩無所據者矣【參錢大昕《二十二史考異》壹捌】。

原載一九三五年一月《清華學報》第拾卷第壹期

論韓愈

　　古今論韓愈者衆矣，譽之者固多，而譏之者亦不少。譏之者之言則昌黎所謂"蚍蜉撼大樹，可笑不自量"者【《昌黎集》伍《調張籍》詩】，不待贅辯，即譽之者亦未中肯綮。今出新意，倣僧徒詮釋佛經之體，分爲六門，以證明昌黎在唐代文化史上之特殊地位。至昌黎之詩文爲世所習誦，故略舉一二，藉以見例，無取詳備也。

　　一曰：建立道統，證明傳授之淵源。

　　華夏學術最重傳授淵源，蓋非此不足以徵信於人，觀兩漢經學傳授之記載，即可知也。南北朝之舊禪學已採用《阿育王經》《傳》等書，僞作《付法藏因緣傳》，已證明其學説之傳授。至唐代之新禪宗，特標教外別傳之旨，以自矜異，故尤不得不建立一新道統，證明其淵源之所從來，以壓倒同時之舊學派，此點關係吾國之佛教史，人所共知，又其事不在本文範圍，是以亦可不必涉及，唯就退之有關者略言之。

　　《昌黎集》壹壹《原道》略云：

　　　　曰：斯道也，何道也？曰：斯吾所謂道也，非向所謂老與佛之道也。堯以是傳之舜，舜以是傳之禹，禹以是傳之湯，湯以是傳之文、武、周公，文、武、周公傳之孔子，孔子傳之孟軻，軻之死，不得其傳焉。

退之①自述其道統傳授淵源固由孟子卒章所啓發，亦從新禪宗所自稱者摹襲得來也。

《新唐書》壹柒陸《韓愈傳》略云：

> 愈生三歲而孤，隨伯兄會貶官嶺表。

《昌黎集》壹《復志賦》略云：

> 當歲行之未復兮，從伯氏以南遷。凌大江之驚波兮，過洞庭之漫漫。至曲江而乃息兮，逾南紀之連山。嗟日月其幾何兮，攜孤嫠而北旋。值中原之有事兮，將就食於江之南。

同書貳叁《祭十二郎文》略云：

> 嗚呼！吾少孤，及長，不省所怙，惟兄嫂是依。中年，兄殁南方，吾與汝俱幼，從嫂歸葬河陽。既又與汝就食江南。零丁孤苦，未嘗一日相離也。

李漢《昌黎先生集序》略云：

> 先生生於大曆戊申，幼孤，隨兄播遷韶嶺。

寅恪案，退之從其兄會謫居韶州，雖年頗幼小，又歷時不甚久，然其所居之處爲新禪宗之發祥地，復值此新學說宣傳極盛之時，以退之之幼年穎悟，斷不能於此新禪宗學說濃厚之環境氣氛中無所接受感發，然則退之道統之説表面上雖由孟子卒章之言所啓發，實際上乃因禪宗教外別傳之説所造成，禪學於退之之影響亦大矣哉！

---

① 即韓愈。

宋儒僅執退之後來與大顛之關係，以爲破獲贓據，欲奪取其道統者，似於退之一生經歷與其學說之原委猶未達一間也。

　　二曰：直指人倫，掃除章句之繁瑣。

　　唐太宗崇尚儒學，以統治華夏，然其所謂儒學，亦不過承繼南北朝以來正義義疏繁瑣之章句學耳。又高宗、武則天以後，偏重進士詞科之選，明經一目僅爲中材以下進取之途徑，蓋其所謂明經者，止限於記誦章句，絕無意義之發明，故明經之科在退之時代，已全失去政治社會上之地位矣【詳見拙著《唐代政治史述論稿》上篇】。南北朝後期及隋唐之僧徒亦漸染儒生之習，詮釋内典，襲用儒家正義義疏之體裁，與天竺詁解佛經之方法殊異【見拙著《楊樹達論語疏證序》】，如禪學及禪宗最有關之三論宗大師吉藏、天台宗大師智顗等之著述與賈公彦、孔穎達諸儒之書其體制適相冥會，新禪宗特提出直指人心見性成佛之旨，一掃僧徒繁瑣章句之學，摧陷廓清，發聾振聵，固吾國佛教史上一大事也。退之生值其時，又居其地，睹儒家之積弊，效禪侣之先河，直指華夏之特性，掃除賈、孔之繁文，《原道》一篇中心旨意實在於此，故其言曰：

　　　　《傳》曰：“古之欲明明德於天下者，先治其國；欲治其國
　　　者，先齊其家；欲齊其家者，先修其身，欲修其身者，先正其心；
　　　欲正其心者，先誠其意。”①然則古之所謂正心而誠意者，將以

———————

① 　引自《禮記·大學》。

有爲也。今也欲治其心,而外天下國家,滅其天常,子焉而不父其父,臣焉而不君其君,民焉而不事其事。

同書伍《寄盧仝》詩云:

《春秋》三傳束高閣,獨抱遺經究終始。

寅恪案,《原道》此節爲吾國文化史中最有關係之文字,蓋天竺佛教傳入中國時,而吾國文化史已達甚高之程度,故必須改造,以蘄適合吾民族、政治、社會傳統之特性,六朝僧徒"格義"之學【詳見拙著《支愍度學說考》】,即是此種努力之表現,儒家書中具有系統易被利用者,則爲《小戴記》之《中庸》,梁武帝已作嘗試矣。【《隋書》叁貳《經籍志》經部有梁武帝撰《中庸講疏》一卷,又《私記制旨中庸義》五卷。】然《中庸》一篇雖可利用,以溝通儒釋心性抽象之差異,而於政治社會具體上華夏、天竺兩種學說之衝突,尚不能求得一調和貫徹,自成體系之論點。退之首先發見《小戴記》中《大學》一篇,闡明其說,抽象之心性與具體之政治社會組織可以融會無礙,即盡量談心說性,兼能濟世安民,雖相反而實相成,天竺爲體,華夏爲用,退之於此以奠定後來宋代新儒學之基礎,退之固是不世出之人傑,若不受新禪宗之影響,恐亦不克臻此。又觀退之《寄盧仝》詩,則知此種研究經學之方法亦由退之所稱獎之同輩中人發其端,與前此經詩著述大意,而開啓宋代新儒學家治經之途徑者也。

三曰:排斥佛老,匡救政俗之弊害。

《昌黎集》壹壹《原道》略云:

　　古之爲民者四,今之爲民者六。古之教者處其一,今之教者處其三。農之家一,而食粟之家六。工之家一,而用器之家六。賈之家一,而資焉之家六。奈之何民不窮且盜也。

　　是故君者,出令者也。臣者,行君之令而致之民者也。民者,出粟米麻絲,作器皿,通貨財,以事其上者也。君不出令,則失其所以爲君。臣不行君之令而致之民,則失其所以爲臣。民不出粟米麻絲,作器皿,通貨財,以事其上,則誅。

　　人其人,火其書,廬其居,明先王之道以道之,鰥寡孤獨廢疾者有養也,其亦庶乎其可也。

同書貳《送靈師》詩略云:

　　佛法入中國,爾來六百年。

　　齊民逃賦役,高士著幽禪。

　　官吏不之制,紛紛聽其然。

　　耕桑日失隸,朝署時遺賢。

同書壹《謝自然詩》略云:

　　人生有常理,男女各有倫。

　　寒衣及飢食,在紡績耕耘。

　　下以保子孫,上以奉君親。

　　苟異於此道,皆爲棄其身。

　　噫乎彼寒女,永託異物群。

　　感傷遂成詩,昧者宜書紳。

　　寅恪案,上引退之詩文,其所持排斥佛教之論點,此前已有之,實不足認爲退之之創見，特退之所言更較精闢，勝於前人耳。《原道》之文微有語病，不必以辭害意可也。《謝自然詩》乃斥道教者，以其所持論點與斥佛教者同，故亦附錄於此。今所宜注意者，乃爲退之所論實具有特別時代性，即當退之時佛教徒衆多，於國家財政及社會經濟皆有甚大影響，觀下引彭偃之言可知也。

《唐會要》肆柒《議釋教》上【參《舊唐書》壹貳柒《彭偃傳》】略云：

大曆十三年（公元七七八年）四月，劍南東川觀察使李叔明奏請澄汰佛道二教，下尚書省集議。都官員外郎彭偃獻議曰：“王者之政，變人心爲上，因人心次之，不變不因，循常守故者爲下，故非有獨見之明，不能行非常之事。今陛下以維新之政，爲萬代法，若不革舊風，令歸正道者，非也。當今道士，有名無實，時俗鮮重，亂政猶輕，惟有僧尼，頗爲穢雜。自西方之教，被於中國，去聖日遠，空門不行五濁，比邱但行蘆法。爰自後漢，至於陳隋，僧之教滅，其亦數四，或至坑殺，殆無遺餘。前代帝王，豈惡僧道之善，如此之深耶？蓋其亂人亦已甚矣。且佛之立教，清淨無爲，若以色見，即是邪法，開示悟入，惟有一門，所以三乘之人，比之外道。況今出家者，皆是無識下劣之流，縱其戒行高潔，在於王者，已無用矣。今叔明之心甚善，然臣恐其奸吏詆欺，而去者未必非，留者不必是，無益於國，不能息奸，既不變人心，亦不因人心，强制力持，難致遠耳。臣聞天生蒸民，必將有職，遊行浮食，王制所禁。故有才者受爵祿，不肖者出租税，此古之常道也。今天下僧道不耕而食，不織而衣，廣作危言險語，以惑愚者。一僧衣食，歲計約三萬有餘，五丁所出，不能致此。舉一僧以計天下，其費可知。陛下日旰憂勤，將去人害，此而不救，奚其爲政？臣伏請僧道未滿五十者，每年輸絹四疋，尼及女道士未滿五十者，輸絹二疋。其雜色役，與百姓同。有才智者，令入仕。請還俗爲平人者聽，但令就役輸課，爲僧何傷？臣竊料其所出，不下今之租賦三分之一，然則陛下之國富矣，蒼生之害除矣。其年過五十者，請皆免之。夫子曰：‘五十而知天命。’列子曰：‘不斑白，不知道。’人年五十歲，嗜慾已衰，縱不出家，心已近道，況戒律檢其性情哉？臣以爲此令既行，僧尼規避還俗者，固已大半，其年老精修者，必盡爲人師，則道釋二教益重明矣。”上深嘉之。

寅恪案，彭偃爲退之同時人，其所言如此，則退之之論自非剿襲前人空言，爲無病之呻吟，實匡世正俗之良策。蓋唐代人民擔負國家直接稅及勞役者爲“課丁”，其得享有免除此種賦役之特權者爲“不課丁”。“不課丁”爲當日統治階級及僧尼道士女冠等宗教徒，而宗教徒之中佛教徒最佔多數，其有害國家財政、社會經濟之處在諸宗教中尤爲特著，退之排斥之亦最力，要非無因也。

至道教則唐皇室以姓李之故，道教徒因緣傅會。自唐初以降，即逐漸取得政治社會上之地位，至玄宗時而極盛，如以道士女冠隸屬宗正寺【見《唐會要》陸伍“宗正寺崇玄署”條】，尊崇老子以帝號，爲之立廟，祀以祖宗之禮。除老子爲《道德經》外，更名莊、文、列、庚桑諸子爲《南華》《通玄》《沖虛》《洞靈》等經，設崇玄學，以課生徒，同於國子監。道士女冠有犯,准道格處分諸端【以上均見《唐會要》伍拾《尊崇道教門》】,皆是其例。尤可笑者,乃至提《漢書‧古今人表》中之老子,自三等而升爲一等【見《唐會要》伍拾《尊崇道教門》】,號老子妻爲先天太后。作孔子像,侍老子之側【以上二事見《唐會要》伍拾《尊崇道教雜記門》】。荒謬幼稚之舉措,類此尚多,無取詳述。退之排斥道教之論點除與其排斥佛教相同者外,尚有二端,所應注意:一爲老子乃唐皇室所攀認之祖宗,退之以臣民之資格,痛斥力詆,不稍諱避,其膽識已自超其儕輩矣。二爲道教乃退之稍前或同時之君主、宰相所特提倡者,蠹政傷俗,實是當時切要問題。據《新唐書》壹佰玖《王璵傳》【參《舊唐書》壹叁拾《王璵傳》】略云:

> 玄宗在位久,推崇老子道,好神仙事,廣修祠祭,靡神不祈。璵上言,請築壇東郊,祀青帝,天子入其言,擢太常博士、侍御史,爲祠祭使。璵專以祠解中帝意,有所禳被,大抵類巫覡。漢以來葬喪皆有瘞錢,後世里俗稍以紙寓錢,爲鬼事,至是璵乃用之。肅宗立,累遷太常卿,又以祠禱見寵。乾元三年(公元七六零年),拜蒲、同、絳等州節度使,俄以中書侍郎同中書門下平章事。時大兵後,天下願治,璵望輕,無它才,不爲士議諧可,既驟得政,中外悵駭。乃奏置太一壇,勸帝身見九宮祠。帝由是專意,它議不能奪。帝嘗不豫,太卜建言,崇在山川。璵遣女巫乘傳,分禱天下名山大川,巫皆盛服,中人護領,所至干託州縣,賂遺狼藉。時有一巫美而蠱,以惡少年數十自隨,尤憸狡不法,馳入黃州。刺史左震晨至館請事,門鐍不啓。

震怒，破鐍入，取巫斬廷下，悉誅所從少年，籍其贓，得十餘萬，因遣還中人。既以聞，嶼不能詰，帝亦不加罪。明年，罷嶼爲刑部尚書，又出爲淮南節度使，猶兼祠祭使。始，嶼託鬼神致位將相，當時以左道進者紛紛出焉。

《舊唐書》壹叁拾《李泌傳》略云：

泌頗有讜直之風，而談神仙詭道，或云嘗與赤松子、王喬、安期、羨門遊處，故爲代所輕，雖詭道求容，不爲時君所重。德宗初即位，尤惡巫祝怪誕之士。初，肅宗重陰陽祠祝之說，用妖人王嶼爲宰相，或命巫媼乘驛行郡縣以爲厭勝。凡有所興造功役，動牽禁忌。而黎幹用左道，位至尹京，嘗内集衆工，編刺珠繡爲御衣，既成而焚之，以爲禳禬，且無虛月。德宗在東宮頗知其事，即位之後，罷集僧於内道場，除巫祝之祀。有司言，宣政内廊壞，請修繕，而太卜云，孟冬爲魁岡，不利穿築，請卜他月。帝曰：“《春秋》之義，啓塞從時，何魁岡之有？”卒命修之。又代宗山陵靈駕發引，上號送於承天門，見輼輬不當道，稍指午未間。問其故，有司對曰：“陛下本命在午，故不敢當道。”上號泣曰：“安有枉靈駕而謀身利？”卒命直午而行。及建中末，寇戎内梗，桑道茂有城奉天之說，上稍以時日禁忌爲意，而雅聞泌長於鬼道，故自外徵還，以至大用，時論不以爲愜。

及《國史補》上“李泌任虛誕”條【參《太平廣記》貳捌玖《妖妄類》“李泌”條】云：

李相泌以虛誕自任。嘗對客曰：“令家人速灑掃，今夜洪崔先生來宿。"有人遺美酒一榼，會有客至，乃曰："麻姑送酒來，與君同傾。"傾之未畢，閽者云："某侍郎取榼子。"泌命倒還之，略無怍色。

則知退之當時君相沉迷於妖妄之宗教，民間受害，不言可知。退之之力詆道教，其隱痛或有更甚於詆佛教者，特未昌言之耳。後人昧於時代性，故不知退之言有物意有指，遂不加深察，等閒以崇正闢邪之空文視之，故特爲標出如此。

四曰：呵詆釋迦，申明夷夏之大防。
《昌黎集》叄玖《論佛骨表》略云：

臣某言，伏以佛者，夷狄之一法耳。自後漢時流入中國，上古未嘗有也。假如其身至今尚在，奉其國命，來朝京師，陛下容而接之，不過宣政一見，禮賓一設，賜衣一襲，衛而出之於境，不令惑衆也。

《全唐詩》壹貳函《韓愈拾·贈譯經僧》詩云：

萬里休言道路賒，有誰教汝度流沙。
只今中國方多事，不用無端更亂華。

寅恪案：退之以諫迎佛骨得罪，當時後世莫不重其品節，此不待論者也。今所欲論者，即唐代古文運動一事，實由安史之亂及藩鎮割據之局所引起。安、史爲西胡雜種，藩鎮又是胡族或胡化之漢人【詳見拙著《唐代政治史述論稿》上篇】，故當時特出之文士自覺或不自覺，其意識中無不具有遠則周之四夷交侵，近則晉之五胡亂華之印象，"尊王攘夷"所以爲古文運動中心之思想也。在退之稍先之古文家如蕭穎士、李華、獨孤及、梁肅等，與退之同輩之古文家如柳宗元、劉禹錫、元稹、白居易等，雖同有此種潛意識，然均不免認識未清晰，主張不徹底，是以不敢亦不能因釋迦爲夷狄之人，佛教爲夷狄之法，抉其本根，力排痛斥，若退之之所言所行也。退之之所以得爲唐代古文運動領袖者，其原因即在於是，此意已見拙著《元白詩箋證稿・新樂府章・法曲篇》末，茲不備論。

　　五曰：改進文體，廣收宣傳之效用。

　　關於退之之文，寅恪嘗詳論之矣【見拙著《元白詩箋證稿・長恨歌章》】。其大旨以爲退之之古文乃用先秦、兩漢之文體，改作唐代當時民間流行之小説，欲藉之一掃腐化僵化不適用於人生之駢體文，作此嘗試而能成功者，故名雖復古，實則通今，在當時爲最便宣傳，甚合實際之文體也。至於退之之詩，古今論者亦多矣，茲僅舉一點，以供治吾國文學史者之參考。

　　陳師道《後山居士詩話》云：

　　　　退之以文爲詩，子瞻①以詩爲詞，如教坊雷大使之舞，雖極天下之工，要非本色。今代詞手唯秦七、黄九②爾，唐諸人不逮也。

────────

①　即蘇軾。
②　秦七、黄九指秦觀、黄庭堅。

寅恪案：退之以文爲詩，誠是確論，然此爲退之文學上之成功，亦吾國文學史上有趣之公案也。

據《高僧傳》貳《譯經中·鳩摩羅什傳》略云：

> 初，沙門慧叡才識高明，常隨什傳寫。什每爲叡論西方辭體，商略同異，云："天竺國俗甚重文製，其宮商體韻以入絃爲善。凡覲國王，必有讚德，見佛之儀以歌歎爲貴，經中偈頌皆其式也，但改梵爲秦，失其藻蔚，雖得大意，殊隔文體，有似嚼飯與人，非徒失味，乃令嘔噦也。"什嘗作頌贈沙門法和云："心山育明德，流薰萬由延。哀鸞孤桐上，清音徹九天。"凡爲十偈，辭喻皆爾。

蓋佛經大抵兼備"長行"即散文及偈頌即詩歌兩種體裁。而兩體辭意又往往相符應。考"長行"之由來，多是改詩爲文而成者，故"長行"乃以詩爲文，而偈頌亦可視爲以文爲詩也。天竺偈頌音綴之多少，聲調之高下，皆有一定規律，唯獨不必叶韻。六朝初期四聲尚未發明，與羅什共譯佛經諸僧徒雖爲當時才學絕倫之人，而改竺爲華，以文爲詩，實未能成功。惟倣偈頌音綴之有定數，勉強譯爲當時流行之五言詩，其他不遑顧及，故字數雖有一定，而平仄不調，音韻不叶，生吞活剥，似詩非詩，似文非文，讀之作嘔，此羅什所以嘆恨也。如馬鳴所撰《佛所行讚》，爲梵文佛教文學中第一作品。寅恪昔年與鋼和泰（Alexander von Staël-Holstein）君共讀此詩，取中文二譯本及藏文譯本比較研究，中譯似尚遜於藏譯，當時亦引爲憾事，而無可如何者也。自東漢至退之以前，此種以文爲詩之困難問題迄未有能解決者。退之雖不譯經偈，但獨運其天才，以文爲詩，若持較華譯佛偈，則退之之詩詞皆聲韻無不諧當，既有詩之優美，復具文之流暢，韻散同體，詩文合一，不僅空前，恐亦絶後，決非效顰之輩所能企及者矣。後來蘇東坡、辛稼軒之詞亦是以文爲之，此則效法退之而能成功者也。

六曰：獎掖後進，期望學説之流傳。

唐代古文家多爲才學卓越之士，其作品如《唐文粹》所選者足爲例證，退之一人獨名高後世，遠出餘子之上者，必非偶然。據《舊唐書》壹陸拾《韓愈傳》云：

> 大曆、貞元之間，文字多尚古學，效楊雄[①]、董仲舒之述作，而獨孤及、梁肅最稱淵奧，儒林推重。愈從其徒遊，鋭意鑽仰，欲自振於一代。

及《新唐書》壹柒陸《韓愈傳》云：

> 愈成就後進士，往往知名。經愈指授，皆稱"韓門弟子"。

則知退之在當時古文運動諸健者中，特具承先啓後作一大運動領袖之氣魄與人格，爲其他文士所不能及。退之同輩勝流如元微之、白樂天，其著作傳播之廣，在當日尚過於退之。退之官又低於元，壽復短於白，而身殁之後，繼續其文其學者不絶於世，元白之遺風雖或尚流傳，不至斷絶，若與退之相較，誠不可同年而語矣。退之

---

① 通作"揚雄"。

所以得致此者，蓋亦由其平生獎掖後進，開啓來學，爲其他諸古文運動家所不爲，或偶爲之而不甚專意者，故"韓門"遂因此而建立，韓學亦更緣此而流傳也。世傳隋末王通講學河汾，卒開唐代貞觀之治，此固未必可信，然退之發起光大唐代古文運動，卒開後來趙宋新儒學、新古文之文化運動，史證明確，則不容置疑者也。

　　綜括言之，唐代之史可分前後兩期，前期結束南北朝相承之舊局面，後期開啓趙宋以降之新局面，關於政治社會經濟者如此，關於文化學術者亦莫不如此。退之者，唐代文化學術史上承先啓後轉舊爲新關捩點之人物也。其地位價值若是重要，而千年以來論退之者似尚未能窺其蘊奧，故不揣愚昧，特發新意，取證史籍，草成此文，以求當世論文治史者之教正。

原載《歷史研究》一九五四年第貳期

讀東城老父傳

《太平廣記》肆捌伍《雜傳記類·東城老父傳》題陳鴻撰。然傳文中作者自稱其名凡四處。

一曰：

元和中，潁川陳鴻祖攜友人出春明門。

二曰：

宿鴻祖於齋舍。

三曰：

鴻祖問開元之理亂。

四曰：

鴻祖默不敢應而去。

是此傳作者之名爲鴻祖，絕無疑義，而《廣記》所以題陳鴻之故，殆由傳寫者習知《長恨歌傳》撰人即太和時【《新唐書》伍玖《藝文志·子部·小説類》"元和"誤作"貞元"】主客郎中字大亮之陳鴻姓名，遂致譌耳。《全唐文》陸壹貳收陳鴻文共三篇，而《長恨歌傳》館臣以其言近猥瑣妄誕，故不見録。其卷柒貳拾復別收陳鴻祖文，止一篇，即此傳是也。近日學人有考證此傳者，亦襲舊誤，混陳鴻與陳鴻祖爲一人。【寅恪案，陳鴻爲貞元二十一年（公元八零五年）乙酉進士，見徐松《登科記考》壹伍。陳鴻《大統紀序》自言"貞元丁

酉歲登太常第"。其丁酉乃乙酉之譌寫,非丁卯丁丑之誤文也。徐氏考訂甚精,兹不具述。】且云:

　　清修《全唐文》,錄鴻文三篇,而此二篇【指此傳及《長恨歌傳》】不收。

蓋偶爾失檢,未足爲病也。至鴻祖始末,《全唐文》小傳僅言其爲潁川人,亦即出於此傳"元和中潁川陳鴻祖攜友人出春明門"之語,然則其他無考,從可知矣。兹於傳文不欲多所論證,惟略詮譯其中三事如下:

(一)傳文云:

　　老人歲時伏臘得歸休。行都市間,見有賣白衫、白疊布,行鄰比鄽間,有人禳病,法用皂布一匹,持重價不克致,竟以幞頭羅代之。近者老人扶杖出門,閱街衢中,東西南北視之,見白衫者不滿百,豈天下之人皆執兵乎?

寅恪案,老人意謂昔時兵少,而今日兵多。蓋平民衣白,而兵士衣皂故也。據《舊唐書》肆伍《輿服志》【參《舊唐書》壹貳《禮樂志》、《新唐書》貳肆《車服志》】云:

　　[隋大業]六年(公元六一零年),復詔從駕涉遠者,文武官等皆戎衣。貴賤異等,雜用五色。五品以上,通著紫袍,六品以下,兼用緋綠。胥吏以青,庶人以白,屠商以皂,士卒以黃。武德初,因隋舊制。

是唐初庶人衣白,士卒衣黃也。然《通典》壹陸玖《刑典》"守正"條載潘好禮纂《徐有功事蹟》中丘神鼎案有黑襖子即是武夫之衣。

等語,其下文"黑襖"亦作"皂襖"或"皂衣",是武則天時士卒已衣皂矣。《唐會要》柒貳《軍雜錄》云:

> 廣德二年(公元七六四年)三月,禁王公百吏家及百姓著皂衫及壓耳帽子,異諸軍官健也。

> 開成元年(公元八三六年)正月勅:坊市百姓,甚多著緋皂開後襖子,假託軍司。自今已後,宜令禁斷。

斯又唐中葉後士卒衣皂之明證也。又《唐語林》柒《補遺》云:

> 唐末士人之衣尚黑,故有紫緑,有黑紫。迨兵起,士庶之衣具皂。此其讖也。

王讜此條所錄屬於唐末範圍,雖與東城老父之時代先後不同,然其以皂色爲兵起之讖,固兵卒衣皂之一旁證也。

至唐玄宗末及憲宗初之兵額,則據《舊唐書》壹肆《憲宗紀》上元和二年(公元八零七年)十二月己卯"史官李吉甫撰《元和國計簿》"條【參《新唐書》伍貳《食貨志》末及《通鑑》貳叁柒元和二年末條】云:

> 比量天寶供稅之户,則四分有一。天下兵戎仰給縣官者八十三萬餘人,比量天寶士馬,則三分加一。率以兩户資一兵。

又據《舊唐書》壹柒下《文宗紀》開成二年(公元八三七年)正月庚寅户部侍郎判度支王彦威進所撰《供軍圖略序》【參《舊唐書》壹伍柒、《新唐書》壹陸肆《王彦威傳》】曰:

> 至德、乾元之後,迄於貞元、元和之際,天下有觀察者十,節度二十有九,防禦者四,經略者三。掎角之師,犬牙相制,大

都通邑，無不有兵。約計中外兵額至八十餘萬。長慶戶口凡三百三十五萬，而兵額又約九十九萬。通計三戶資奉一兵。此<u>李趙公</u>、<u>王靖公</u>①所舉統計之數，可與老人之言參證者也。

（二）傳文又云：

開元十二年（公元七二四年），詔三省侍郎有缺，先求曾任刺史者。郎官缺，先求曾任縣令者。及老人見四十三省郎吏，有理刑才名，大者出刺郡，小者鎮縣。自老人居大道旁，往往有郡太守休馬於此，皆慘然，不樂朝廷沙汰使治郡。

<u>寅恪</u>案，"三省"謂尚書、門下省及中書省也。此爲<u>唐</u>代官制，人所習知，無待釋證。所可注意者，爲"四十三省郎吏"一辭。夫<u>唐</u>代之無四十三省，固不必論。考《玉臺新詠》壹《古樂府詩六首》之一《日出東南隅行》一作《陌上桑》云：

三十侍中郎，四十專城居。

《古樂府詩》所云"專城"，即任地方長吏之義，亦即老人所言"大者出刺郡"及"郡太守"之謂。此爲<u>唐</u>人文中習慣用語，如<u>孫光憲</u>《北夢瑣言》玖"<u>李氏女</u>"條引<u>劉山甫</u>《金溪閑談》略云：

<u>唐廣明</u>中，<u>黃巢</u>犯闕，大駕幸<u>蜀</u>。有西班<u>李</u>將軍女，奔波隨人，迤邐達<u>興元</u>。骨肉分散，無所依託。適值<u>鳳翔</u>奏將軍<u>董司馬</u>者，乃誨其門閥，以身託之，得至於<u>蜀</u>。尋訪親眷，知在行朝。始謂<u>董</u>生曰："人各有偶，難爲偕老，請自此辭。"<u>董</u>生驚愕，

① <u>李趙公</u>、<u>王靖公</u>指<u>李吉甫</u>、<u>王彥威</u>。

遂下其山矣。

此所謂"下山",乃用《玉臺新詠》壹《古詩八首》之一,"上山采蘼蕪,下山逢故夫"之句。故"下山"謂"逢故夫"也。唐人作品中,其例頗多,不暇詳舉。凡屬此類,皆用人所共知之詩句或成語,留取其前部分,而省略其後部分。唐人所謂歇後詩體,頗疑實與此有關。檢《新唐書》壹捌叁《鄭綮傳》【參《舊唐書》壹柒玖《鄭綮傳》,《通鑑》貳伍玖《唐紀》昭宗乾寧元年(公元八九四年)二月條及《考異》,並《北夢瑣言》柒"鄭綮相詩"條及《唐詩紀事》"鄭綮"條】云:

> 大順後,王政微。綮每以詩謠託諷,中人有誦之天子前者。昭宗意其有所蘊未盡,因有司上班簿,遂署其側曰:"可禮部侍郎、同中書門下平章事。"綮本善詩,其語多俳諧,故使落調,世共號鄭五歇後體。至是,省史走其家上謁。綮笑曰:"諸君誤矣。人皆不識字,宰相亦不及我。史言不妄。"俄聞制詔下,歎曰:"萬一然,笑殺天下人。"既視事,宗戚詣慶。搔首曰:"歇後鄭五作宰相,事可知矣。"

寅恪案,鄭五作"歇後體"詩,"故使落調"【《舊唐書》作"故落格調"】。胡三省注《通鑑》,釋"歇後"之意云:"歇後者,敘所以為詩,而歇後語不發。"故梅磵①之意,謂所歇落者乃語辭,與兩《唐書》稱所歇落者為"格調"有異也。《全唐詩》第貳貳函載鄭綮詩三首,皆為通常詩體。《諧謔類》貳復載綮詩兩題,一出《舊唐書》,一出《北夢瑣

_____
① 即胡三省。

言》。雖是俳詞，然亦未能確切證明"落調"之說。今姑以意揣之，無論所歇落者爲格調，抑或語辭，但必是與上義高低相反，或密切聯繫，前者乃兩《唐書》格調之説，後者乃《通鑑》<u>胡</u>注語辭之釋。學者當兩存之，以待詳考。兹有可注意者，即此歇後詩體流行以前，社會一般文字中，必有僅舉語辭之上半，而待讀者解悟其未發之下半者。若此説不謬，《東城老父傳》之"四十"，《北夢瑣言》之"下其山"，皆其例證也。然則"四十三省郎吏"一詞，實後來歇後體之先驅。<u>藴武</u>①因得利用當日文字固有之習慣以託諷，而<u>昭宗</u>亦據以疑其有所藴蓄未盡也。<u>寅恪</u>昔歲讀《鄭傳》，未能通解。今以暇日補證舊稿，遂附録<u>子京</u>②之文並著鄙説於此，以求通人之教正。一時臆度所及，殊不敢自信。慚老學之無成，憶宿疑之猶在，殘年廢疾，益深<u>燭武</u>、<u>師丹</u>③之感矣。

（三）傳文末結語云：

[老人]復言曰："上皇北臣<u>穹廬</u>，東臣<u>雞林</u>，南臣<u>滇池</u>，西臣<u>昆夷</u>。三歲一來會，朝覲之禮容，臨照之恩澤，衣之錦絮，飼之酒食，使展事而去。都中無留外國賓。今北胡與京師雜處，娶妻生子，<u>長安</u>中少年有胡心矣。吾子視首飾靴服之制，不與向同，得非物妖乎？"<u>鴻祖</u>默不敢應而去。

<u>寅恪</u>案，《新唐書》壹柒拾《王鍔傳》云：

---

① 即鄭綮。
② 宋祁，與歐陽修著《新唐書》。
③ 宋元憲有詩云："老矣師丹多忘事，少之燭武不如人。"燭武，即燭之武。

德宗擢爲鴻臚少卿。先是,天寶末,西域朝貢酋長及安西、北庭校吏歲集京師者數千人,隴右既陷,不得歸,皆仰稟鴻臚禮賓,月四萬緡,凡四十年,名田養子孫如編民。至是,鍔悉藉名王以下無慮四千人,畜馬二千,奏皆停給。宰相李泌盡以隸左右神策軍,以酋長署牙將,歲省五十萬緡。帝嘉其公,擢容管經略使。

《通鑑》貳叁貳貞元三年(公元七八七年)七月條云:

初,河、隴既没於吐蕃,自天寶以來,安西、北庭奏事及西域使人在長安者,歸路既絶,人馬皆仰給於鴻臚禮賓。委府縣供之,於度支受直。度支不時付直,長安市肆不勝其弊。李泌知胡客留長安久者,或四十餘年,皆有妻子,買田宅,舉質取利,安居不欲歸。命檢括胡客有田宅者,停其給。凡得四千人,將停其給。胡客皆詣政府訴之,泌曰:“此皆從來宰相之過,豈有外國朝貢使者留京師數十年,不聽歸乎? 今當假道於迴紇,或自海道,各遣歸國。有不願歸,當於鴻臚自陳,授以職位,給俸祿,爲唐臣。人生當乘時展用,豈可終身客死邪?”於是胡客無一人願歸者。泌皆分隸神策兩軍,王子、使者爲散兵馬使或押牙,餘皆爲卒,禁旅益壯。鴻臚所給胡客纔十餘人,歲省度支錢五十萬緡。市人皆喜。

寅恪案,《通鑑》此條取自李繁《鄴侯家傳》,與《新唐書·王鍔傳》所紀實爲一事,共出一源。不過歸美泌、鍔二書各有不同而已。

又《白氏長慶集》肆《新樂府·西涼伎》前段云:

西涼伎，假面胡人假獅①子。刻木爲頭絲作尾，金鍍眼睛銀帖齒。奮迅毛衣擺雙耳，如從流沙來萬里。紫髯深目兩胡兒，鼓舞跳梁前致辭。應似涼州未陷日，安西都護進來時。須臾云得新消息，安西路絶歸不得。泣向獅子涕雙垂，涼州陷没知不知。獅子迴頭向西望，哀吼一聲觀者悲。貞元邊將愛此曲，醉坐笑看看不足。享賓犒士宴監軍，獅子胡兒長在目。

寅恪案，當日西北胡人路絶思歸之悲苦，形於伎樂，盛行一時既如此，則西北胡人留滯不得歸者，其爲數之衆可以推知也。故貞元、元和之時長安胡服之流行，必與胡人僑寓者之衆多有關。若《白氏長慶集》肆《新樂府·時世妝》所云"斜紅不暈赭面狀"及"元和妝梳君記取，髻椎面赭非華風"之赭面，則疑受吐蕃影響【參《舊唐書》壹玖陸上、《新唐書》貳壹陸上《吐蕃傳》，《唐會要》玖柒"吐蕃"條。敦煌寫本《于闐國記》亦目吐蕃爲赤面國，俱可證也】，而與西域胡人無關也。至老人所謂北胡，名義雖指迴紇言，實際則爲西域胡人。蓋迴紇盛時中亞賈胡往往藉其名義，以牟利於中國，如《舊唐書》壹貳柒《張光晟傳》【參《通鑑》貳貳陸建中元年（公元七八零年）八月條】云：

> 大曆末，遷單于都護、兼御史中丞、振武軍使。代宗密謂之曰："北蕃縱横日久，當思所禦之計。"光晟既受命，至鎮，威令甚行。建中元年，迴紇突董梅禄領衆並雜種胡等自京師還

———

① 原文作"師"，據《全唐詩》卷四二七改，下同。

國，輿載金帛，相屬於道。光晟訝其裝橐頗多，潛令驛吏以長
錐刺之，則皆韋歸所誘致京師婦人也。

《新唐書》貳壹柒上《回鶻傳》云：

> 始，回鶻至中國，常參以九姓胡，往往留京師，至千人，居
> 貲殖産甚厚。

據《舊唐書·張光晟傳》，代宗謂迴紇爲北蕃，北蕃即老人所謂
北胡也。據《新唐書·回鶻傳》，回鶻至中國，常參以九姓胡，殖産
甚厚。其所謂九姓胡，即《唐會要》玖玖"康國"條【《新唐書》貳貳壹
下《西域傳·康國傳》即採用《會要》之文，而誤會其意，至改匈奴爲
突厥，甚可笑。讀者可比較兩書觀之，兹不備引】所云：

> 康國，本康居之苗裔也。其王本姓温氏。其人土著，役屬
> 於突厥。先居祁連之北昭武城，爲匈奴所破。南依蔥嶺，遂有
> 其地。支庶强盛，分王鄰國，皆以昭武爲姓氏，不忘本也。

及《新唐書》貳貳壹下《西域傳·康國傳》所云：

> 枝庶分王，曰安，曰曹，曰石，曰米，曰何，曰火尋，曰戊地，
> 曰史，世謂九姓，皆氏昭武。

之昭武九姓胡，其人本以善賈著稱。既得依藉迴紇之蔭護，僑居長
安，殖産業而長子孫。故於長安風俗服裝之漸染胡化，實大有關係
也。又傳文老人所言其他史事俱不甚難解，故僅取此三事略爲釋
證之如此。

原載一九四八年四月《中央研究院歷史語言研究所集刊》第拾本

武墾與佛教

（甲）本文討論之範圍

《李義山文集》肆紀宜都內人事略云：

> 武后纂既久，頗放縱，躭內習，不敬宗廟。四方日有叛逆，防豫不暇。時宜都內人以唾壺進，思有以諫。后坐帷下倚檀機，與語，問四方事。宜都內人曰："大家知古女卑於男耶?"后曰："知。"內人曰："古有女媧，亦不正是天子，佐伏羲理九州耳。後世孃姥有越出房閣斷天下事者，皆不得其正，多是輔昏主，不然抱小兒。獨大家革天姓，改去釵釧，襲服冠冕，符瑞日至，大臣不敢動，真天子也。大家始今日能屏去男妾，獨立天下，則陽之剛亢明烈可有矣。如是過萬萬世，男子益削，女子益專。妾之願在此。"后雖不能盡用，然即日下令誅作明堂者。

【寅恪案，此指薛懷義。】

寅恪案，武曌在中國歷史上誠爲最奇特之人物，宜都內人之語非誇詞，皆事實也。自來論武曌者雖頗多，其實少所發明。兹篇依據舊史及近出佚籍，參校推證，設一假定之説，或於此國史上奇特人物之認識，亦一助也。但此文所討論者，僅以武曌與佛教之關係爲範圍,即其母氏家世宗教信仰之薰習及其本身政治特殊地位之證明二點。其他政治文化等問題與武曌有關者,俱不涉及,以明界限。

（乙）楊隋皇室之佛教信仰

南北朝諸皇室中與佛教關係最深切者,南朝則蕭梁,北朝則楊隋,兩家而已。兩家在唐初皆爲亡國遺裔。其昔時之政治地位,雖已喪失大半,然其世代遺傳之宗教信仰,固繼承不替,與梁隋盛日無異也。請先以蕭梁後裔蕭瑀之事證之。

《舊唐書》陸叁《蕭瑀傳》略云:

> 瑀字時文,高祖梁武帝,曾祖昭明太子。祖詧,後梁宣帝。父巋,明帝。好釋氏,常修梵行,每與沙門難及苦空,必詣微旨。太宗以瑀好佛道,嘗賚繡佛像一軀,並繡瑀形狀於佛像側,以爲供養之容。又賜王褒所書《大品般若經》一部,並賜袈裟,以充講誦之服焉。會瑀請出家,太宗謂曰:"甚知公素愛桑門,今者不能違意。"瑀旋踵奏曰:"臣頃思量,不能出家。"太宗以對羣臣吐言而取捨相違,心不能平。瑀尋稱足疾,時詣朝堂,又不入見。太宗謂侍臣曰:"瑀豈不得其所乎? 而自慊如此。"遂手詔曰:"至於佛教,非意所遵。雖有國之常經,固弊俗之虛術。何則? 求其道者,未驗福於將來。修其教者,翻受辜於既往。至若梁武窮心於釋氏,簡文銳意於法門,傾帑藏以給僧祇,殫人力以供塔廟。及乎三淮沸浪,五嶺騰煙,假餘息於

熊蹯，引殘魂於雀轂。子孫覆亡而不暇，社稷俄頃而爲墟。報施之徵，何其繆也。而太子太保宋國公瑀踐覆車之餘軌，襲亡國之遺風。棄公就私，未明隱顯之際。身俗口道，莫辯邪正之心。修累葉之殃源，祈一躬之福本。上以違忤君主，下則扇習浮華。往前朕謂張亮云：'卿既事佛，何不出家？'瑀乃端然自應，請先入道。朕即許之，尋復不用。一迴一惑，在於瞬息之間，自可自否，變於帷戾之所。乖棟梁之大體，豈具瞻之量乎？朕猶隱忍至今，瑀尚全無悛改。宜即去茲朝闕，出牧小藩。可商州刺史，仍除其封。"

唐釋彥悰《護法沙門法琳別傳》中載貞觀十一年(公元六三七年)正月【《適園叢書》本《唐大詔令集》壹壹叄作"二月"】《道士女冠在僧尼之上詔》略云：

至於佛教之興，基於西域。爰自東漢，方被中華。神變之理多方，報應之緣匪一。暨乎近世，崇信滋深。人冀當年之福，家懼來生之禍。由是滯俗者聞玄宗而大笑，好異者望真諦而爭歸。始波湧於閭里，終風靡於朝廷。遂使殊俗之典，鬱爲衆妙之先。諸夏之教，翻居一乘之後。流遯忘反，於茲累代。朕夙夜寅畏，緬惟至道。思革前弊，納諸軌物。況朕之本系，出自柱下。鼎祚克昌，既憑上德之慶；天下大定，亦賴無爲之功。宜有解張，闡茲玄化。自今已後，齊供行立。至於講論，道士女冠宜在僧尼之前。庶敦本系之化，暢於九有。尊祖宗之風，貽諸萬葉。

　　觀上錄唐太宗兩詔,知佛教自隋文帝踐祚復興以來,至唐太宗貞觀十一年,始遭一嚴重之壓迫。前此十年,即唐高祖武德九年(公元六二六年)五月雖有沙汰僧尼道士女冠之詔,其實並未實行【詳見《舊唐書》壹《高祖紀》及《通鑑》壹玖壹武德九年五月"辛巳下詔命有司沙汰天下僧尼道士女冠"條】。且彼時詔書,兼涉道士女冠,非專爲僧尼而發也。蓋佛教自北周武帝廢滅以後,因隋文帝之革周命而復興。唐又代隋,以李氏爲唐國姓之故,本易爲道士所利用。而太宗英主,其對佛教,雖偶一褒揚,似亦崇奉者。如貞觀三年(公元六二九年)閏十二月癸丑爲殞身戎陣者建立寺刹【見《舊唐書》貳及《新唐書》貳《太宗紀》】,及優禮玄奘等【詳見《慈恩大師傳》陸】,皆其顯著之例。其實太宗於此等事皆別有政治作用。若推其本心,則誠如其責蕭瑀詔書所謂"至於佛教,非意所遵"者也。當日佛教處此新朝不利環境之中,惟有利用政局之變遷,以恢復其喪失之地位。而不意竟於"襲亡國遺風"之舊朝別系中,覓得一中興教法之宗主。今欲論此中興教法宗主之武曌與佛教之關係,請先略述其外家楊隋皇室崇奉釋氏之事實於下:

　　唐釋道宣《集古今佛道論衡實錄》貳"隋兩帝重佛宗法俱受歸戒事"條云:

　　　　案隋著作郎王邵①述《隋祖起居注》云:帝以後②魏大統七

————————
① "邵"應作"劭",釋道宣原文誤。
② "後"應作"西",彥悰原文作"後",故不改。

年(公元五四一年)六月十三日生於同州般若尼寺。於時赤光
照室,流溢戶外,紫氣滿庭,狀如樓閣,色染人衣,內外驚異。
帝母以時炎熱,就而扇之,寒甚幾絶,困不能啼。有神尼者名
曰智仙,河東劉氏女也。少出家,有戒行。和尚失之,恐墮井,
乃在佛屋,儼然坐定,遂以禪觀爲業。及帝誕日,無因而至。
語太祖曰:"兒天佛所祐,勿憂也。"尼遂名帝爲那羅延,言如金
剛不可壞也。又曰:"兒來處異倫,俗家穢雜,自爲養之。"太祖
乃割宅爲寺,以兒委尼,不敢召問。後皇妣來抱,忽化爲龍,驚
惶墮地。尼曰:"何因妄觸我兒,遂令晚得天下。"及年七歲,告
帝曰:"兒當大貴,從東國來。佛法當滅,由兒興之。"尼沈靜寡
言,時道吉凶,莫不符驗。初在寺養帝,年至十三,方始還家。
及周滅二教,尼隱皇家。帝後果自山東入爲天子,重興佛法,
皆如尼言。及登位後,每顧羣臣,追念阿闍黎,以爲口實。又
云:"我興由佛法,而好食麻豆,前身似從道人中來。由小時在
寺,至今樂聞鐘聲。"乃命史官爲尼作傳。帝昔龍潛所經四十
五州,及登極後,悉皆同時起大興國寺。仁壽元年(公元六零
一年)帝及後宮同感舍利,並放光明,砧槌試之,宛然無損。遂
前後置塔諸州百有餘所。皆置銘勒,隱於地府。感發神端,充
牣耳目。具如王邵①所撰《感應傳》。所以周祖竊忌黑衣當王,
便摧滅佛法。莫識隋祖元養佛家。王者不死,何由可識【參考

---

① "邵"應作"劭"。

道宣《續高僧傳》貳陸《感通篇·隋釋道密傳》】。

《隋書》壹《高祖紀》【《北史》壹壹《隋本紀》同】云：

> 皇妣呂氏，以大統七年六月癸丑夜，生高祖於馮翊般若寺，紫氣充庭。有尼來自河東，謂皇妣曰：“此兒所從來甚異，不可於俗間處之。”尼將高祖舍於別館，躬自撫養。皇妣嘗抱高祖，忽見頭上角出，徧體鱗起。皇妣大駭，墜高祖於地。尼自外入，見曰：“已驚我兒，致令晚得天下。”

道宣《廣弘明集》壹柒隋安德王雄、百官等《慶舍利感應表》云：

> 其［蒲州］栖巖寺者，即是太祖武元皇帝①之所建造。

寅恪案，帝王創業，史臣記述，例有符瑞附會之語，楊隋之興，何得獨異？但除去此類附會例語之外，有可注意者二事：一爲隋高祖父母之佛教信仰，一爲隋高祖本身幼時之佛教環境。夫楊氏爲北周勳戚，當北周滅佛之時，而智仙潛匿其家，則楊氏一門之爲佛教堅實信徒，不隨時主之好惡轉移，於此益可以證明也。

《隋書》叁伍《經籍志·道佛經類》云：

> 開皇元年，高祖普詔天下，任聽出家。仍令計口出錢，營造經像。而京師及并州、相州、洛州等諸大都邑之處，並官寫一切經，置於寺內，而又別寫藏於秘閣。天下之人從風而靡，競相景慕。民間佛經多於六經數十百倍【參閱《通鑑》壹柒伍《陳紀》宣帝太建十三年（公元五八一年）“隋主詔境內之民任

---

① 即楊忠。

聽出家"條】。

《續高僧傳》捌《隋釋曇延傳》略云：

> 隋文創業，未展度僧。延初聞改政，即事剃落。法服執錫，來至王庭。帝奉聞雅度，欣泰本懷。共論開化之模，孚化之本。延以寺宇未廣，教法方隆。奏請度僧，以應千二百五十比丘、五百童子之數。敕遂總度一千餘人，以副延請。此皇隋釋化之開業也。爾後遂多，凡前後別請度者，應有四千餘僧。周廢伽藍並請興復。三寶再弘，功兼初運者，又延之力矣。

寅恪案，周武帝廢滅佛教。隋文帝代周自立，其開國首政即爲恢復佛教。此固別有政治上之作用，而其家世及本身幼時之信仰，要爲一重要之原因，則無疑也。至於煬帝，在中國歷史上通常認爲弒父弒君荒淫暴虐之主，與桀、紂、幽、厲同科，或更不如者。然因其崇奉佛教，尤與天台宗創造者智者大師有深切之關係之故，其在佛教中之地位，適與其在儒家教義中者相反，此乃吾國二種不同文化價值論上之問題，不止若唐代改易《漢書・古今人表》中老子等級之比也。此問題非兹篇所能詳論，今但擇錄天台宗著述中與此問題有關之文，略附詮釋，以供參證。

南宋天台宗僧徒志磐撰《佛祖統紀》叄玖開皇十一年（公元五九一年）"晉王廣①受菩薩戒於智者大師"條述曰：

> 世謂煬帝稟戒學慧，而弒父代立。何智者之不知預鑑耶？

---

① 即隋煬帝楊廣。

然能借闍王之事以比決之，則此滯自銷。故《觀經疏》釋之【寅恪案，此指智者大師之《觀無量壽佛經疏》】，則有二義：一者事屬前因，由彼宿怨，來爲父子。故阿闍世此云："未生怨。"二者大權現逆，非同俗間惡逆之比。故佛言："闍王昔於毘婆尸佛發菩提心，未嘗墮於地獄。"【原注："《涅槃經》云。"寅恪案，此語出北本《大涅槃經》貳拾《梵行品》第捌之柒末段。】又佛爲授記，却作後佛，號"淨身"。【原注："《闍王受決經》。"寅恪案，今此經文作"淨其所部"。志磐所據本"其"作"身"字，故云"淨身"。】又"闍王未受果而求懺，令無量人發菩提心"。【寅恪案，原本此處有"垂裕記"三字。今移置下文"孤山"二字之下。】有能熟思此等文意，則知智者之於煬帝，鑒之深矣。故智者自云："我與晉王深有緣契。"今觀其始則護廬山主玉泉，終則創國清，保龕壟。而章安結集，十年送供。【原注："事見《智者本紀》。"寅恪案，見《佛祖統紀》陸《智者紀》。原注本在篇末，今移於此。】以是比知，則煬帝之事，亦應有前因現逆二者之義。孤山[《垂裕記》]云："菩薩住首楞嚴定者或現無道，所以爲百王之監也。"【寅恪案，此語見孤山即智圓《維摩經略疏垂裕記》壹。】

寅恪案，阿闍世王爲弒父弒君之惡主。然佛教經典如《大涅槃經・梵行品》則列舉多種理由，以明其無罪。非但無罪，如《阿闍世王受決經》且載其未來成佛之預言。智圓之書，成於北宋初期，志磐之書，成於南宋季世，雖皆較晚，疑其所論俱出於唐代天台宗相承之微言，而非二人之臆説也。夫中國佛教徒以隋煬帝比於阿闍世王，則隋煬在佛教中，其地位之尊，遠非其他中國歷代帝王所能竝論。此點與儒家之評價適得其反。二種文化之同異是非，於此不必討論。但隋文帝重興釋氏於周武滅法之後，隋煬帝又隆禮台宗於智者闡教之時，其家世之宗教信仰，固可以推測得知。而武曌之母楊氏既爲隋之宗室子孫，則其人之篤信佛教，亦不足爲異矣。兹節録舊史及佛藏之文於後，以資證明。

《舊唐書》壹捌叄《外戚傳》【《新唐書》貳零陸《外戚傳》同】略云：

> 初[武]士彠娶相里氏，又娶楊氏，生三女。長適越王府功曹賀蘭越石，次則天，次適郭氏。則天立爲皇后，追贈士彠爲司徒周忠孝王，封楊氏代國夫人。賀蘭越石早卒，封其妻爲韓國夫人。尋楊氏改封爲榮國夫人。咸亨二年（公元六七一年）榮國夫人卒。

《新唐書》壹佰《楊恭仁傳》【《舊唐書》陸貳《楊恭仁傳》略同】略云：

> 楊恭仁，隋[司空]觀王雄子也。執柔，恭仁從孫，歷地官尚書。武后母即恭仁叔父達之女。及臨朝，武承嗣、攸寧相繼用事。后曰："要欲我家及外氏常一人爲宰相。"乃以執柔同中書門下三品。

《新唐書》柒壹下《宰相世系表》"楊氏觀王"條云：

> 達字士達。隋納言，始安恭侯。【寅恪案，《隋書》肆叄、《北史》陸捌《楊達傳》"泰"作"恭"，應據改。】

《舊唐書》伍貳《后妃傳下·玄宗元獻皇后楊氏傳》【《新唐書》柒陸《后妃傳》上同】云：

> 玄宗元獻皇后楊氏，弘農華陰人。曾祖士達。隋納言。

天授中以則天母族，追封士達爲鄭王，贈太尉。

錢易《南部新書》甲云：

> 龍朔中楊思玄特外戚典選，多排斥選士。

《新唐書》柒壹下《宰相世系表》"楊氏觀王"房條云：

> 思玄，吏部侍郎。

寅恪案，依據上述，可知武曌之母楊氏爲隋宗室觀王雄弟始安侯達之女。觀王雄者，即前引《廣弘明集》壹柒隋安德王雄、百官等《慶舍利感應表》之安德王雄。雄及其弟達事蹟，詳見《周書》貳玖、《隋書》肆叁及《北史》陸捌等本傳，茲不備録。此武曌血統與楊隋關係之可推尋者。自來論史者多不及此事，其實此點甚可注意也。

唐釋彥悰所編之《[集]沙門不應拜俗等事》叁載龍朔二年（公元六六二年）四月二十七日西明寺僧道宣等《上榮國夫人楊氏請論沙門不合拜俗啓》一首，下注云：

> 夫人帝后之母也。敬崇正化，大建福門，造像書經，架築相續。出入宮禁，榮問莫加。僧等詣門致書云爾。

又彥悰書陸尚載有龍朔二年八月十三日西明寺僧道宣等《重上榮國夫人楊氏請論不合拜親啓》一首。據此可知武曌之母楊氏必爲篤信佛教之人，故僧徒欲藉其力以保存不拜俗之教規。至楊氏所以篤信佛教之由，今以史料缺乏，雖不能確言，但就南北朝人士其道教之信仰，多因於家世遺傳之事實推測之【參閱拙著《天師道與濱海地域之關係》】，則榮國夫人之篤信佛教，亦必由楊隋宗室家世遺傳所致。榮國夫人既篤信佛教，武曌幼時受其家庭環境佛教之薰習，自不待言。又據倫敦博物館藏敦煌寫本《大雲經疏》【見《羅福萇沙州文錄補》】中

　　　　伏承神皇幼小時已被緇服

之語，則武曌必在入宮以前，已有一度正式或非正式爲沙彌尼之事。所以知者，據《通鑑考異》拾貞觀十一年"武士彠女年十四入宮"條云：

　　　《舊‧則天本紀》：崩時年八十二。《唐曆》、焦璐《唐朝年代記》、《統記》、馬總《唐年小錄》、《聖運圖》、《會要》皆云八十一。《唐錄政要》：貞觀十三年（公元六三九年）入宮。據武氏入宮年十四。今從吳兢《則天實錄》爲八十二，故置此年。

　　若依君實①之考定，武曌既於貞觀十一年年十四歲入宮，則貞觀二十三年（公元六四九年）太宗崩後，出宮居感業寺爲尼時，其年已二十六歲。以二十六歲之年，古人決不以爲幼小。故幼小之語，顯指武曌年十四歲未入宮以前而言。然則武曌幼時，即已一度正式或非正式爲沙彌尼。其受母氏佛教信仰影響之深切，得此一事更可證明矣。後來僧徒即藉武曌家庭傳統之信仰，以恢復其自李唐開國以來所喪失之權勢。而武曌復轉借佛教經典之教義，以證

————————————

① 　即司馬光。

明其政治上所享之特殊地位。二者之所以能彼此互相利用，實有長久之因緣，非一朝一夕偶然所可致者，此本篇所討論問題之第一點也。

（丙）武曌與佛教符讖之關係

儒家經典不許婦人與聞國政。其顯著之例如《尚書・牧誓》云：

> 牝雞無晨。牝雞之晨，惟家之索。

《僞孔傳》云：

> 雌代雄鳴則家盡；婦奪夫政則國亡。

《詩・大雅・瞻卬》云：

> 如賈三倍，君子是識。婦無公事，休其蠶織。

《毛傳》云：

> 婦人無與外政，雖王后猶以蠶織爲事。

《鄭箋》云：

> 賈物而有三倍之利者，小人所宜知也。君子反知之，非其宜也。今婦人休其蠶桑織紝之職，而與朝廷之事，其非宜亦猶是也。

觀此即知武曌以女身而爲帝王，開中國政治上未有之創局。如欲證明其特殊地位之合理，決不能於儒家經典求之。此武曌革唐爲周，所以不得不假託佛教符讖之故也。考佛陀原始教義，本亦輕賤女身。如《大愛道比尼經》下所列舉女人之八十四態，即是其例。後來演變，漸易初旨。末流至於大乘急進派之經典，其中乃有以女身受記爲轉輪聖王成佛之教義。此誠所謂非常異義可怪之論也。武曌頒行天下以爲受命符讖之《大雲經》，即屬於此大乘急進派之經典。其原本實出自天竺，非支那所僞造也。

近歲敦煌石室發見《大雲經疏》殘卷。王國維氏爲之跋尾，考證甚確【並見《沙州文録補》】。茲節録其文與本篇主旨有關者於後，並略附以詮釋。凡王氏跋中所已詳者，皆不重論。但佛典原文王跋未及備載，茲亦補録其有關者，以資參校，而便説明。

《大雲經疏》王氏跋云：

> 卷中所引經曰及經記云云，均見後涼曇無讖所譯《大方等無想經》。此經又有竺法念譯本，名《大雲無想經》。曇公譯本中亦屢見"大雲"字，故知此爲《大雲經疏》也。【寅恪案，竺法念應作竺佛念，蓋王氏偶爾筆誤。至曇無讖所譯，僅《高麗藏》本作《大方等無想經》，其餘宋、元、明等藏及日本宮内省所藏諸本俱作《大方等大雲經》也。】案《舊唐書·則天皇后本紀》"載初元年(公元六八九年)，有沙門十人僞撰《大雲經》，表上之，盛言神皇受命之事。制頒於天下，令諸州各置大雲寺，總度僧千人"。又《薛懷義傳》"懷義與法明等造《大雲經》，陳符命，言則天是彌勒下生，作閻浮提主，唐氏合微。故則天革命稱周。其《僞大雲經》頒於天下，寺各藏一本，令昇高座講説"。《新唐書·后妃傳》所紀略同。宋次道《長安志》記大雲經寺亦云："武太后初，光明寺沙門進《大雲經》，經中有女主之符，因改爲

大雲寺。"皆以此經爲武后時僞造。然後凉譯本之末,固詳説黑河女主之事,故贊寧《僧史略》謂:"此經晉代已譯,舊本便曰女王,於時豈有天后云云。"頗以《唐書》之説爲非。志磐《佛祖統紀》從之,故於武后載初元年書"勅沙門法朗九人重譯《大雲經》",不云僞造。今觀此卷所引經文,皆與凉譯無甚差池。豈符命之説皆在疏中,經文但稍加緣飾,不盡僞託歟?又此疏之成,蓋與僞經同頒天下。故敦煌寺中尚藏此殘卷。

寅恪案,武曌之頒行《大雲經》於全國,與新莽之"遣五威將軍王奇等十二人班符命四十二篇於天下"【見《漢書》玖玖中《王莽傳》】正同一政治作用。蓋革命開國之初,對於民衆宣傳及證明其新取得地位之合理也。今檢曇無讖譯《大方等大雲經》肆《大雲初分如來涅槃健度》第叁陸略云:

> 佛告淨光天女言:汝於彼佛暫一聞《大涅槃經》。以是因緣,今得天身。值我出世,復聞深義。捨是天形,即以女身當王國土,得轉輪王所統領處四分之一。【寅恪案,此武曌所以稱金輪皇帝之故。】汝於爾時實爲菩薩。爲化衆生,現受女身。

又同經陸《大雲初分增長健度》第叁柒之餘略云:

> 我涅槃已七百年後,是南天竺有一小國,名曰無明。彼國有河,名曰黑闇。南岸有城,名曰穀熟。其城有王,名曰等乘。其王夫人産育一女,名曰增長。其王未免忽然崩亡。爾時諸臣即奉此女以繼王嗣。女既承正,威伏天下。閻浮提中所有

國土悉來承奉，無拒違者。

寅恪案，觀曇無讖譯《大方等大雲經》之原文，則知不獨史籍如《舊唐書》等之僞造說爲誣枉，即僧徒如志磐輩之重譯說，亦非事實。今取敦煌殘本，即當時頒行天下以爲受命符讖之原本，與今佛藏傳本參校，幾全部符合。間有一二字句差池之處，而意義亦無不同。此古來書册傳寫所習見者，殊不能據此以爲有歧異之二譯本也。又因此可知薛懷義等當時即取舊譯之本，附以新疏，巧爲傅會。其於曇本原文，則全部襲用，絶無改易。既不僞造，亦非重譯。然則王畈以爲“經文但稍加緣飾，不盡僞託”，又云：“此疏之成，蓋與僞經同頒天下。”則尚有未諦也。蓋武曌政治上特殊之地位，既不能於儒家經典中得一合理之證明，自不得不轉求之於佛教經典。而此佛教經典若爲新譯或僞造，則必假託譯主，或別撰經文。其事既不甚易作，其書更難取信於人。仍不如即取前代舊譯之原本，曲爲比附，較之僞造或重譯者，猶爲事半而功倍。由此觀之，近世學者往往以新莽篡漢之故，輒謂古文諸經及《太史公書》等悉爲劉歆所僞造或竄改者，其說殆不盡然。寅恪不敢觀三代、兩漢之書，固不足以判決其是非。而其事亦軼出本篇範圍之外，尤不必涉及。但武曌之頒行《大雲經》與王莽之班符命四十二篇，其事正復相類，自可取與竝論。至若李思順解釋《大雲經》以爲唐興之符命一案，則又“劉秀當爲天子”之類也【見《通典》壹陸玖《刑典柒·守正門》】。此類政治與符讖關係，前人治史，多不知其重要，故特辨之如此。佛教在李唐初期爲道教所壓抑之後，所以能至武周革命而恢復其

楊隋時所享之地位者，其原因固甚複雜，而其經典教義可供女主符
命附會之利用，要爲一主因。茲迻録《唐大詔令集》壹壹叁所載武
周天授二年(公元六九一年)三月《釋教在道教之上制》以爲證明。

　　朕先蒙金口之記，又承寶偈之文。歷教表於當今，本願標
於曩劫。《大雲》闡奧，明王國之禎符，《方寺》【寅恪案，"寺"當
作"等"，即指《大方等大雲經》而言】發揚，顯自在之丕業。馭一
境而敦化，弘五戒以訓人。爰開革命之階，方啓維新之命。宜
協隨時之義，以申自我之規。雖實際如如，理忘於先後，而翹
心懇懇，思展於勤誠。自今以後，釋教宜在道法之上，緇服處
黃冠之前，庶得道有識以歸依，極羣生於迴向。布告遐邇，知
朕意焉。

　　觀此制文，凡武曌在政治上新取得之地位，悉與佛典之教義爲
證明，則知佛教符讖與武周革命之關係，其深切有如是者。此本篇
所討論問題之第二點也。

（丁）結論

　　自貞觀十一年【西曆六三七年】正月【或二月，見乙章】，詔道士
女冠在僧尼之上【詔文見乙章】，歷五十四年至天授二年【西曆六九
一年】三月，周已革唐命，而有釋教在道法之上之制【制文見丙章】。
又歷二十年唐室中興之後，景雲二年【西曆七一一年】，復敕僧道齊
行並進【敕文見《唐大詔令集》壹壹叁】。約而論之，凡有三變。若通

計自隋煬帝大業之世迄於唐睿宗景雲之初,此一百年間佛教地位之升降,與當時政治之變易,實有關係。而與此百年間政治上三大怪傑即隋煬帝、唐太宗及武曌尤多所關涉。故綜合前後政治之因果,依據中西文化之同異,類次舊文,間附臆說,成此短篇,以供研求國史中政治與宗教問題者之參證。

兹有間接與《大雲經》有關之謝靈運《辨宗論》中華夷分別一點,略論述之如下。但祇就此端範圍推論,其餘涉及佛教大小乘教義之演變諸問題,則概從省略,以免枝蔓。嚴可均輯《全宋文》叁貳謝靈運《辨宗論》云:

> 華民易於見理,難於受教,故閉其累學,而開其一極。夷人易於受教,難於見理,故閉其頓了,而開其漸悟。漸悟雖可至,昧頓了之實,一極雖知寄,絕累學之冀。良由華人悟理無漸,而誣道無學,夷人悟理有學,而誣道有漸。是故權實雖同,其用各異。

寅恪案,靈運文中所討論者,在華人主頓夷人主漸一事,專為道生之《大涅槃經》而發。

慧皎《高僧傳》柒《義解肆·竺道生傳》略云:

> 又六卷《泥洹》先至京都,生剖析經理,洞入幽微,迺說一闡提人皆得成佛。於時大本未傳,孤明先發,獨見忤衆,於是舊學以為邪說,譏憤滋甚,遂顯大衆,擯而遣之。後《涅槃大本》至於南京,果稱闡提悉有佛性,與前所說合若符契。

今據同書貳《曇無讖傳》略云:

【讖】往罽賓齋《大涅槃》前分十卷。頃之，復進到姑臧，譯寫初分十卷。次譯《大集》《大雲》《悲華》《地持》《優婆塞戒》《金光明》《海龍王》《菩薩戒本》等六十餘萬言。讖以《涅槃經》本品數未足，還外國究尋。後於于闐更得經本中分，復還姑臧譯之。後又遣使于闐尋得後分，於是續譯爲三十三卷。

然則一闡提可以成佛之《大涅槃經》出於于闐，確有證明。

玄奘《大唐西域記》壹貳《瞿薩旦那國》：

王城東南五六里，有鹿射僧伽藍，此國先王妃所立也。昔者此國未知桑蠶，聞東國有之，命使以求。時東國君秘而不賜，嚴勅關防，無令桑蠶種出也。瞿薩旦那王乃卑辭下禮，求婚東國，國君有懷遠之志，遂允其請。瞿薩旦那王命使迎婦而誡曰："爾致辭東國君女，我國素無絲綿，桑蠶之種，可以持來，自爲裳服。"女聞其言，密求其種，以桑蠶之子置帽絮中。既至關防，主者遍索，唯王女帽不敢以檢，遂入瞿薩旦那國，止鹿射伽藍故地。方備儀禮，奉迎入宮，以桑蠶種留於此地，陽春告始，乃植其桑。蠶月既臨，復事採養。初至也，尚以雜葉飼之，自時厥後，桑樹連蔭，王妃乃刻石爲制，不令傷殺，蠶蛾飛盡，乃得治繭，敢有犯違，明神不祐，遂爲先蠶，建此伽藍，數株枯桑，云是本種之樹也。故今此國有蠶不殺，竊有取絲者，來年輒不宜蠶。

及《北史》玖柒《西域傳·于闐國傳》【參《魏書》壹佰貳《西域傳》】云：

自高昌以西，諸國人等，深目高鼻，唯此一國，貌不甚胡，頗類華夏。

可見于闐之地，舊爲華夏民族移居之土。《大涅槃經》既出于闐，又主張頓悟，靈運謂華人主頓悟，殊有根據，未可以想像之空論目之也。

《歷代三寶記》壹貳“新合大集經”條略云：

> 于闐東南二千餘里，有遮拘迦國，彼王純信敬重大乘。彼土又稱，此國東南二十餘里，有山甚險，其内安置《大集》《華嚴》《方等》《寶積》《楞伽》《方廣舍利》《弗陀羅尼》《華聚陀羅尼》《都薩羅藏》《摩訶般若》《八部般若》《大雲經》等凡十二部，皆十萬偈。

寅恪按，《歷代三寶記》所引此文與澄觀《大方廣佛華嚴經隨疏演義鈔》壹伍所録文字略有出入，遮拘迦作遮拘槃，藏《大雲經》等十二部作十一部。槃與迦表面似非同一對音，但王明清《揮塵後録》陸云：

> 趙正夫[挺之]丞相元祐中與黃太史魯直[庭堅]俱在館閣，魯直以其魯人，意常輕之。每庖吏來問食次，正夫必曰：“來日喫蒸餅。”一日聚飯行令，魯直云：“欲五字從首至尾各一字，復合成一字。”正夫沈吟久之曰：“禾女委鬼魏。”魯直應聲曰：“來力勑正整。”協正夫之音。闔座大笑。

然則趙挺之讀餅爲整，乃其鄉音，可見迦與槃之對音互異，亦由當日地方之土音不同所致也。至於藏經部數，應以十一部爲是。夫《大雲經》雖未明言出於于闐國，但與于闐相鄰近之遮拘迦國有

關,確有明證。《大唐西域記》壹貳"斫句迦國"條略云:

> 周千餘里,編户殷盛。臨帶兩河,頗以耕植蒲萄、梨、柰。文字同瞿薩旦那國,言語有異。此國中大乘經典部數尤多,佛法至處,莫斯爲盛也。十萬頌爲部者凡有十數,自兹已降,其流寖廣,從此而東,踰嶺越谷,行八百餘里,至瞿薩旦那國。

《册府元龜》玖陸拾《外臣部·土風》貳云:

> [于闐]國人善鑄銅器,其治曰西山城,有屋室市井,菓蓏菜蔬與中國等,尤信佛法。

可知遮拘迦國即《大唐西域記》中之斫句迦國。《歷代三寶記》所云東南一千餘里當是訛寫,與《西域記》等所載,此國位置,絶不能有此遼遠之里程也。此國崇尚大乘,文化雖較于闐爲低,但其人仍屬于闐之影響,據言文字與于闐國同。可證此大乘文化,實從于闐而來。寅恪昔年與鋼君和泰比較各種文字之《金剛經》,始知玄奘所譯之本,源出自于闐文。是以較其他譯本爲繁。惜此稿本經已不見,故無從詳加説明也。

綜合言之,《大雲經》雖不出于闐,但亦出自于闐相近之遮拘迦。據《北史》玖柒《西域傳·于闐國傳》略云:

> 土宜五穀並桑麻。城東有大水北流,號樹枝水。城西十五里亦有大水名達利水,與樹枝水會,俱北流。

達利河即土耳其語言之 Kara Kachi,Kara 爲黑暗之義,與"土宜五穀並桑麻"等語,翊似皆可與《大雲經》所言"有一小國,名曰無明。彼國有河,名曰黑闇。南岸有城,名曰熟穀"等文相印證。由是言之，武曌所據以女身得爲帝王之教義，亦間接出自于闐，與謝靈運《辨宗論》及遮拘迦之華夏移民實有間接關係也。復曌因中國儒教等經典最重男輕女，不許女身得爲帝王，故不得已求之於華夏民族以外之經典，藉資宣傳。殊不知女身得爲帝王之說，實源出華夏移民所主張，此俗所謂家有祖傳之寶，苟爲子孫所忘，而別從他人求乞。斯真爲中外學說歷史之一奇事也。今述《大雲經》教義已畢，聊舉此端，以供好事之博雅通人一笑云爾。

附注

關於武曌與佛教符讖之問題，可參考矢吹慶輝博士著《三階教之研究》及湯用彤先生所作同書之跋文【載《史學雜誌》第貳卷第伍陸期合刊】。總而言之，《大周刊定衆經目錄》不著錄新譯《大雲經》，尤足證薛懷義等無重譯或僞撰此經之事也。

原載一九三五年十二月《歷史語言研究所集刊》第伍本第貳分

李唐氏族之推測

（甲）引言

李唐氏族問題，近人頗有討論。寅恪講授清華，適課唐史，亦詮次舊籍，寫成短篇。其所徵引，不出習見之書。凡關係疏遠之證據，事實引申之議論，雖多可喜可觀者，以限於體裁，不能詳及。極知淺陋簡略，無當於著述之旨。然此文本意，僅在備講堂之遺忘，資同學之商榷。間有臆測之說，固未可信爲定論，尤不敢自矜有所創獲。儻承博洽君子，不以爲不可教誨而教誨之，實所深幸焉！

（乙）李唐自稱西涼後裔之可疑

李唐自稱爲西涼李暠後裔。然詳檢載記，頗多反對之證據。茲擇其最强有力，及足以解人頤者，各一事，迻錄於下：

《魏書》壹捌《廣陽王深傳》【《北史》壹陸《廣陽王深傳》同】《論六鎮疏》云：

　　昔皇始（公元三九六至三九八年）以移防爲重，盛簡親賢，擁麾作鎮，配以高門子弟，以死防遏。不但不廢仕宦，至乃偏得復除。當時人物，忻慕爲之。及太和(公元四七七至四九九年)在曆，僕射李沖當官任事，涼州土人悉免厮役，豐沛舊門，仍防邊戍。自非得罪當世，莫肯與之爲伍。征鎮驅使，但爲虞候白直，一生推遷，不過軍主。然其往世房分留居京者，得上品通官。在鎮者便爲清途所隔。或投彼有北，以禦魑魅，多復逃胡鄉。乃峻邊兵之格，鎮人浮遊在外，皆聽流兵捉之。於是少年不得從師，長者不得遊宦，獨爲匪人，言者流涕。

案，《舊唐書》壹《高祖本紀》【《新唐書》壹《高祖本紀》略同】云：

　　重耳生熙，爲金門鎮將，領豪傑鎮武川，因家焉。

今依李沖世系【《魏書》叁玖《李寶傳》、伍叁《李沖傳》，《北史》壹佰《序傳》】及唐室自稱之世系【兩《唐書》壹《高祖本紀》及《新唐書》柒拾上《宗室世系表》等】，綜合推計，列爲一表。以見其親族關係：

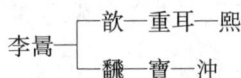

```
         ┌─歆─重耳─熙
李暠──────┤
         └─飜─寶─沖
```

據此，則重耳與寶爲共祖兄弟，熙與沖爲共曾祖兄弟，血統甚近。魏太和之世，沖宗族貴顯，一時無比。【《新唐書》玖伍《高儉傳》云："後魏太和中定四海望族，以[隴西李]寶等爲冠。"】熙既與沖爲共曾祖兄弟，所生時代，前後相差，必不能甚遠。當太和之世，六鎮邊戍乃"莫肯與之爲伍"之人。李熙一族，留家武川，則非"涼州土人"，而爲"豐沛舊門"可知。是李沖即隴西李氏，不認之爲同宗，自無疑義。李唐自稱爲西涼後裔之反對證據中，此其最強有力者也。

又唐釋彥悰《唐護法沙門法琳別傳》下載法琳對太宗之言曰：

竊以拓拔元魏,北代神君。達闍【即大野】達系,陰山貴種。《經》云:以金易鍮石,以絹易縷褐,如捨寶女與婢交通,陛下即其人也。棄北代而認隴西,陛下即其事也。【此條《女師大學術季刊》第一卷第四期劉盼遂先生《李唐爲蕃姓考》所引較詳,可參閱。】

據此,可知唐初人固知其皇室氏族冒認隴西,此李唐自稱爲西涼後裔之別一反對證據,而又可以解人頤者也。

（丙）李唐疑是李初古拔之後裔

李唐世系之紀述,其見於《新舊唐書》壹《高祖本紀》、《北史》壹佰《序傳》、《晉書》捌柒《涼武昭王傳》、林寶《元和姓纂》等書者,皆不及《新唐書》柒拾上《宗室世系表》所載之詳備。今即依據此表與其他史料比較討論之。《表》云:

歆字士業,西涼後主。八子:勗、紹、重耳、弘之、崇明、崇產、崇庸、崇祐。重耳字景順,以國亡奔宋,爲汝南太守。後魏克豫州,以地歸之,拜恒農太守。復爲宋將薛安都所陷。後魏安南將軍、豫州刺史。生獻祖宣皇帝熙,字孟良,後魏金門鎮將。生懿祖光皇帝,諱天賜,字德真,三子:長曰起頭,長安侯,生達摩,後周羽林監、太子洗馬、長安縣伯;次曰太祖;次乞豆。

此表所載必爲唐室自述其宗系之舊文。茲就其所紀李重耳、李熙父子事實,分析其內容,除去其爲西涼後裔一事以外,尚有七事。條列於下：

（一）其氏爲李。

（二）父爲宋汝南太守。

（三）後魏克豫州。父以地歸之。

（四）父爲後魏恒農太守。

（五）父爲宋將薛安都所陷。

（六）父爲後魏安南將軍、豫州刺史。

（七）子爲後魏金門鎮將。

考《宋書》伍《文帝紀》云：

　　[元嘉二十七年（公元四五零年）二月]辛丑，索虜寇汝南諸郡，陳、南頓二郡太守鄭琨，汝陽、潁川二郡太守郭道隱委守走。索虜攻懸瓠城，行汝南郡事陳憲拒之。

又《宋書》柒貳《南平穆王鑠傳》云：

　　索虜大帥拓跋燾南侵陳潁，遂圍汝南懸瓠城。行汝南太守陳憲保城自固。

又《宋書》柒柒《柳元景傳》云：

　　[元嘉]二十七年八月，[隨王]誕遣振威將軍尹顯祖出貲谷，奮武將軍魯方平、建武將軍薛安都、略陽太守龐法起入盧氏。【中略】閏[十]月法起、安都、方平諸軍入盧氏。【中略】法起諸軍進次方伯堆，去弘農城五里。【中略】諸軍造攻具，進兵城下。僞弘農太守李初古拔嬰城自固。法起、安都、方平諸軍鼓譟以陵城。【中略】安都軍副譚金、薛係孝率衆先登，生禽李

初古拔父子二人。【中略】殿中將軍鄧盛、幢主劉驂亂使人入荒田，招宜陽人劉寬糾，率合義徒二千餘人，共攻金門隖，屠之。殺戍主李買得，古拔子也，爲虜永昌王長史，勇冠戎類。永昌聞其死，若失左右手。

又《宋書》玖伍《索虜傳》云：

[元嘉]二十七年，燾自率步騎十萬寇汝南。【中略】宣威將軍陳、南頓二郡太守鄭緄【《文帝紀》作琨】，綏遠將軍汝南、潁川二郡太守郭道隱竝棄城奔走。虜掠抄淮西六郡，殺戮甚多。攻圍懸瓠城，城內戰士不滿千人。先是汝南、新蔡二郡太守徐遵之去郡，南平王鑠時鎮壽陽，遣左軍行參軍陳憲行郡事。憲嬰城固守。【中略】燾遣從弟永昌王庫仁真步騎萬餘，將所略六郡口，北屯汝陽。【中略】太祖嘉憲固守，詔曰：“右軍行參軍、行汝南、新蔡二郡軍事陳憲，盡力捍禦，全城摧寇，忠敢之效，宜加顯擢。可龍驤將軍、汝南、新蔡二郡太守！”

又《魏書》陸壹《薛安都傳》云：

後自盧氏入寇弘農，執太守李拔等，遂逼陝城。時秦州刺史杜道生討安都。仍執拔等南遁，及世祖[①]臨江，拔乃得還。

據上引史實，則父稱李初古拔，子稱李買得。名雖類胡名，姓則爲漢姓。但其氏爲李，則不待言，是與第一條適合。李初古拔爲後魏弘農太守，弘農即恒農，以避諱改字，是與第四條適合。李初

————————

① 北魏太武帝拓跋燾。

古拔爲宋將薛安都所禽，是與第五條適合。《宋書·柳元景傳》言：
"生禽李初古拔父子"，《魏書·薛安都傳》言："安都禽李拔等"，"仍
執拔等南遁。世祖臨江，拔乃得還"，則李初古拔必不止一子。或
買得死難以弟代領其職，或《唐書·高祖紀》稱李熙領豪傑鎮武川，
因而留居之記載，經後人修改，今不能懸決。但李熙爲金門鎮將，
李買得亦爲金門隖戍主，地理專名，如是巧同，亦可謂與第七條適
合。至第二條李重耳爲宋汝南太守一事，徵諸上引史實，絕不可
能。蓋既言爲宋將薛安都所陷，其時必在元嘉二十七年。當時前
後宋之汝南太守，其姓名皆可考知。郭道隱則棄城走，徐遵之則去
郡，陳憲則先行郡事，後以功擢補實官，故依據時日先後，排比推
計，實無李重耳可爲宋汝南太守之餘地。據《宋書·柳元景傳》言
李買得爲永昌王長史，永昌聞其死，若失左右手，則李氏父子與永
昌王關係密切可知。《宋書·索虜傳》又言"永昌王北屯汝陽"。考
《資治通鑑》繫永昌王屯汝陽事於元嘉二十七年三月，繫李初古拔
被禽事於元嘉二十七年閏十月，而汝陽縣本屬汝南郡，後分爲汝陽
郡者，故以時日先後，地域接近，及人事之關係論，李初古拔殆於未
被禽以前，曾隨永昌王屯兵豫州之境，故因有汝南太守之授。然則
此汝南太守非宋之汝南太守，乃魏之汝南太守也。第六條之安南
將軍、豫州刺史，當即與第二條汝南太守有關之職銜。第三條所謂
後魏克豫州，以其地歸之者，亦與第二條爲宋汝南太守相關，同與
上引史文衝突，實爲不可能之事，無待詳辯。《魏書·薛安都傳》言
安都執李拔等南遁，及世祖臨江，拔乃得還。是李初古拔原有由北

遁南,復由南歸北一段因緣。李唐自述先世故實,或因此加以修改傅會,幸賴其與他種記載矛盾,留此罅隙,千載而後,遂得以發其覆耳。

又《魏書·薛安都傳》之李拔即《宋書·柳元景傳》李初古拔之渻稱。《梁書》伍陸《侯景傳》景祖名周,《南史》捌拾《侯景傳》作乙羽周,與此同例。蓋邊荒雜類,其名字每多繁複,殊異乎華夏之雅稱,後人於屬文時因施删略。昔侯景稱帝,七世廟諱,父祖之外,皆王偉追造【事見《梁書》《南史》侯景傳】,天下後世傳爲笑談。豈知李唐自述先世之名字亦與此相類乎?夫侯漢、李唐俱出自六鎮【侯氏懷朔鎮人,李氏武川鎮人】,雖其後榮辱懸絶,不可並言,但祖宗名字皆經改造,則正復相同。考史者應具有通識,不可局於成敗之見,以論事論人也。

總而言之,前所列七條,第一、第四、第五、第七,四條中,李重耳父子事實,皆與李初古拔父子事實適合。第六條乃第二條之附屬,無獨立性質,可不別論。第二條、第三條實爲互相關聯之一條。第五條既言"爲宋將薛安都所陷",則元嘉二十七年南北交兵之際,李氏父子必屬於北,而不屬於南。否則何能爲宋將所禽?故易劉宋爲後魏,則第二條、第三條之事實,不獨不與其他諸條事實相反,而且適與之相成。況此其他諸條中涵有"元嘉二十七年"一定之時日,"李氏""薛安都"之人名專名,"弘農""金門"之地域專名,而竟能兩相符應,天地間似無如此偶然巧值之事。故疑李唐爲李初古拔之後裔,或不至甚穿鑿武斷也。

（丁）李唐先世與大野部之關係

李唐先世與大野部之關係，以今日史料之缺乏，甚不易知。姑就其可以間接推測者言之：

李虎曾賜姓大野氏，或疑所謂賜姓者，實即復姓之意【見《女師大學術季刊》第二卷第二期王桐齡先生《楊隋李唐先世系統考》第四頁】。寅恪請舉一事，以明其不然。《隋書》伍伍【《北史》柒叁】《周搖傳》云：

> 其先與後魏同源。初爲普乃氏。及居洛陽，改爲周氏。

【中略】周閔帝受禪，賜姓車非氏。

據此，若賜姓果即復姓，則周搖應賜姓普乃氏，而非車非氏矣。故知賜姓即復姓之説非也。然則李虎何以賜姓大野氏？李氏與大野氏之關係究何如乎？今考李虎之外，李氏而有賜姓者，如李弼之賜姓徒何氏【《周書》拾伍、《北史》陸拾《李弼傳》】。李穆則賜姓拓拔氏【《北史》卷伍玖《李賢傳》。又見《容齋三筆》卷叁“元魏改功臣姓氏”條。洪氏謂“［宇文］泰方以時俗文敝，命蘇綽倣《周書》作《大誥》。又悉改官名，復周六卿之制。顧乃如是，殆不可曉”，是亦不解賜姓爲興滅國繼絕世之大典，正所以摹倣成周封建制度之意者也】，是同一李氏，而賜以不同之姓矣。又曾賜姓大野氏者，李虎以外，尚有閻慶。【見《周書》貳拾、《北史》陸壹《閻慶傳》、《新唐書》柒叁下《宰相世系表》、《通志》貳玖《氏族略》五、鄧名世《古今姓氏書辯證》

叁壹等。】又鄭氏①、鄧氏書皆言："後魏龍驤將軍謝懿賜姓大野氏"，王氏《金石粹編》貳柒載魏孝文《弔比干文碑》陰題名有"驤驤將軍臣河南郡大野懿"。【錢氏《潛研堂金石文跋尾》貳作"大野□"。寅恪見繆氏藝風堂所藏拓本，亦不清晰，以字形推之，及證以龍驤將軍官名，當是"懿"字。即此謝懿也。然魏孝文乃改代姓爲漢姓者，豈有轉賜漢姓之人以代姓之理？頗疑實大野氏改爲謝氏，以野、謝音近之故。《魏書·官氏志》中此例甚多。後人誤於西魏末年賜姓之事，因謂謝懿賜姓大野氏矣。待考。】是不同漢姓之人，亦賜以同一之大野氏矣。其間關係複雜糾紛，殊不易簡單説明。考《魏書》壹《序紀》【《北史》壹《魏本紀》略同】云：

> 積六十七世至成皇帝，諱毛立。聰明武略，遠近所推。統國三十六，大姓九十九。

又《魏書》壹壹叁《官氏志》云：

> 初，安帝統國，諸部有九十九姓。至獻帝時，七分國人，使諸兄弟各攝領之。

又《周書》壹柒、《北史》陸伍《若干惠傳》云：

> 若干惠字惠保，代郡武川人也。其先與魏氏俱起，以國爲姓。

據此則代北之姓，代表其國名。所謂國者，質言之，即部落也。《周書》貳《文帝紀》下西魏恭帝元年（公元五五四年）紀賜姓事。其

---

① 即鄭樵，《通志》作者。

文云：

> 魏氏之初，統國三十六，大姓九十九，後多絕滅。至是以諸將功高者爲三十六國後，次功者爲九十九姓後。所統軍人，亦改從其姓。

宇文黑獺銳意復古，信用蘇綽、盧辯之流，摹擬成周封建之制，賜姓功臣之舉，乃其所謂興滅國繼絕世之盛典也。《資治通鑑》載此事於壹陸伍梁紀元帝承聖三年（公元五五四年）正月，而刪去“爲三十六國後”及“爲九十九姓後”之文，使賜姓大典之原意不能明顯，遂啓後人諸種臆測之説。今依“爲後”之文解釋，則賜李虎以大野氏者，其意即以李虎爲大野氏之後。又依“所統軍人亦改從其姓”之文解釋，則其意部主與部屬必應同一姓氏。當時既以大野之姓賜與李虎，則李虎先世或爲大野部之部曲亦未可知。若李虎果爲李初古拔之後裔，則南朝元嘉、北朝太平真君之時已姓李氏，似本漢人。譬諸後來清室之制，遼東漢人包衣有以外戚擡旗故，而升爲滿洲本旗，並改爲滿姓之例。李虎之賜姓大野氏，或亦與之有相似者歟？李唐先世與大野部之關係所能推測者，僅止於此，實非決定之結論也。

（戊）李重耳南奔之説似後人所僞造

前於丙章已言當元嘉二十七年南北交兵之際，李重耳無爲宋汝南太守之可能。假使果有其事，而其爲李唐先世與否，又爲一問

題，尚須別論。寅恪則並疑凡<u>李重耳</u>南奔之事，載在<u>唐</u>修《<u>晉書·</u>
<u>涼武昭王傳</u>》、《<u>北史·序傳</u>》、兩《<u>唐書·高祖紀</u>》、《<u>新唐書·宗室世</u>
<u>系表</u>》等者，皆依據<u>唐</u>室自述宗系之言，原非真實史蹟。乃由後人
修改傅會<u>李初古拔</u>被禽入<u>宋</u>後復歸<u>魏</u>之事而成。兼以<u>李重耳</u>之奔
<u>宋</u>，與<u>李寶</u>之歸<u>魏</u>，互相對映也。何以知其然？因《<u>世說新語·言</u>
<u>語篇</u>》云：

> <u>張天錫</u>爲<u>涼州</u>刺史，稱制西隅。既爲<u>符堅</u>所禽，用爲侍
> 中，後於<u>壽陽</u>俱敗。至都，爲<u>孝武</u>所器。每入言論，無不竟日。

又《<u>晉書</u>》捌陸《<u>張軌傳</u>》載<u>張天錫</u>歸<u>晉</u>後事云：

> 又詔曰："故太尉<u>西平公張軌</u>著德退域，【中略】拔迹登朝。
> 先祀淪替，用增矜慨。可復<u>天錫西平郡公</u>爵！"俄拜金紫光禄
> 大夫。<u>天錫</u>少有文才，流譽遠近。及歸朝，甚被恩遇。

又<u>僧祐</u>《<u>出三藏記集</u>》壹肆《<u>沮渠安陽侯傳</u>》【<u>慧皎</u>《<u>高僧傳</u>》卷
二《<u>曇無讖傳</u>》略同】云：

> <u>沮渠安陽侯</u>者，<u>河西王蒙遜</u>之從弟也。<u>魏</u>虜<u>托拔燾</u>伐<u>涼</u>
> <u>州</u>，<u>安陽</u>宗國殄滅，遂南奔於<u>宋</u>。從容法侶，宣通經典，是以京
> 邑白黑咸敬而嘉焉。

夫<u>前</u>、<u>西</u>二<u>涼</u>，俱系出漢族，遥奉<u>江東</u>。<u>沮渠</u>雖爲戎類，而宰制
西隅，事侔<u>張</u>、<u>李</u>。故國亡之後，其宗胤南奔者，咸見欽崇。即使<u>李</u>
<u>重耳</u>聲望不及<u>張公純嘏</u>①，學行不及<u>沮渠京聲</u>，然既已致位郡守，禦

---

①　即<u>張天錫</u>。

敵邊疆,而南朝當日公私記載,一字無徵,揆諸情事,寧有斯理? 故
舉張氏、沮渠同類之例,以相比喻,足知李重耳南奔之説實出後人
所僞造。《魏書》玖玖《私署涼王李暠傳》本不載重耳南奔事,湯球
《十六國春秋輯補》所録重耳南奔事,亦取之唐修《晉書》,而不知其
不可信也。【湯氏書《叙例》云:"此書於《十六國春秋纂録》所删節
處,以《晉書》張軌、李暠等傳及劉淵諸載記補足。"寅恪案,今《十六
國春秋纂録》陸《西涼録》無重耳南奔事,故湯氏從唐修《晉書·李
暠傳》補足之。至若僞本《十六國春秋》之載重耳南奔事,必録自唐
修《晉書》,更無足論矣。】

(己) 唐太宗重修晉書及勅撰氏族志之推論

李唐先世疑出邊荒雜類,必非華夏世家,已於前丙、丁二章言
之矣。知此,而後李唐一代三百年,其政治社會制度、風氣變遷興
革所以然之故,始可得而推論。以其範圍非本篇所及,兹僅就太宗
重修《晉書》及勅撰《氏族志》二事,簡略言之:

唐以前諸家《晉書》,可稱美備。而太宗復重修之者,其故安
在? 昔漢世古文經學者於《左氏春秋》中竄入漢承堯後之文【見《左
傳》魯文公十三年(公元前六一四年)孔氏《正義》及《後漢書》陸陸
《賈逵傳》】,唐代重修《晉書》特取張軌爲同類陪賓,不以前涼、西涼
列於載記,而於捌柒《涼武昭王傳》中亦竄入

士業子重耳脱身奔於江左,仕於宋,後歸魏爲恒農太守

一節，皆藉此以欺天下後世。夫劉漢經師，李唐帝室，人殊代隔，迥不相關。而其擇術用心，遙遙符應，有如是者，豈不異哉！李延壽於《北史》壹佰《序傳》中，雖亦載李重耳奔宋歸魏之事，然於《南史》叁捌《柳元景傳》、肆拾《薛安都傳》、《北史》叁玖《薛安都傳》，關於《宋書》《魏書》所載李初古拔父子事，皆删棄不録，或者唐初史家猶能灼知皇室先世真實淵源，因有所忌諱，不敢直書耶？其有與重修《晉書》相似者，則爲勅撰《氏族志》一事。蓋重修《晉書》所以尊揚皇室，證明先世之淵源。勅撰《氏族志》，雖言以此矯正當時之弊俗，實則專爲摧抑中原甲姓之工具。故此二事皆同一用心，誠可謂具有一貫之政策者也。《新唐書》玖伍《高儉傳》【參觀《舊唐書》陸伍《高士廉傳》、《唐會要》叁陸《氏族門》、捌叁《嫁娶門》、《貞觀政要》柒《論禮樂篇》"貞觀六年太宗謂房玄齡"條、《資治通鑑》壹玖伍"貞觀十二年"條】云：

> 初，太宗嘗以山東士人尚閥閲，後雖衰，子孫猶負世望，嫁娶必多取貲，故人謂之賣昏。由是詔士廉與韋挺、岑文本、令狐德棻責天下譜諜，參考史傳，檢正真僞，進忠賢，退悖惡，先宗室，後外戚，退新門，進舊望，右膏粱，左寒畯，合二百九十三姓，千六百五十一家，爲九等，號曰《氏族志》，而崔幹仍居第一。帝曰："我於崔、盧、李、鄭無嫌，顧其世衰，不復冠冕，猶恃舊地以取貲，不肖子傆然自高，販鬻松檟，不解人間何爲貴之？齊據河北，梁陳在江南，雖有人物，偏方下國，無可貴者，故以崔、盧、王、謝爲重。今謀士勞臣，以忠孝學藝從我定天下者，

何容納貨舊門，向聲背實，買昏爲榮耶？【中略】朕以今日冠冕爲等級高下。"遂以崔幹爲第三姓，班其書天下。高宗時許敬宗以不叙武后世，又李義府恥其家無名，更以孔志約、楊仁卿、史玄道、呂才等十二人刊定之，裁廣類例，合二百三十五姓，二千二百八十七家。帝自叙所以然。以四后姓、酅公、介公及三公、太子三師、開府儀同三司、尚書僕射爲第一姓；文武二品及知政事三品爲第二姓；各以品位高下叙之，凡九等，取身及昆弟子孫，餘屬不入；改爲《姓氏錄》。當時軍功入五品者皆昇譜限，縉紳恥焉，目爲"勳格"。義府奏悉索《氏族志》燒之。又詔後魏隴西李寶，太原王瓊，滎陽鄭溫，范陽盧子遷、盧渾、盧輔，清河崔宗伯、崔元孫，前燕博陵崔懿，晉趙郡李楷，凡七姓十家，不得自爲昏。三品以上納幣不得過三百匹，四品五品二百，六品七品百，悉爲歸裝，夫氏①禁受陪門財。先是後魏太和中定四海望族，以寶等爲冠。其後矜尚門地，故《氏族志》一切降之。王妃、主壻皆取當世勳貴名臣家，未嘗尚山東舊族。後房玄齡、魏徵、李勣復與昏，故望不減。然每姓第其房望，雖一姓中，高下懸隔。李義府爲子求昏，不得，始奏禁焉。其後天下衰宗落譜，昭穆所不齒者，皆稱禁昏家，益自貴，凡男女皆潛相聘娶，天子不能禁。世以爲敝云。

又《舊唐書》柒捌《張行成傳》【《新唐書》壹佰肆《張行成傳》、《資

---

① 句讀有所改動。

治通鑑》壹玖貳《唐紀》"貞觀元年"條同】云：

> 太宗嘗言及山東、關中人，意有同異。行成正侍宴，跪而奏曰："臣聞天子以四海爲家，不當以東西爲限。若如是，則示人以隘陋。"

觀此，可知對於中原甲姓，壓抑摧毀，其事創始於太宗，而高宗繼述之【詳見《舊唐書》捌貳、《新唐書》貳貳叁上《李義府傳》，《太平廣記》壹捌肆《氏族類》"七姓"條等】，遂成李唐帝室傳統之政略。魏晉以來門第之政治社會制度風氣，以是而漸次頹壞毀滅，實古今世局轉移昇降樞機之所在，其事之影響於當時及後世者至深且久。兹考李唐氏族所出，因略推論其因果關係，附於篇末，以爲治唐史者之一助。至其他演繹之說，多軼出本文範圍之外，故不旁及焉。

原載一九三一年八月《歷史語言研究所集刊》第叁本第壹分

李唐氏族之推測後記

三年前寅恪曾作《李唐氏族之推測》一文,刊載本《集刊》第叁本第壹分中,尚有賸義,兹補論之於此。其關於李唐疑是李初古拔後裔,及其自稱西涼李暠嫡裔,必非史實二點,前篇已詳言之,兹不重述。故此篇復就其自稱源出隴西及家於武川二事,取資旁證,別爲辯釋,然後唐室僞造先世宗系,其先後變遷所經歷之軌跡略能推尋,"天可汗"氏族之信史或者亦可因是而考定也。

《唐會要》壹《帝號》上云:

獻祖宣皇帝諱熙【涼武昭王暠曾孫;嗣涼王歆孫,弘農太守重耳之子也】,武德元年(公元六一八年)六月二十二日追尊爲宣簡公,咸亨五年(公元六七四年)八月十五日追尊宣皇帝,廟號獻祖,葬建初陵。【在趙州昭慶縣界,儀鳳二年(公元六七七年)五月一日追封爲建昌陵,開元二十八年(公元七四零年)七月十八日詔改爲建初陵。】

懿祖光皇帝諱天賜【宣皇帝長子】,武德元年六月二十二日追尊懿王,咸亨五年八月十五日追尊光皇帝,廟號懿祖,葬啓運陵。【在趙州昭慶縣界,儀鳳二年三月一日追封爲延光陵,開元二十八年七月十八日詔改爲啓運陵。】

《元和郡縣圖志》壹柒【岱南閣叢書】本。又參閱《舊唐書》叁玖

《地理志》及《新唐書》叁玖《地理志》"趙州昭慶縣"條】略云：

趙州。

昭慶縣，本漢廣阿縣，屬鉅鹿郡。

皇十三代祖宣皇帝建六陵①，高四丈，週迴八十丈。

皇十二代祖光皇帝啓運陵，高四丈，周迴六十步。二陵共塋，周迴一百五十六步，在縣西南二十里。

《册府元龜》壹《帝王部・帝系門》略云：

唐高祖神堯帝，姓李氏，隴西狄道人。其先出自李暠，是爲涼武昭王，薨，子歆嗣位，爲沮渠蒙遜所滅。歆子重耳奔於江南，仕宋爲汝南郡守，復歸於魏，拜弘農太守，贈豫州刺史。生熙，起家金門鎮將，後以良家子鎮於武川，都督軍戎百姓之務，終於位，因遂家焉。生天錫②，仕魏爲幢主，大統時追贈司空公。生太祖景皇帝虎，封趙郡公，徙封隴西公，周受魏禪，錄佐命功，居第一，追封唐國公。生世祖元皇帝昞，在位十七年，封汝陽縣伯，襲封隴西公，周受禪，襲封唐國公。高祖即元皇帝之世子，母曰元貞皇后，七歲襲封唐國公，義寧二年（公元六一八年）受隋禪。

今河北省隆平縣尚存《唐光業寺碑》。碑文爲開元十三年（公元七二五年）宣義郎前行象城縣尉楊晉所撰，中央研究院歷史語言

---

① "建六陵"應爲"建初陵"。見《元和郡縣圖志》（中華書局版）卷十七，頁五零五，注六十九。

② 一作"賜"。

研究所藏有拓本,頗殘闕不可讀。茲取與黃彭年等修《畿輔通志》壹柒肆《古蹟略》所載碑文相參校,而節錄其最有關之數語於下:

【上略】皇祖瀛州刺史宣簡公謹追上尊號,謚宣皇帝。皇祖妣夫人張氏謹追上尊號,謚宣莊皇后。皇祖懿王謹追上尊號,謚光皇帝。皇祖妣妃賈氏謹追上尊號,謚光懿皇后。【中略】詞曰:維王桑梓,本際城池。【下略】

案,李熙、天錫父子共塋而葬,《光業寺碑》頌詞有"維王桑梓"之語,則李氏累代所葬之地,即其家世居住之地,絕無疑義。據《魏書》壹佰陸上《地形志》"南趙郡廣阿縣"條、《隋書》叁拾《地理志》"趙郡大陸縣"條及《元和郡縣圖志》壹柒"趙州昭慶縣"條等,是李氏父子葬地舊屬鉅鹿郡,與山東著姓趙郡李氏居住之舊常山郡,壤地鄰接,李虎之封趙郡公,即由於此。又《漢書》貳捌《地理志》載中山國唐縣有堯山,《魏書·地形志》載南趙郡廣阿縣即李氏父子葬地又有堯臺,李虎死後追封唐國公,其唐國之名蓋止取義於中山、鉅鹿等地所流傳之放勳遺蹟,並非如通常廣義,兼該太原而言也。至《大唐創業起居注》上略云:

初帝奉詔爲太原道安撫大使,帝以太原黎庶陶唐舊民,奉使安撫,不踰本封,因私喜此行,以爲天授。

則爲後來依附通常廣義之解釋,殊與周初追封李虎爲唐國公時,暗示其與趙郡李氏關係之本旨不同也。

據上所言,李唐豈真出於趙郡李氏耶?若果爲趙郡李氏,是亦華夏名家也。又何必自稱出於隴西耶?考《元和郡縣圖志》壹伍略云：

邢州。

堯山縣，本曰柏人，春秋時晉邑，戰國時屬趙，秦滅趙，屬鉅鹿郡，後魏改"人"爲"仁"，天寶元年（公元七四二年）改爲堯山縣。

又同書壹柒略云：

趙州。

平棘縣，本春秋時晉棘蒲邑，漢初爲棘蒲，後改爲平棘也，屬常山郡。

李左車墓，縣西南七里。

趙郡李氏舊宅，在縣西南二十里，即後漢、魏以來山東舊族也，亦謂之"三巷李家"云。東祖居巷之東，南祖居巷之南，西祖居巷之西，亦曰"三祖宅巷"也。三祖李氏亦有地屬高邑縣。

元氏縣，本趙公子元之封邑，漢於此置元氏縣，屬常山郡，兩漢常山太守皆理於元氏。開業寺，在縣西北十五里，即後魏車騎大將軍陝、定二州刺史、尚書令、司徒公、趙郡李徽伯之舊宅也。

柏鄉縣，本春秋時晉鄗邑之地，漢以爲縣，屬常山郡，後漢改曰高邑，屬常山國，高齊天保七年（公元五五六年），移高邑縣於漢房子縣東北界，今高邑縣是也。

高邑故城，在縣北二十一里，本漢鄗縣也。

高邑縣，本六國時趙房子邑之地，漢以爲縣，屬常山郡。

贊皇縣，本漢鄗邑縣之地，屬常山郡。

百陵崗，在縣東十里，即趙郡李氏之別業於此崗下也。崗上亦有李氏塋冢甚多。

昭慶縣，本漢廣阿縣，屬鉅鹿郡。

皇十三代祖宣皇帝建初陵。

皇十二代祖光皇帝啓運陵。二陵共塋，在縣西南二十里。

【"昭慶縣"條前已引及，因便於解說，特重出其概略於此。】

《元和郡縣圖志》著者李吉甫出於趙郡李氏，故關於其宗族之先塋舊宅皆詳記之。若取其分佈之地域核之，則趙郡李氏其顯著支派所遺留之故蹟，俱不出舊常山郡之範圍。據此，則趙郡李氏顯著支派當時居地可以推知也。但其衰微支派則亦有居舊鉅鹿郡故疆者。考《新唐書》柒貳上《宰相世系表》"趙郡李氏"條【鄧名世《古今姓氏書辯證》貳壹同】，略云：

[楷]避趙王倫之難，徙居常山。[楷]子輯。輯子慎敦，居柏仁，子孫甚微。

案，柏仁、廣阿二縣後魏時俱屬南趙郡，土壤鄰接，原是同一地域。趙郡李氏子孫甚微之一支，其徙居柏仁之時代雖未能確定，然李楷避西晉趙王倫之難，下數至其孫慎敦，僅有二代，則李慎敦徙居柏仁約在南朝東晉之時，李熙父子俱葬於廣阿，計其生時，亦約當南朝宋齊之世。故以地域鄰接及年代先後二者之關係綜合推論，頗疑李唐先世本爲趙郡李氏柏仁一支之子孫。或者雖不與趙郡李氏之居柏仁者同族，而以同居一地，同姓一姓之故，遂因緣攀附,自託於趙郡之高門,衡以南北朝庶姓冒託士族之慣例,亦爲可能之事。總而言之,據可信之材料,依常識之判斷,李唐先世,若非趙郡李氏之"破落戶",即是趙郡李氏之"假冒牌"。至於有唐一代之官書,其記述皇室淵源,間亦保存原來真實之事蹟,但其大半盡屬後人諱飾誇誕之語,治史者自不應漫無辨別,遽爾全部信從也。

又《魏書》玖柒《島夷劉裕傳》略云:

> 島夷劉裕,晉陵丹徒人也。其先不知所出,自云:本彭城彭城人,故其與叢亭、安上諸劉了無宗次。

《宋書》柒捌《劉延孫傳》云:

> 延孫與帝室雖同是彭城人,別屬呂縣。劉氏居彭城縣者,又分爲三里:帝室居綏輿里,左將軍劉懷肅居安上里,豫州刺史劉懷武居叢亭里。及呂縣,凡四劉。雖同出楚元王,由來不序昭穆,延孫於帝室本非同宗。

《南齊書》叁柒《劉悛傳》略云:

> 劉悛彭城安上里人也。彭城劉同出楚元王,分爲三里,以別宋氏帝族。

據此,則附會同姓之顯望,南北朝之皇室莫不如此。若取劉宋故事以與李唐相比,則京口之於彭城,亦猶廣阿之於趙郡歟? 所不同者,唐李後來忽否認趙郡,改託隴西耳。至其所以否認改託之故,亦可藉一類似之例以爲解釋,請引李弼之成事言之:李弼與李虎同爲周室佐命元勛。《周書》壹伍《李弼傳》及《新唐書》柒貳上《宰相世系表》俱以弼爲遼東襄平人,《唐書·表》又載弼封隴西公,與

《周書》及《北史》陸拾《李弼傳》之僅言弼封趙國公者不同。《唐書·表》多歧誤，姑不深考。但《北史》以弼爲隴西成紀人，則必依據弼家當日所自稱無疑。蓋賀拔岳、宇文泰初入關之時，其徒黨姓望猶繫山東舊郡之名，迨其後東西分立之局既成，内外輕重之見轉甚，遂使昔日之遠附山東舊望者，皆一變而改稱關右名家矣。此李唐所以先稱趙郡，後改隴西之故也。又考《北史》壹佰《序傳》載李抗【即李暠曾孫詔之從祖】自涼州渡江，仕宋歷任三郡太守，其子思穆於魏太和十七年（公元四九三年）北歸，位至營州刺史。然則西涼同族固有支孫由北奔南，又由南返北之一段故實。李唐既改稱隴西之後，或見李抗、思穆父子之遭際與其先世李初古拔、買得父子之事蹟適相類似，因而塗附，自託於西涼李暠之嫡裔耶【參閱前篇】？ 又據《册府元龜》之所引，知李重耳之豫州刺史乃追贈之銜，則《光業寺碑》所載李熙瀛州刺史之號，疑亦後來所追贈者也。至若《册府元龜》壹《帝系門》所載李天錫起家金門鎮將一節，必是附會李買得曾爲金門戍主之事，作爲誇大之詞。考《魏書·地形志》有兩金門：一爲金門郡，興和中置，一爲宜陽郡屬之金門縣，亦興和中置。《宋書·柳元景傳》載李買得爲金門戍主【詳見前篇】，依當日南北戰爭所經由之路線推之，自是宜陽郡屬之金門縣。但當北朝太平真君之世，其地尚未置縣，何從而有鎮？後魏鎮將位極尊崇，李天錫更何從起家而得爲此高官乎？ 前篇疑李買得既已戰死，何能復鎮武川，又家於其地？ 今知李氏父子皆葬廣阿，實無家於武川之事，然則李唐之自稱來自武川者，或是覩賀拔岳、宇文泰皆家世武川，因亦詭託於關西霸主鄉邑之舊耶？以李唐世系改易僞託之多端，則此來自武川一事之非史實，亦不足爲異矣。

據以上所推證，則李唐氏族或出於趙郡李氏衰微之支派，或出於鄰居同姓之攀援，雖皆不能確知，而其本爲漢族，似不容疑。李熙、天錫父子二世所娶張氏及賈氏又俱爲漢姓，則其血統於娶獨孤、竇氏等胡姓之前，恐亦未嘗與胡族相混雜也。假使李唐先世本爲純粹之漢族，其與大野部之關係果何如乎？前篇已言宇文泰之賜胡姓，實爲繼絕之義，而非復姓之旨。考《周故開府儀同賀屯公墓誌》【即侯植之墓誌，《周書》貳玖、《北史》陸陸皆有《侯植傳》，陸增祥《八瓊室金石補正》貳叁亦載此誌。又承趙萬里先生以李宗蓮《懷珉精舍金石跋尾》中此誌跋文及此誌拓印本見示】云：

> 魏前二年（公元五五五年）①十二月中太祖文皇帝②以公忠效累彰，宜加旌異，爰命史官，賜姓賀屯氏，時推姓首，實主宗祀。

此誌文中"時推姓首，實主宗祀"之語最關重要，蓋宇文泰之賜姓，原欲恢復鮮卑部落之舊制，故命軍人從其所統主將之姓，夫一軍之中，既同姓一姓，則同姓之人數必衆，不可無一姓首，而姓首即

---

① 關於"魏前二年"，編者去函向社科院考古所趙超詢問，其答覆如下："西魏有三個二年：'大統二年'以及廢帝二年、恭帝二年，後兩個都沒有年號。根據史實看墓誌說的應該是恭帝二年。因爲墓誌説在二年文帝賜姓賀屯氏。《周書·文帝紀》載：恭帝元年十一月文帝以次功者爲九十九姓後。賜姓賀屯應該就是在此之後的事情，與墓誌記載的二年十二月相近。"

② 即宇文泰。

主宗祀之統將也。但姓首不必盡爲塞外異族，如《庾子山集》壹叄《周太子太保步陸逞神道碑》【參考同集壹陸《周譙國夫人步陸孤氏墓誌銘》】略云：

> 公諱逞，本姓陸，吳郡吳人也。曾祖載，爲宋王司馬，留鎮關中，赫連之亂，仗劍魏室，今爲河南洛陽人也。高祖【疑誤倒】冠軍將軍營州刺史，吳人有降附者，悉領爲別軍，自是官帥擁鐸，更爲吳越之兵，君子習流，別有樓船之陣。

又《周書》叄貳《陸通附弟逞傳》【《北史》陸玖同】略云：

> 父政，其母吳人，好食魚，北土魚少，政求之，常苦難。後宅側忽有泉出，而有魚，遂得以供膳，時人以爲孝感所致，因謂其泉爲孝魚泉。通賜姓步六孤氏。

案，陸通、陸逞兄弟之爲漢人，確無疑義，且其祖母又爲吳人，則亦未與胡族血統混雜。其祖統領降附吳人別爲水軍，蓋清初黃梧、施琅一流人物。然宇文泰賜通以胡姓，專統一軍，是以通爲降附吳人之姓首，而主塞外鮮卑步陸孤部之宗祀也。據此可以推知，即漢人與塞外鮮卑部落絕無關涉者，亦得賜胡姓，且爲主宗祀之姓首。然則李虎雖賜姓大野氏，亦可以與塞外大野部落絕無關涉。近人往往因李唐曾賜姓大野，遂據以推論，疑其本爲塞外異族，今既證明其先世不家於武川，而家於南趙郡，則李熙父子【即李初古拔父子】與陸通兄弟又何以相異乎？故關於李唐氏族問題，綜合前後二篇之主旨，假設一結論於下：

> 李唐先世本爲漢族，或爲趙郡李氏徙居柏仁之"破落戶"，或爲

鄰邑廣阿庶姓李氏之“假冒牌”,既非華盛之宗門,故漸染胡俗,名不雅馴。於北朝太平真君、南朝元嘉之世,曾參與弘農之戰,其後並無移鎮及家於武川之事。迨李虎入關,東西分立之局既定,始改趙郡之姓望而爲隴西,因李抗父子事蹟與其先世類似之故,遂由改託隴西更進一步,而僞稱西涼嫡裔。又因宇文氏之故,復詭言家於武川,其初之血統亦未與外族混雜。總而言之,李唐氏族若僅就其男系論,固一純粹之漢人也。

若上所假設者大體不謬,則李唐一族之所以崛興,蓋取塞外野蠻精悍之血,注入中原文化頹廢之軀,舊染既除,新機重啓,擴大恢張,遂能別創空前之世局。故欲通解李唐一代三百年之全史,其氏族問題實爲最要之關鍵。吾國昔時學者固未嘗留意於此,近人雖有撰著,亦與鄙見多所異同,因據與此問題有關之史籍及石刻,約略推論其僞造世系先後演變之歷程如此。

原載一九三三年《歷史語言研究所集刊》第叁本第肆分

三論李唐氏族問題

寅恪於本《集刊》第叁本第壹分《李唐氏族之推測》及第肆分《李唐氏族之推測後記》兩文中先後討論李唐氏族問題，仍有未盡之意，本欲復有所申論，以求教於治唐史之學者。近又見日本東北帝國大學文科會編輯之《文化》第二卷第六號載有金井之忠氏《李唐源流出於夷狄考》一文，其中涉及拙作，有所辨難，故作此篇，略述鄙見，條列於後。夫考證之業，譬諸積薪，後來者居上，自無膠守所見，一成不變之理。寅恪數年以來關於此問題先後所見亦有不同，按之前作二文，即已可知。但必發見確實之證據，然後始能改易其主張，不敢固執，亦不敢輕改，惟偏蔽之務去，真理之是從。或者李唐氏族問題之研討因此辨論，得有更進一程之發展乎？此則寅恪之所甚希望者也。

（甲）李唐之李必非代北叱李部所改

金井氏據鄭樵《通志》叁拾《氏族略·變夷篇》記代北之人隨後魏遷河南改胡姓爲漢姓事，其中有

　　　　叱李之爲李

一語，及鄧名世《古今姓氏書辯證》貳壹

河南李氏　後魏《官氏志》有叱李氏改爲李氏

之文,作一結論,謂李唐源出於叱李氏。寅恪案,無論今《魏書》壹壹叁《官氏志》無"叱李氏改爲李氏"之語,鄭、鄧之書未詳其何所依據。但此點無關宏旨,可置不論。

《魏書》柒下《高祖紀》【參閱《北史》叁《魏本紀》、《資治通鑑》壹肆拾《齊紀》"建武二年(公元四九五年)六月"條】云:

[太和十九年(公元四九五年)]丙辰,詔遷洛之民,死葬河南,不得還北。

又《北史》壹玖《廣川王諧傳》【今《魏書》貳拾即取《北史》此卷所補者。並參閱《通鑑》壹肆拾《齊紀》"建武二年六月條"】云:

詔曰:"遷洛之人,自兹厥後,悉可歸骸邙嶺,皆不得就塋恒代。"

據此,李虎之祖熙及其父天賜①死於何年,固不能定,但如金井氏之說,既是代人遷洛之改姓者,則其所葬之地實爲解決此問題之關鍵。假使熙及天賜父子二人俱死於太和十九年六月丙辰以前,則應俱葬於恒代。假使父子二人俱死於太和十九年六月丙辰以後,則父子二人俱應葬於邙嶺。假使父子二人一死於太和十九年六月丙辰以前,一死於太和十九年六月丙辰以後,則應一葬於恒代,一葬於邙嶺。今則其所葬之地北不在恒代,南不在邙嶺,乃在後魏南趙郡之廣阿,唐代趙州之昭慶,而又父子共塋,顯是族葬之

———————
① "賜"亦作"錫"。

遺蹟。然則李唐先世果如金井氏之説，出於代北叱李部遷洛後改爲李氏者歟？抑如寅恪之説，其初本爲趙郡李氏之"破落戶"或"假冒牌"者歟？孰非孰是，何去何從，治史者自能別擇，不待詳辨也。

（乙）李唐在李淵以前其血統似未與胡族混雜

開元十三年(公元七二五年)象城縣尉楊晉撰《光業寺碑》【碑文詳見前篇】云：

> 皇祖瀛州刺史宣簡公謹追上尊號，謚宣皇帝。皇祖姒夫人張氏謹追上尊號，謚宣莊皇后。皇祖懿王謹追上尊號，謚光皇帝。皇祖姒妃賈氏謹追上尊號，謚光懿皇后。

又巴黎國民圖書館藏敦煌寫本伯希和號第貳仟伍佰肆《唐代祖宗忌日表》云：

> 皇六代祖景皇帝。
>
> 皇后梁氏。　　　五月九日忌。

今《唐會要》壹《帝號門》上及貳叁《忌日門》俱缺載張氏、賈氏、梁氏三代女系。據此，張、賈皆是漢姓，其爲漢族，當無可疑。梁氏如梁禦之例，雖亦有出自胡族之嫌疑【見《周書》壹柒及《北史》伍玖《梁禦傳》。又《魏書》壹壹叁《官氏志》云："拔列氏後改爲梁氏。"】，但梁氏本爲漢姓，大部分皆是漢族，未可以其中間有少數例外出自胡族之故，遽概括推定凡以梁爲氏者皆屬胡族也。故李虎妻梁氏在未能確切證明其氏族所出以前，仍目之爲漢族，似較妥慎。然則李唐血統其初本是華夏，其與胡夷混雜，乃一較晚之事實歟？茲取今日新獲得之資料，補作一李唐血統世系表，起自李熙，迄於世民，以供研究李唐氏族問題者之參考。至李重耳則疑本無其人，或是李初古拔之化身，已詳前篇，茲不贅論。故茲表只就今日能確切考知及有實物能證明者爲限。其女統確知爲漢族者，標以□符號。確知爲胡族者，標以～～符號。雖有胡族嫌疑，但在未能確切證明前，姑仍認爲漢族者，則標以……符號。

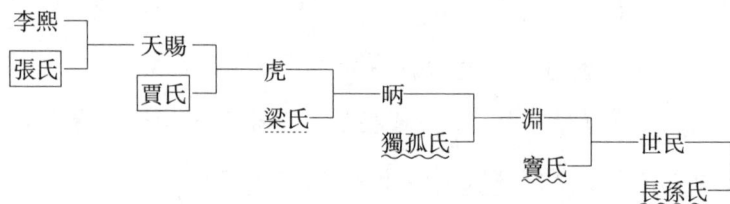

（丙）推測李虎所以追封唐國公之故

前篇謂周初追封李虎爲唐國公暗示其與趙郡之關係者，實指當時擬此封號者聯想李氏與趙郡之關係而言。蓋李虎生前初封之趙郡公及徙封之隴西公，皆郡公也。郡公進一等則爲國公。【參考《周書》肆拾、《北史》陸貳《尉遲運傳》，《隋書》貳捌《百官志》下等。】凡依等進封，以能保留元封之名爲原則，故其取名多從元封地名所隸屬之較大區域中求之。若不得已，則於元封地名相近之較大區域中求之。若猶無適當之名，則盡棄與元封有關之名，別擇一新號。考李虎之追封唐國公，當在周初受魏禪，大封佐命功臣之時，即與孝閔帝元年（公元五五七年）春正月乙卯進封趙郡公李弼、中山［郡］公宇文護等爲趙國公、晉國公等同時。【見《周書》叁《孝閔帝紀》、壹壹《晉蕩公護傳》、壹伍《李弼傳》及《北史》伍柒《邵惠公顥傳》附子《護傳》、陸拾《李弼傳》等。】趙爲郡名，亦古國名。故李弼即由趙郡公進封趙國公，同時自不得以趙國公追封李虎。隴西只是郡名，而非國名，不可作國公之封號。於是當日之擬封號者不得不聯想及於與趙郡及隴西郡有關之古代國名。《通典》壹柒肆《州郡典》略云：

> 天水郡。秦州，古西戎之地，秦國始封之邑，領縣五。成紀。

> 隴西郡。渭州，春秋爲羌戎之居。秦置隴西郡。

同書壹柒捌《州郡典》云：

> 趙郡。趙州，春秋時晉地，戰國時屬趙，領縣九。昭慶。【寅恪案，《魏書》壹佰陸上《地形志》南趙郡廣阿縣即昭慶，有堯臺。】

> 博陵郡。定州，帝堯始封唐國之地，戰國初爲中山國，後爲魏所併，後又屬趙，秦爲上谷、鉅鹿二郡之地，漢高帝置中山郡，景帝改爲中山國，後漢因之，晉亦不改，後燕慕容垂移都於此【都中山，置中山郡。至慕容寶爲後魏所陷】，後魏爲中山郡，領縣十一。望都。【堯始封於此，堯山在北，堯母慶都山在南。】

據此，與隴西郡有關之古代國名爲秦。與趙郡有關之古代國

名爲趙、魏、中山、晉及唐。魏爲拓拔氏之國號，自不可以封。中山
之名在後魏爲郡王爵封號，亦爲郡公封號。但通稱則省郡字，如中
山王、中山公之例。北周在明帝武成元年（公元五五九年）八月改
天王稱皇帝以前，國公爲人臣最高之封爵。故宇文護由中山郡公
進封國公時，不以爲中山國公者，雖因晉國較中山爲大名，實亦受
魏制習慣影響，蓋欲以表示區別。是中山復不可爲進封國公之號。
【見《魏書》壹壹叁《官氏志》，《魏書》壹伍、《北史》壹伍《秦王翰傳》附
《中山王纂傳》，《魏書》壹玖下、《北史》壹捌《南安王楨傳》附《中山王
英傳》，《周書》叁《孝閔帝紀》、肆《明帝紀》、叁伍《崔猷傳》、《北史》玖
《周本紀》、叁貳《崔挺傳》附《猷傳》，《通鑑》壹陸陸及壹陸柒等。】當
追封李虎之時，西魏恭帝僅於數月前即恭帝之三年（公元五五六
年）秋七月封宇文直爲秦郡公。【見《周書》貳《文帝紀》下、壹叁《衛
刺王直傳》及《北史》伍捌《衛刺王直傳》等。】故爲宇文直地，亦不能
以秦爲追封李虎之國號。而晉國則又已封宇文護矣。夫趙國之
號，既以李弼之故不可取用，秦國、晉國復以宇文直、宇文秦之故不
能進封，魏及中山又皆不可用爲封號，然則當時司勳擬號之官，若
不別擇一新號，而尚欲於舊時封地之名有所保存聯繫者，則捨唐國
莫屬。此李虎所以追封唐國公之故也。

　　又李德裕《會昌一品集》壹捌《請改封衛國公狀》云：

　　　　臣今日蒙恩進封趙國公，承命哀惶，不任感涕。臣亡父先
　　臣憲宗寵封趙國，先臣與嫡孫寬中小名三趙，意在傳嫡嗣，不
　　及支庶。臣前年恩例進封，合是趙郡，臣以寬中之故，改就中

山。亡祖先臣曾居衞州汲縣，解進士及第。儻蒙聖恩，改封衞國，遂臣私誠，庶代受殊榮，免違先志。

據此，李德裕合封趙郡，而改就中山，則趙郡之與中山爲互相平等及互相關聯之封號，可以確實證明。中山相傳爲帝堯始封唐國之地，唐朝之宰輔李德裕自不能由中山進封唐國，只能進封趙國。周代之元勳李虎曾封趙郡，以李弼之故不能進封趙國，遂得進封唐國。故取此二事，以相比證，李虎所以追封唐國公之故，更可豁然通解矣。至德裕之請免封趙國，改封衞國，即前文所謂盡棄與元封有關之名，別擇一新號者，而猶以其祖曾居衞州汲縣之故，請改封衞國，則唐人心目中封號與居地之關係，亦可想見也。茲以李德裕由中山進封趙國之例，時代雖晚，然足資比證，因併附記之，以供參考。【附識：李虎、熙、天賜妻姓氏俱見《唐會要》叁《皇后門》。前文失檢，特此補正。】

原載一九三五年十二月《歷史語言研究所集刊》第伍本第貳分

李唐武周先世事蹟雜考

壹

　　寅恪前數年曾據《宋書》柒柒《柳元景傳》及《新唐書》柒拾上《宗室世系表》，推證李唐爲李初古拔之後裔【刊載本《集刊》第叁本第壹分】，自信或不致甚遠於事實。然竊疑昔人應有論及之者，但以寅恪之孤陋寡聞，迄今尚未發見。夫昔人讀史，其精審百倍於寅恪，縱爲時代所限，不敢議及李唐先世問題，而《柳元景傳》疑竇甚多，豈能一無所覺。若得知前賢偶然隨筆，間接涉及此點者，亦可引以相助，爲淺學臆説之旁證，不亦善乎？今歲偶繙盧文弨《讀史札記》【劉世珩《檲盒叢刊》】"《南史·柳元景傳》"條云：

　　　　《南史·柳元景傳》殊不成文。如以爲後人轉寫譌落，則可。若出延壽所删，此手何可作史？書北侵事删削過多，節次全不明曉，書龐法起軍"去弘農城五里"，便齕然而止。若得弘農可不書，則此"去弘農城五里"之語亦屬孤贅。又云"魏城臨河爲固，恃險自守，季明、安都、方平①各列陣於城東南以待之"

---

① 龐季明、薛安都、魯方平。

云云,中間脫去魏洛州刺史張是[連]提率衆二萬度崤來救一段,則所云待者,不知何指,豈以延壽而如此憒憒乎?

寅恪案,全部《南史》何以獨柳元景一傳"殊不成文"? 何以柳元景全傳獨書北侵一事"删削過多,節次全不明曉"? 李延壽作史必不如此憒憒,盧氏於此致疑,誠有特識。但若以爲由於"後人轉寫譌落",則後人轉寫之時,於全部《南史》何以獨於柳元景一傳,而於柳元景全傳何以獨於北侵一事,譌落若是之多且甚乎? 是真事理之不可通,而別有其故,斷可知矣。蓋李氏作《南史》時,其《柳元景傳》本據《宋書·柳元景傳》。其書北侵事必與《宋書》相同,悉載李初古拔父子被擒殺之始末。【《宋書》柒柒《柳元景傳》云:"生擒李初古拔父子二人。"又云:"共攻金門塢,屠之,殺戍主李買得,古拔子也。"《南史》叁捌《柳元景傳》適將此節删去。】逮書成以後,奏聞之際,或行世之時,忽發覺李初古拔即當代皇室之祖先,故急遽抽削,以避忌諱,而事出倉卒,自不及重修,復無暇詳改,遂留此罅穴疵病,如抱經先生①所摘發者也。至於抽削《南史·柳元景傳》者是否即延壽本身,抑出於其子孫或他人之手? 其事既難確知,亦無關宏旨,姑不深考。僅著李初古拔父子事蹟所以不見於《南北史》之故【《魏書》陸壹《薛安都傳》記李拔即李初古拔事而《南史》肆拾、《北史》叁玖《薛安都傳》亦俱不載】,並足以證鄙說雖甚創,而實不誣也。世有謂《新唐書·宗室世系表》中"復爲宋將薛安都所陷"之語

---

① 即盧文弨。

乃宋人臆增者,請以此質之。

貳

《周書》肆《明帝紀》【《北史》玖《周本紀》同】云:

> [二年(公元五五八年)三月]庚申詔曰:"三十六國九十
> 九姓自魏氏南徙,皆稱河南之民。今周室既都關中,宜改稱
> 京兆人!"

《隋書》叁叁《經籍志‧史部‧譜系類序》云:

> 後魏遷洛,有八氏十姓,咸出帝族。又有三十六族,則諸
> 國之從魏者。九十二姓,世爲部落大人者。並爲河南洛陽人。
> 其中國士人,則第其門閥。有四海大姓、郡姓、州姓、縣姓。及
> 周太祖入關,諸姓子孫有功者,並令爲其宗長。仍撰譜録,紀
> 其所承。又以關內諸州爲其本望。

寅恪案,李唐之稱西涼嫡裔,即所謂"爲其宗長,仍撰譜録,紀
其所承"。其由趙郡改稱隴西,即所謂"以關內諸州爲其本望",鄙
説於此似皆一一證實矣!考據之業,其舊文新説若是之符合無間
者,或不多見,兹特標出,敬求疑難鄙説者教正。總之,寅恪之設此
假説,意不僅在解決李唐氏族問題,凡北朝、隋唐史事與此有關者,
俱欲依之以爲推證,以其所繫者至廣且鉅,故時歷數載,文成萬言,
有誤必改,無證不從,庶幾因此得以漸近事理之真相,儻更承博識
通人之訓誨,尤所欣幸也。

叄

武曌爲吾國歷史之怪傑，其先世事蹟實無可考，其母系則寅恪曾於《武曌與佛教》一文中略言之矣【載本《集刊》第伍本第壹叄柒至壹肆柒頁】。至其父武士彠，《舊唐書》伍捌、《新唐書》貳佰陸《外戚傳》皆有其傳，而其起家之始末皆不能詳。僅載其"家富於財，頗好交結，高祖初行軍於汾晉，休止其家，因蒙顧接"【此《舊傳》之文，《新傳》亦同】而已。

又《舊傳》論曰：

> 武士彠首參起義，例封功臣，無截難之勞，有因人之跡，載窺他傳，過爲褒詞，慮當武后之朝，佞出敬宗之筆，凡涉虛美，削而不書。

據此，足證史臣當日作《士彠傳》時雖知許敬宗所作之原本不可徵信，但亦無他書可據，以資補充。即宋子京重修《唐書》，於《士彠傳》悉同《舊書》，僅文詞有刪易，而事蹟則無所增補。然則史跡久晦，殆真不可考矣。惟《太平廣記》壹叄柒《徵應門》"武士彠"條，引《太原事蹟》云：

> 唐武士彠，太原文水縣人。微時與邑人許文寶以鬻材爲事。常聚材木數萬莖，一旦化爲叢林森茂，因致大富。士彠與文寶讀書林下，自稱爲厚材，文寶自稱枯木，私言必當大貴。及高祖起義兵，以鎧胄從入關，故鄉人云："士彠以鬻材之故，果逢構夏之秋。"及士彠貴達，文寶依之，位終刺史【據談愷本】。

　　又《分門古今類事》壹伍"土䕫叢林"條【據《十萬卷樓叢書》本】亦引《太原事蹟》，語句與《太平廣記》微有不同。如《廣記》之"讀書林下"，則作"會林下"，及《廣記》之"自稱爲厚材，文寶自稱枯木"，則作"自言枯木成林"，似較今本《廣記》爲明瞭易解也。考《新唐書》伍捌《藝文志》乙部《史錄‧地理類》載有李璋《太原事蹟記》十四卷，當即《太平廣記》及《分門古今類事》之所從出。其書所載枯木成林事固妄誕不足置信，然必出於當日地方鄉土之傳述，而土䕫之初本以鬻材致富，因是交結權貴，則似非全無根據。《隋書》叄《煬帝紀》【《北史》壹貳同】云：

　　　　［大業元年（公元六零五年）］三月丁未詔尚書令楊素，納言楊達，將作大匠宇文愷營建東京。

　　又同書肆叄《觀德王雄傳》附弟《達傳》【《北史》陸捌《楊紹傳》附子《達傳》同】云：

　　　　獻皇后及高祖山陵制度，達並參豫焉。煬帝嗣位，轉納言，仍領營東都副監。

　　寅恪案，隋室文、煬二帝之世皆有鉅大工程，而煬帝尤好興土木，土䕫值此時勢，故能以鬻材致鉅富。其爲投機善賈之流，蓋可知也。武曌之母即達之女【見拙著《武曌與佛教》所引史料】。土䕫之娶曌母疑在唐武德時，但其所以與楊氏通婚，殆由達屢次參豫隋世營建工事，土䕫以鬻材之故，特相習近，迨達死隋亡，而土䕫變爲新貴，遂娶其家女歟？此雖揣測之說，未得確證，然於武曌父系先世之事蹟即土䕫所以起家之由，實可藉此殘闕之史料窺見一二，以前人尚未有言及者，遂爲申論之如此。

肆

　　拙著《三論李唐氏族》問題一文其論李虎追封唐國公之時,謂在周初受魏禪之際【見本《集刊》第伍本第壹柒柒頁】。蓋據《册府元龜》壹《帝王部・帝系門》所載:

　　　　[太祖景皇帝虎]封趙郡公,徙封隴西公,周受魏禪,錄佐命功,居第一,追封唐國公。

之語。其實誤會史文也。考《周書》伍《武帝紀》上略云:

　　　　[保定]四年(公元五六四年)九月丁巳,封開府李昞爲唐國公,若干鳳爲徐國公。

又同書壹柒《若干惠傳》【《北史》陸伍《若干惠傳》略同】略云:

　　　　子鳳嗣。保定四年追錄佐命之功,封鳳徐國公。

又《通鑑》壹陸玖《陳紀》略云:

　　　　[天嘉]五年(公元五六四年)九月丁巳追錄佐命元功,封開府儀同三司隴西公李昞爲唐公,大馭中大夫長樂公若干鳳爲徐公。昞,虎之子;鳳,惠之子也。

　　據此,則李虎之追封唐國公實在保定四年,上距周初受魏禪之時,已八年矣。故拙著前文所推論者,皆應依此改計。特著於此,以正其誤,兼識疏忽之過云爾。

原載一九三六年十二月《歷史語言研究所集刊》第陸本第肆分

論唐高祖稱臣於突厥事

　　吾民族武功之盛，莫過於漢唐。然漢高祖困於平城，唐高祖亦嘗稱臣於突厥，漢世非此篇所論，獨唐高祖起兵太原時，實稱臣於突厥，而太宗又為此事謀主，後來史臣頗諱飾之，以至其事之本末不明顯於後世。夫唐高祖、太宗迫於當時情勢不得已而出此，僅逾十二三年，竟滅突厥而臣之，大恥已雪，奇功遂成，又何諱飾之必要乎？兹略取舊記之關於此事者，疏通證明之，考興亡之陳跡，求學術之新知，特為拈出此一重公案，願與當世好學深思讀史之有心人共參究之也。

　　《舊唐書》陸柒《李靖傳》【參《新唐書》貳壹伍上《突厥傳》、《貞觀政要》貳《任賢篇》、《大唐新語》柒《容恕篇》】云：

　　　　太宗初聞靖破頡利，大悅，謂侍臣曰："朕聞'主憂臣辱，主辱臣死'。往者國家草創，太上皇（高祖）以百姓之故，稱臣於突厥，朕未嘗不痛心疾首，志滅匈奴，坐不安席，食不甘味。今者暫動偏師，無往不捷，單于款塞，恥其雪乎！"

　　寅恪案，太宗所謂國家草創，即指隋末高祖起兵太原之時，當此時，中國與突厥之關係為何如乎？試觀《通典》壹玖柒《邊防典》"突厥"條上【參《新唐書》貳壹伍上《突厥傳》、《唐會要》玖肆"北突厥"條】云：

及隋末亂離，中國人歸之者甚衆，又更強盛，勢凌中夏，迎蕭皇后，置於定襄，薛舉、竇建德、王世充、劉武周、梁師都、李軌、高開道之徒，雖僭尊號，俱北面稱臣，東自契丹，西盡吐谷渾、高昌諸國，皆臣之，控弦百萬，戎狄之盛，近代未有也。大唐起義太原，劉文靜聘其國，引以爲援。

則知隋末中國北方羣雄幾皆稱臣於突厥，爲其附庸，唐高祖起兵太原，亦爲中國北方羣雄之一，豈能於此獨爲例外？故突厥在當時實爲東亞之霸主，史謂"戎狄之盛，近代未有"，誠非虛語，請更引史傳以證釋之。

《舊唐書》伍伍《劉武周傳》【參《新唐書》捌陸《劉武周傳》】略云：

突厥立武周爲定楊可汗，遺以狼頭纛，因僭稱皇帝，建元爲天興。

《資治通鑑》壹捌叁《隋紀》柒略云：

恭帝義寧元年【即煬帝大業十三年（公元六一七年）】，突厥立［劉］武周爲定楊可汗，遺以狼頭纛。武周即皇帝位，改元天興。

《通鑑考異》云：

新舊《唐書》武周皆無國號，惟《創業起居注》云，國號定楊。

《通鑑》此條胡注云：

言將使之定楊州也。

《大唐創業起居注》上云：

大業十三年二月己丑，馬邑軍人劉武周殺太守王仁恭，據其郡而自稱天子，國號定楊。武周竊知煬帝於樓煩築宮，厭當時之意，故稱天子，規而應之。

寅恪案，胡氏釋定楊爲定楊州，楊揚雖古通用，然楊爲隋之國姓，似以定楊隋爲釋較胡説之迂遠爲勝，至《創業起居注》以"國號定楊"爲言者，蓋突厥錫封劉武周爲定楊可汗，溫大雅於此頗有所諱，故以"國號定楊"爲言，司馬君實不解此意，而疑兩《唐書》與《創業起居注》異，其實武周之所謂國號即其所受突厥之封號也。

《新唐書》捌柒《梁師都傳》【參《舊唐書》伍陸《梁師都傳》】略云：

自爲梁國，僭皇帝位，建元永隆，始畢可汗遺以狼頭纛，號大度毗伽可汗解事天子。

寅恪案，突厥語"大度"爲"事"，"毗伽"爲"解"，突厥語大度毗伽可汗即漢語解事天子也。

《新唐書》玖貳《李子和傳》云：

北事突厥，納弟爲質，始畢可汗冊子和爲平楊天子，不敢當，乃更署爲屋利設。

《資治通鑑》壹捌叁《隋紀》柒略云：

恭帝義寧元年三月，始畢以劉武周爲定楊天子，梁師都爲解事天子，子和爲平楊天子，子和固辭不敢當，乃更以爲屋利設。

胡注云：

平楊猶定楊也。

寅恪案，胡氏之意，平楊爲平楊州，似不如以平楊隋爲釋較
勝也。

《資治通鑑》壹捌捌《唐紀》肆略云：

> 武德三年(公元六二零年)七月驃騎大將軍可朱渾定遠告
> 并州總管李仲文與突厥通謀，欲俟洛陽兵交，引胡騎直入長
> 安。甲戌，命皇太子鎭蒲反以備之。四年(公元六二一年)二
> 月，并州安撫使唐儉密奏真鄉公李仲文與妖僧志覺有謀反語，
> 又娶陶氏之女，以應桃李之謠，詔事可汗，甚得其意，可汗許立
> 爲南面可汗，及在并州，贓賄狼藉。上命裴寂、陳叔達、蕭瑀雜
> 鞫之。乙巳，仲文伏誅。

寅恪案，綜合前引史料觀之，則受突厥之可汗封號者，亦受其
狼頭纛，其有記受突厥封號，而未及狼頭纛者，蓋史臣略而不載耳。
故突厥之狼頭纛猶中國之印綬，乃爵位之標幟，受封號者，必亦受
此物，所以表示其屬於突厥之系統，服從稱臣之義也。據《通典》壹
玖柒《邊防典‧突厥傳》上【參《隋書》捌肆《突厥傳》、《北史》玖玖《突
厥傳》等】略云：

> 旗纛之上，施金狼頭，侍衛之士，謂之附離，夏言亦狼也，
> 蓋本狼生，志不忘舊。

可知狼爲突厥民族之圖騰。隋末北方羣雄，既受突厥之狼頭纛，則
突厥亦以屬部視之矣，哀哉。紀載唐高祖、太宗起兵太原之事，溫
大雅《大唐創業起居注》一書，爲最重要之史料，世所共知。其述當
時與突厥之關係，最爲微妙，深堪翫味，如改旗幟一事，辭費文繁，

或者以爲史家鋪陳開國祥瑞之慣例，則不達溫氏曲爲唐諱之苦心。又稱臣突厥之主謀，實爲太宗，實可據其述興國寺兵脅迫高祖服從突厥一事得以推知。兹不避繁冗之嫌，頗詳録溫氏之書與此二事有關者推論之如下：

> 裴寂等乃因太子、秦王等入啓，請依伊尹放太甲、霍光廢昌邑故事，廢皇帝而立代王，興義兵以檄郡縣，改旗幟以示突厥，師出有名，以輯夷夏。於是遣使以衆議馳報突厥，始畢依旨，即遣其柱國康鞘利、級失、熱寒、特勤、達官等送馬千疋來太原交市，仍許遣兵送帝往西京，多少惟命。康鞘利將至，軍司以兵起甲子之日，又符讖尚白，請建武王所執白旗以示突厥。帝曰："誅紂之旗牧野臨時所仗，未入西郊，無容預執，宜兼以絳雜半續之。"諸軍稍旛皆放此，營壁城壘幡旗四合，赤白相映若花園。開皇初太原童謠云："法律存，道德在，白旗天子出東海。"常亦云白衣天子，故隋主恒服白衣，每向江都，擬於東海。又有《桃李子歌》曰："桃李子，莫浪語，黄鵠繞山飛，宛轉花園裏。"案李爲國姓，桃當作陶，若言陶唐也，配李而言，故云桃花園，宛轉屬旌幡。汾晉老幼謳歌在耳，忽覩靈驗，不勝懽躍。

寅恪案，唐高祖之起兵太原，即叛隋自立，別樹一不同之旗幟以表示獨立，其事本不足怪，但太宗等必欲改白旗以示突厥，則殊有可疑。據《大唐創業起居注》下載裴寂等所奏神人太原慧化尼歌謠詩讖有云：

童子木上懸白幡，胡兵紛紛滿前後。

是胡兵即突厥兵，而其旗幟，爲白色之明證。此歌謠之意，謂李唐樹突厥之白旗，而突厥兵從之，蓋李唐初起兵時之旗爲絳白相雜，不得止言白幡也。所可笑者，開皇初太原童謠本作“白衣天子出東海”，太宗等乃强改白衣爲白旗，可謂巧於傅會者矣。夫歌謠符讖，自可臨時因事僞造，但不如因襲舊有之作稍事改換，更易取信於人，如後來玄宗時佞臣之改作《得寶歌》，即是顯著之例【見《舊唐書》壹佰伍《韋堅傳》】。豈所謂效法祖宗，師其故智者耶？唐高祖之不肯竟改白旗而用調停之法兼以絳雜半續之者，蓋欲表示一部分之獨立而不純服從突厥之意。據《隋書》壹《高祖紀》云：

> ［開皇元年（公元五八一年）］六月癸未，詔以初受天命，赤雀降祥，五德相生，赤爲火色。其郊及社廟，依服冕之儀，而朝會之服，旗幟犧牲，盡令尚赤。

是隋色爲絳赤，即是當時中夏國旗之色，而《資治通鑑》壹捌肆《隋紀》義寧元年六月“雜用絳白以示突厥”句下胡注云：

> 隋色尚赤，今用絳而雜之以白，示若不純於隋。

胡氏知隋色尚赤，乃謂“示若不純於隋”，夫唐高祖起兵叛立，其不純於隋自不待言，但其初尚欲擁戴幼主不即革隋命，則旗色純用絳赤本亦不妨，其所以“用絳而雜之以白”者，實表示維持中夏之地位而不純臣服於突厥之意，胡氏之説，可請適得其反者也。

總之，高祖起兵時，改易旗色，必與臣服於突厥有關。高祖所以遲疑不決，太宗等所以堅執固請，溫氏所以詳悉記述歌謠符讖累數百言者,其故正在於此。世之讀史者,不可視爲釀詞而忽略之也。

《大唐創業起居注》上云:

> 帝引康鞘利等禮見於晉陽宮東門之側舍,受始畢所送書信,帝偏貌恭,厚加饗賄。鞘利等大悦,退相謂曰:"唐公見我蕃人,尚能屈意,見諸華夏,情何可論。敬人者人皆敬愛,天下敬愛,必爲人主。我等見之人,不覺自敬。"

寅恪案,此溫氏用委婉之筆叙述唐高祖受突厥封號稱臣拜伏之事。"始畢所送書信",即突厥敕封高祖爲可汗之册書,"帝偏貌恭",即稱臣拜伏之義。唐高祖此時所受突厥封號究爲何名,史家久已隱諱不傳,但據上引李仲文事觀之,則高祖與仲文俱爲太原主將,突厥又同欲遣兵送之入長安,而仲文所受突厥之封號據稱爲"南面可汗"。由此推之,高祖所受封號亦當相與類似,可無疑也。

總而言之,太宗既明言高祖於太原起兵時曾稱臣於突厥,則與稱臣有關之狼頭纛及可汗封號二事,必當於創業史料中得其經過跡象。惜舊記諱飾太甚,今袛可以當時情勢推論之耳。

高祖稱臣於突厥,其事實由太宗主持於内,而劉文静執行於外,請略引史傳,以證明之。

《大唐創業起居注》上略云:

> 始畢得書大喜,其部達官等曰:"天將以太原與唐公,必當平定天下。不如從之以求寶物。但唐公欲迎隋主,共我和好,此語不好,我不能從。唐公自作天子,我則從行,覓大勳賞,不避時熱。"當日即以此意作書報帝。帝開書歎息久之曰:"孤爲

人臣須盡節。本慮兵行已後,突厥南侵,屈節連和,以安居者,不謂今日所報。更相要逼,乍可絕好藩夷,無有從其所勸。"突厥之報帝書也,謂使人曰:"唐公若從我語,即宜急報,我遣大達官往取進止。"官僚等以帝辭色懍然,莫敢咨諫。興國寺兵知帝未從突厥所請,往往偶語曰:"公若更不從突厥,我亦不能從公。"裴寂、劉文靜等知此議,以狀啓聞。

寅恪案,突厥之欲高祖自爲天子,即欲其受可汗封號,脫離楊隋而附屬突厥之意,其事本不足怪,但興國寺兵,何以亦同突厥,以此要迫,考《大唐創業起居注》上云:

> 帝遣長孫順德、趙文恪等率興國寺所集兵五百人總取秦王部分。

即《册府元龜》柒《帝王部·創業門》云:

> [唐]高祖乃命太宗與晉陽令劉文靜及門下客長孫順德、劉弘基等各募兵,旬日之間,衆且一萬。文靜頓於興國寺,順德頓於阿育王寺。

夫劉文靜、長孫順德【順德爲太宗長孫后之族叔,避遼東之役逃匿於太原,見《舊唐書》伍捌及《新唐書》壹佰伍《長孫順德傳》等】等皆太宗之黨,其兵又奉高祖之命歸太宗統屬,今居然與突厥通謀,迫脅高祖,叛楊隋而臣突厥,可知太宗實爲當時主謀稱臣於突厥之人,無復疑問也。

太宗爲稱臣於突厥之主謀,執行此計劃之主要人物則是劉文靜,據《舊唐書》伍柒《劉文靜傳》略云:

隋末爲晉陽令，煬帝令繫於郡獄。太宗以文靜可與謀議，
入禁所視之。高祖開大將軍府，以文靜爲軍司馬。文靜勸改
旗幟，以彰義舉，又請連突厥，以益兵威。高祖並從之，因遣文
靜使於始畢可汗。始畢曰："唐公起事，今欲何爲？"文靜曰："願
與可汗兵馬同入京師。人衆土地入唐公，財帛金寶入突厥。"
始畢大喜，即遣將康鞘利領騎二千隨文靜而至。〔武德二年
（公元六一九年）〕裴寂又言曰："當今天下未定，外有勍敵，今
若赦之，必貽後患。"高祖竟聽其言，遂殺文靜。

及《大唐創業起居注》上略云：

乃命司馬劉文靜報使，並取其兵。靜辭，帝私誡之曰："胡
兵相送，天所遣來，數百之外，無所用之。所防之者，恐武周引
爲邊患，取其聲勢，以懷遠人。公宜體之，不須多也。"

則與突厥始畢可汗議訂稱臣之約者，實爲劉文靜，其人與太宗關係
密切，觀太宗往視文靜於獄中一事，即可推知，文靜即爲李唐與突
厥連繫之人，及高祖入關後漸與突厥疏遠，而文靜乃被殺矣，裴寂
謂"當今天下未定，外有勍敵"，"天下未定"指劉武周、王世充、竇建
德等，"外有勍敵"指突厥，而《新唐書》捌捌《劉文靜傳》及《通鑑》壹
捌陸《唐紀》武德二年"殺劉文靜"條俱省略"外有勍敵"之語，實由
未解文靜與突厥之關係所致也。李唐與突厥之連繫人劉文靜雖
死，而太宗猶在，觀高祖於遣劉文靜使突厥時，以防劉武周爲言，則
唐與突厥關係親密，武周自當受突厥之約束，不敢侵襲太原，若唐
與突厥之關係疏遠，則武周必倚突厥之助略取并州。據《舊唐書》

壹玖肆上《突厥傳》上略云：

> 武德二年始畢授馬邑賊帥劉武周兵五百餘騎，遣入句注，
> 又追兵大集，欲侵太原。是月始畢卒，立其弟俟利弗設，是爲
> 處羅可汗。

可知突厥始畢可汗初與劉文靜定約，立唐高祖爲可汗，約束劉武
周，不得侵襲太原。迨唐入關後，漸變前此之恭遜，故始畢又改命
武周奪取太原矣。

劉武周既得突厥之助，奪取太原，兵鋒甚盛，將進逼關中，唐室
不得不使劉文靜外，其他唯一李唐與突厥之連繫人即太宗出膺抗
拒劉武周之命，此不僅以太宗之善於用兵，實亦由其與突厥有特別
之關係也。觀《舊唐書》壹玖肆上《突厥傳》上云：

> 太宗在藩，受詔討劉武周，師次太原。處羅遣其弟步利設
> 率二千騎與官軍會。六月處羅至并州，總管李仲文出迎勞之。
> 留三日，城中美婦人多爲所掠。仲文不能制，俄而處羅卒。

則突厥昔之以兵助劉武周者，今反以兵助李世民，前後態度變異至
此，其關鍵在太宗與突厥之特別關係，可推知也。

又據《舊唐書》貳《太宗紀》上略云：

> [武德]七年(公元六二四年)秋，突厥頡利、突利二可汗自
> 原州入寇，侵擾關中。有說高祖云：「祇爲府藏子女在京師，故
> 突厥來。若燒却長安而不都，則胡寇自止。」高祖乃遣中書侍
> 郎宇文士及行山南可居之地，即欲移都。蕭瑀等皆以爲非，然
> 終不敢犯顏正諫。太宗獨曰：「幸乞聽臣一申微効，取彼頡利。

若一兩年間不繫其頸，徐建遷都之策，臣當不敢復言。"高祖怒，仍遣太宗將三十餘騎行劃。還日固奏，必不可移都，高祖遂止。

及《新唐書》柒玖《隱太子傳》云：

> 突厥入寇，帝議遷都，秦王苦諫止。建成見帝曰："秦王欲外禦寇，沮遷都議，以久典兵，而謀篡奪。"帝寖不悅。

可見太宗在當時被目爲挾突厥以自重之人，若非起兵太原之初，主謀稱臣於突厥者，何得致此疑忌耶？斯亦太宗爲當時主謀者之一旁證也。

又《舊唐書》壹玖肆上《突厥傳》上【參《册府元龜》玖捌壹《外臣部‧盟誓門》】略云：

> [武德]七年八月，頡利、突利二可汗舉國入寇，太宗乃親率百騎馳詣虜陣，告之曰："國家與可汗誓不相負，何爲背約深入吾地？我秦王也，故來一決。可汗若自來，我當與可汗兩人獨戰。若欲兵馬總來，我唯百騎相禦耳。"頡利弗之測，笑而不對。太宗又前，令騎告突利曰："爾往與我盟，急難相救。爾今將兵來，何無香火之情也？亦宜早出，一決勝負。"突利亦不對。太宗前，將渡溝水。頡利見太宗輕出，又聞香火之言，乃陰猜突利，因遣使曰："王不須渡，我無惡意，更欲共王自斷當耳。"於是稍引却，各斂軍而退。太宗因縱反間於突利，突利悅而歸心焉，遂不欲戰。其叔侄內離，頡利欲戰不可，因遣突利及夾畢特勤阿史那思摩奉見請和，許之。突利因自託於太宗，

願結爲兄弟。

寅恪案，太宗在當時不僅李唐方面日之爲與突厥最有關係之人，即突厥一方面亦認太宗與之有特別關係。然則太宗當日國際地位之重要，亦可想見矣。至太宗與突利結爲兄弟疑尚遠在此時之前，據《舊唐書》壹玖肆上《突厥傳》上略云：

> ［武德］九年（公元六二六年）七月，頡利自率十萬餘騎進寇武功，頡利遣其腹心執失思力入朝爲覘，因張形勢云："二可汗總兵百萬，今已至矣。"太宗謂之曰："我與突厥，面自和親，汝則背之，我實無愧。又義軍入京之初，爾父子【指頡利、突利言，如昔人稱漢疏廣、受①父子之例，蓋頡利、突利爲叔父及從子也】並親從我。"

然則所謂香火之盟，當即在唐兵入關之時也，《通鑑》壹玖壹《唐紀》柒武德柒年胡注釋香火之盟固是，②但仍未盡，考《教坊記》【據《說郛》本】"坊中諸女"條云：

> 坊中諸女以氣類相似，約爲香火兄弟，每多至十四五人，少不下八九輩。有兒郎婿之者，輒被以婦人稱呼，即所婿者兄見呼爲新婦，弟見呼爲嫂也。兒郎有任官僚者，官參與內人對同日，垂到內門，車馬相逢，或搴車簾呼阿嫂若新婦者，同黨未達，殊爲怪異，問被呼者，笑而不答。兒郎既婿一女，其香火兄

---

① 疏廣、疏受叔侄二人，爲漢宣帝時賢人。
② 胡注云："古者盟誓質諸天地山川鬼神，歃血而已；後世有對神立誓者，有禮佛立誓者，始有香火之事。"

弟多相奔，云學突厥法。又云："我兄弟相憐愛，欲得嘗其婦
也。"主者知亦不妬，他香火即不通。

則太宗與突利結香火之盟，即用此突厥法也。故突厥可視太宗爲
其共一部落之人，是太宗雖爲中國人，亦同時爲突厥人矣！① 其與
突厥之關係，密切至此，深可驚訝者也。

　　舊記中李唐起兵太原時稱臣於突厥一事，可以推見者，略如上
述，此事考史者所不得爲之諱，亦自不必爲之諱也。至後來唐室轉
弱爲强，建功雪恥之本末，軼出本篇範圍，故不涉及。嗚呼！ 古今
唯一之"天可汗"，豈意其初亦嘗效劉武周輩之所爲耶？ 初雖效之，
終能反之，是固不世出人傑之所爲也。又何足病哉！ 又何足病哉！

原載一九五一年六月《嶺南學報》第拾壹卷第貳期

---

① 　編者案：《教坊記》中"香火兄弟"實反映"夫兄弟婚"（levirate）之習俗。太宗、突利之盟似
與之有異。

兵

制

【此章本題爲《府兵制前期史料試釋》，載《中央研究院歷史語言研究所集刊》第柒本第叁分，茲略增訂，以爲此書(《隋唐制度淵源略論稿》)之一章。】

壹

府兵之制起於西魏大統，廢於唐之天寶，前後凡二百年，其間變易增損者頗亦多矣。後世之考史者於時代之先後往往忽略，遂依據此制度後期即唐代之材料，以推說其前期即隋以前之事實，是執一貫不變之觀念，以說此前後大異之制度也，故於此中古史最要關鍵不獨迄無發明，復更多所誤會。夫唐代府兵之制，吾國史料本較完備，又得日本《養老令》之《宮衞》《軍防》諸令條，可以推比補充，其制度概略今尚不甚難知。惟隋以前府兵之制，則史文缺略，不易明悉，而唐人追述前事，亦未可盡信。茲擇取此制前期最要之史料，試爲考釋，其間疑滯之義不能通解者殊多，又所據史籍，皆通行坊刻，未能與傳世善本一一詳校，尤不敢自謂有所創獲及論斷也。

貳

《北史》陸拾【《周書》壹陸同，但無"每一團儀同二人"至"並資官給"一節，又《通典》貳捌《職官典》拾"將軍總叙"條及叁肆《職官典》壹陸"勳官"條略同】云：

初魏孝莊帝以爾朱榮有翊戴之功，拜榮柱國大將軍，位在丞相上。榮敗後，此官遂廢。大統三年（公元五三七年），魏文帝復以周文帝①建中興之業，始命爲之。其後功參佐命、望實俱重者亦居此職。自大統十六年（公元五五零年）已前任者凡有八人。周帝位總百揆，都督中外軍事，魏廣陵王欣，元氏懿戚，從容禁闥而已。此外六人各督二大將軍，分掌禁旅，當爪牙禦侮之寄。當時榮盛莫與爲比，故今之稱門閥者咸推八柱國家。今並十二大將軍録之於左：

使持節太尉、柱國大將軍、大都督、尚書左僕射、隴右行臺少師、隴西郡開國公李虎【略】與周文帝爲八柱國。

使持節大將軍、大都督、少保、廣平王元贊。【略】

是爲十二大將軍。每大將軍督二開府，凡爲二十四員，分團統領，是二十四軍。每一團儀同二人，自相督率，不編户貫，都十二大將軍。十五日上，則門欄陛戟，警晝巡夜；十五日下，

---

① 即宇文泰。

則教旗習戰。無他賦役。每兵唯辦弓刀一具,月簡閱之,甲槊戈弩並資官給。自<u>大統</u>十六年以前十二大將軍外,<u>念賢</u>及<u>王思政</u>亦拜大將軍,然<u>賢</u>作牧<u>隴右</u>,<u>思政</u>出鎮<u>河南</u>,並不在領兵之限。此後功臣位至柱國及大將軍者衆矣,不限此秩【“不限此秩”,《周書》及《通典》俱作“咸是散秩”】,無所統御。六柱國十二大將軍之後有以位次嗣掌其事者,而德望素在諸公之下,並不得預於此例。

《玉海》壹叁捌《兵制》叁引《鄴侯家傳》云:

初置府不滿百,每府有郎將主之,而分屬二十四軍,每府一人將焉。每二開府屬一大將軍,二大將軍屬一柱國大將軍,仍加號持節大都督以統之。時皇家<u>太祖景皇帝</u>【<u>李虎</u>】爲少師<u>隴右</u>行臺僕射、<u>隴西公</u>,與臣五代祖<u>弼</u>、太保大司徒<u>趙郡公</u>及大宗伯<u>趙貴</u>、大司馬<u>獨孤信</u>、大司寇<u>于謹</u>、大司空<u>侯莫陳崇</u>等六家主之,是爲六柱國,其有衆不滿五萬。初置府兵,皆於六戶中等已上家有三丁者,選材力一人,免其身租庸調,郡守農隙教試閱,兵仗衣、馱牛驢及糧糧六家共備,撫養訓導,有如子弟,故能以寡克衆。自初屬六柱國家,及分隸十二衛,皆選勳德信臣爲將軍。

<u>寅恪</u>案:《通鑑》壹陸叁<u>梁簡文帝大寶</u>元年即<u>西魏文帝大統</u>十六年紀府兵之緣起,即約略綜合上引二條之文,別無其他材料。惟“六家共備”今所見諸善本俱作“六家供之”,當非誤刊【參考<u>章鈺</u>先生《胡刻通鑑正文校宋記》壹柒】。蓋溫公[1]讀“共”爲“供”,僅此一

_____

① 即司馬光。

事殊可注意而已。夫關於府兵制度起源之史料，君實①當日所見者既是止此二條，故今日惟有依此二條之記載，旁摭其他片斷之材料，以相比證，試作一較新之解釋於下：

北魏晚年六鎮之亂，乃塞上鮮卑族對於魏孝文帝所代表拓跋氏歷代漢化政策之一大反動，史實甚明，無待贅論。高歡、宇文泰俱承此反對漢化保存鮮卑國粹之大潮流而興起之梟傑也。宇文泰當日所憑藉之人材地利遠在高歡之下，若欲與高氏抗爭，則惟有於隨順此鮮卑反動潮流大勢之下，別採取一系統之漢族文化，以籠絡其部下之漢族，而是種漢化又須有以異於高氏治下洛陽、鄴都及蕭氏治下建康、江陵承襲之漢、魏晉之二系統，此宇文泰所以使蘇綽、盧辯之徒以《周官》之文比附其鮮卑部落舊制，資其野心利用之理由也。苟明乎此，則知宇文泰最初之創制，實以鮮卑舊俗爲依歸；其有異於鮮卑之制而適符於《周官》之文者，乃黑獺②別有利用之處，特取《周官》爲緣飾之具耳。八柱國者，摹擬鮮卑舊時八國即八部之制者也。《魏書》壹壹叁《官氏志》云：

> 初安帝統國，諸部有九十九姓。至獻帝時，七分國人，使諸兄弟各攝領之，乃分其氏。七族之興，自此始也。又命叔父之胤曰乙旃氏，後改爲叔孫氏；又命疏屬曰車焜氏，後改爲車氏。凡與帝室爲十姓。凡此諸部，其渠長皆自統衆。

---

① 即司馬光。
② 即宇文泰。

天興元年(公元三九八年)十二月置八部大夫散騎常侍待詔等官,其八部大夫於皇城四方四維面置一人,以擬八座,謂之八國。

天賜元年(公元四零四年)十一月以八國姓族難分,故國立大師、小師,令辯其宗黨,品舉人才。自八國以外,郡各自立師,職分如八國,比今之中正也。宗室立宗師,亦如州郡八國之儀。

神瑞元年(公元四一四年)春置八大人官,大人下置三屬官,總理萬機,故世號八公云。

又同書壹佰拾《食貨志》云:

天興初制定京邑,東至代郡,西及善無,南極陰館,北盡參合,爲畿內之田,其外四方四維置八部帥以監之。

《周書》貳《文帝紀》下魏恭帝元年(公元五五四年)【《通鑑》壹陸伍梁元帝承聖三年春同】云:

魏氏之初,統國三十六,大姓九十九,後多絕滅,至是以諸將功高者爲三十六國後,次功者爲九十九姓後,所統軍人亦改從其姓。

寅恪案:拓跋族在塞外時,其宗主爲一部,其餘分屬七部,共爲八部。宇文泰八柱國之制以廣陵王元欣列入其中之一,即擬拓跋鄰即所謂獻帝本支自領一部之意,蓋可知也。據《周書》貳《文帝紀》下、《北史》玖《周本紀》上西魏恭帝元年及《通鑑》壹陸伍梁元帝承聖三年所載西魏諸將賜胡姓之例,"所統軍人亦改從其姓",明是以一軍事單位爲一部落，而以軍將爲其部之酋長。據《魏書・官氏志》云：“凡此諸部，其渠長皆自统衆”，則凡一部落即一軍事單位内之分子對於其部落之酋長即軍將，有直接隸屬即類似君臣之關係與名分義務，此又可以推繹得知者。宇文泰初起時，本非當日關隴諸軍之主帥，實與其他柱國若趙貴輩處於同等地位，適以機會爲貴等所推耳。如《周書》壹《文帝紀》上【《北史》玖《周本紀》上略同】略云：

> ［賀拔］岳果爲［侯莫陳］悦所害，其士衆散還平凉，惟大都督趙貴率部曲收岳屍還營。於是三軍未有所屬，諸將以都督寇洛年最長，相與推洛，以總兵事。洛素無雄略，威令不行，乃謂諸將曰：“洛智能本闕，不宜統御，近者迫於群議，推相攝領，今請避位，更擇賢材。”於是趙貴言於衆曰：“元帥【賀拔岳】勳業未就，奄罹凶酷，豈唯國喪良宰，固亦衆無所依。竊觀宇文夏州①遠邇歸心，士卒用命。今若告喪，必來赴難，因而奉之，則大事集矣。”諸將皆稱善。

又同書壹陸《趙貴傳》【《北史》伍玖《趙貴傳》、《通鑑》壹陸柒陳武帝永定元年(公元五五七年)同】云：

> 初貴與獨孤信等皆與太祖【宇文泰】等夷。

及《周書》壹伍《于謹傳》【《北史》貳叁《于謹傳》及《通鑑》壹陸陸梁敬帝太平元年(公元五五六年)同】云：

---

① 即宇文泰。

謹既<u>太祖</u>等夷。

皆是其證。但八柱國之設，雖爲摹倣<u>鮮卑</u>昔日八部之制，而<u>宇文泰</u>既思提高一己之地位，不與其柱國相等，又不欲<u>元魏</u>宗室實握兵權，故雖存八柱國之名，而以六柱國分統府兵，以比附於《周官》六軍之制。此則雜糅<u>鮮卑</u>部落制與<u>漢</u>族《周官》制，以供其利用，讀史者不可不知者也。

又<u>宇文泰</u>分其境内之兵，以屬<u>趙貴</u>諸人，本當日事勢有以致之，殊非其本意也。故遇機會，必利用之，以漸收其他柱國之兵權，而擴大己身之實力，此又爲情理之當然者。但此事跡象史籍不甚顯著，故易爲考史者所忽視。茲請略發其覆：據《周書》《北史》《通典》之紀八柱國，皆斷自<u>大統</u>十六年以前，故《通鑑》即繫此事於<u>梁簡文帝大寶</u>元年即<u>西魏文帝大統</u>十六年。其所以取此年爲斷限者，以其爲<u>李虎</u>卒前之一年也。蓋八柱國中<u>虎</u>最先卒，自<u>虎</u>卒後，而八柱國中六柱國统兵之制始一變。

《通鑑》壹陸肆<u>梁簡文帝大寶</u>二年即<u>西魏文帝大统</u>十七年（公元五五一年）云：

五月<u>魏隴西襄公李虎</u>卒。

《通鑑》此條所出，必有確實之依據，自不待言。《周書》叁捌《<u>元偉</u>傳》附録<u>魏</u>宗室王公名位中有二柱國：一爲柱國大將軍、太傅、大司徒、<u>廣陵王元欣</u>，一即柱國大將軍、少師、<u>義陽王元子孝</u>。<u>元子孝</u>以少師而爲柱國，明是繼<u>李虎</u>之位。《魏書》壹玖、《北史》壹柒俱載<u>子孝</u>事蹟，但《北史》較詳。《北史》云：

　　孝武①入關，不及從駕，後赴長安，封義陽王，後歷尚書令、

柱國大將軍。子孝以國運漸移，深自貶晦，日夜縱酒，後例降

爲公，復姓拓拔氏，未幾卒。

亦未載子孝爲柱國年月，萬斯同《西魏將相大臣年表》“恭帝元年甲

戌”條云：

　　少師【柱國】[李]虎卒。

　　義陽王子孝柱國大將軍。

萬表以義陽王子孝繼李虎之職，自屬正確。但列李虎卒於恭帝元

年，顯與《通鑑》衝突，疑不可據。【謝啓崑《西魏書》壹捌《李虎傳》載

虎卒於恭帝元年五月，亦誤。】

　　又《周書》壹玖《達奚武傳》《北史》陸伍《達奚武傳》及《通鑑》壹

陸肆梁簡文帝大寶二年、元帝承聖元年俱略同】云：

　　[大統]十七年【《北史》脱“七”字】詔武率兵三萬經略漢川。

　　自劍以北悉平。明年【即西魏廢帝元年】武振旅還京師，朝議

　　初欲以武爲柱國，武謂人曰：“我作柱國不應在元子孝前。”固

　　辭不受。

可知西魏廢帝元年即李虎卒後之次年，達奚武以攻取漢中之功應

繼虎之後任爲柱國，而武讓於元子孝也。此亦李虎卒於大統十七

年，而其次年即廢帝元年達奚武班師還長安時【《通鑑》繫達奚武取

南鄭於梁元帝承聖元年即西魏廢帝元年（公元五五二年）五月，故

―――――――――

①　魏孝武帝元修。

武之還長安尚在其後】，其遺缺尚未補人之旁證。武之讓柱國於子孝，非僅以謙德自鳴，殆窺見宇文泰之野心，欲併取李虎所領之一部軍士，以隸屬於己。元子孝與元欣同爲魏朝[①]宗室，從容禁闥，無將兵之實，若以之繼柱國之任，徒擁虛位，黑獺遂得增加一己之實力以制其餘之五柱國矣。故《周書》貳《文帝紀》下【《通鑑》壹陸伍梁元帝承聖二年同】云：

> 魏廢帝二年（公元五五三年）春，魏帝詔太祖去丞相大行臺，爲都督中外諸軍事。

此爲宇文泰權力擴張壓倒同輩名實俱符之表現，而適在李虎既卒、達奚武讓柱國於元子孝之後，其非偶然，抑可知也。又元子孝爲虛位柱國，既不統軍，而實領李虎舊部者當爲宇文泰親信之人。《周書》貳拾《閻慶傳》【《北史》陸壹《閻慶傳》同】云：

> 賜姓大野氏。晉公護母，慶之姑也。

依西魏賜姓之制，統軍之將帥與所統軍人同受一姓。慶與李虎同姓大野氏，虎之年位俱高於慶，則慶當是虎之部下；慶與宇文氏又有戚誼，或者虎卒之後，黑獺即以柱國虛位畀元子孝，而以己之親信資位較卑若閻慶者代領其軍歟？此無確證，姑備一説而已。

總而言之，府兵之制，其初起時實摹擬鮮卑部落舊制，而部落酋長對於部內有直轄之權，對於部外具獨立之勢。宇文泰與趙貴等並肩同起，偶爲所推，遂居其上，自不得不用八柱國之虛制，而以

---

① 原文作"朗"，應爲"朝"之誤。

六柱國分統諸兵。後因李虎先死之故，併取其兵，得擴張實力，以懾服其同起之酋帥。但在宇文氏創業之時，依當時鮮卑舊日觀念，其兵士尚分屬於各軍將，而不直隸於君主。若改移此部屬之觀念，及變革此獨立之制度，乃宇文泰所未竟之業，而有待於後繼者之完成者也。

宇文泰之建國，兼採鮮卑部落之制及漢族城郭之制，其府兵與農民迥然不同，而在境內爲一特殊集團及階級。《北史》陸拾所謂"自相督率，不編户貫"，及《周書》叁《孝閔帝紀》【《北史》玖《周本紀》上同】元年（公元五五七年）八月甲午詔曰：

> 今二十四軍宜舉賢良堪治民者，軍列九人。

皆足證也。

《鄶侯家傳》所謂"六户中等已上"者，此"六户"與傳文之"六家"不同，蓋指九等之户即自中下至上上凡六等之户而言，《文獻通考》壹伍壹《兵考》作"六等之民"，當得其義。《魏書》壹佰拾《食貨志》云：

> 顯祖①【今本《通典》伍《食貨典》作莊帝，不合】因民貧富，爲租輸三等九品之制。

宇文泰殆即依此類舊制分等也。又《周書》貳《文帝紀》下魏大統九年（公元五四三年）【《通鑑》壹伍捌梁武帝大同九年同】云：

> 於是廣募關隴豪右，以增軍旅。

然則府兵之性質，其初元是特殊階級。其鮮卑及六鎮之胡漢

---

① 齊文宣帝高洋。

混合種類及山東漢族武人之從入關者固應視爲貴族，即在關隴所增收編募，亦止限於中等以上豪富之家，絕無下級平民參加於其間，與後來設置府兵地域內其兵役之比較普遍化者，迥不相同也。

又《鄴侯家傳》"六家共之"之語，"共"若依《通鑑》作"供給"之"供"，自易明瞭。惟"六家"之語最難通解，日本岡崎文夫教授於其所著《關於唐衛府制與均田租庸調法之一私見》【東北帝國大學十周年紀念史學文學論集】中，雖致疑於何故不採《周禮》以來傳統之五家組合，而取六家組合，但亦未有何解釋。鄙意《通鑑》採用《鄴侯家傳》已作"六家"，故"六"字不得視爲傳寫之誤。然細繹李書，[①]如"六家主之"及"自初屬六柱國家"等語，其"六家"之語俱指李弼等六家，故其"六家共備"之"六家"疑亦同指六柱國家而言也。《北史》云："甲槊戈弩並資官給"，李書既以府兵自初屬六柱國家，故以"六家供備"代"並資官給"，觀其於"六家共【依《通鑑》通作供】備"下，即連接"撫養訓導，有如子弟"之語，尤足證其意實目六柱國家。至其詞涉誇大，不盡可信，則與傳文之解釋又別是一事，不可牽混並論也。

又《玉海》壹叁捌《兵制》叁注云：

> 或曰："宇文周制府衛法，七家共出一兵。"

寅恪案：七家共出一兵，爲數太少，決不能與周代情勢符合，無待詳辨。但可據此推知《鄴侯家傳》中"六家共備"之"共"，南宋人已

---

① 李指李繁，《鄴侯家傳》之著者。

有誤讀爲“共同”之“共”者，七家共出一兵之臆説殆因此而生。伯厚①置諸卷末子注或説中，是亦不信其爲史實也。

據《北史》陸拾“自相督率，不編户貫”及“十五日上，則門欄陛戟，警晝巡夜；十五日下，則教旗習戰”等語，則《鄴侯家傳》所謂“郡守農隙教試閲”者，絶非西魏當日府兵制之真相，蓋農隙必不能限於每隔十五日之定期，且當日兵士之數至少，而戰守之役甚繁，欲以一人兼兵農二業，亦極不易也。又《北史》謂軍人“自相督率，不編户貫”，則更與郡守無關，此則《鄴侯家傳》作者李繁依唐代府兵之制，以爲當西魏初創府兵時亦應如是，其誤明矣。李延壽生值唐初，所紀史事猶爲近真。温公作《通鑑》，其叙府兵最初之制，不採《北史》之文，而襲《家傳》之誤，殊可惜也。

吾輩今日可以依據《北史》所載，解決府兵之兵農分合問題。《新唐書》伍拾《兵志》云：

> 蓋古者兵法起於井田，自周衰，王制壞而不復。至於府兵，始一寓之於農。

葉適《習學記言》叁玖、《唐書》表、志條駁兵農合一之説，略云：

> 宇文、蘇綽患其然也，始令兵農各籍，不相牽綴，奮其至弱，卒以滅齊。隋因之，平一宇内，當其時無歲不征，無戰不克，而財貨充溢，民無失業之怨者，徒以兵農判爲二故也。然則豈必高祖、太宗所以盛哉！乃遵其舊法行之耳。兵農已分，

---

① 指王應麟，《玉海》之著者。

法久而壞，不必慨慕府兵，誤離爲合，徇空談而忘實用矣。

寅恪案：歐陽永叔①以唐之府兵爲兵農合一是也。但概括府兵二百年之全部，認其初期亦與唐制相同，兵農合一，則已謬矣。葉水心②以宇文、蘇綽之府兵爲兵農分離，是也。但亦以爲其制經二百年之久，無根本之變遷，致認唐高祖、太宗之府兵仍是兵農分離之制，則更謬矣。司馬君實既誤用《家傳》以唐制釋西魏府兵，而歐陽、葉氏復兩失之，宋賢史學，今古罕匹，所以致疏失者，蓋史料缺略，誤認府兵之制二百年間前後一貫，無根本變遷之故耳。【《通鑑》貳壹貳唐玄宗開元十年（公元七二二年）紀張説建議召募壯士充宿衞事，以爲"兵農之分從此始"，是司馬之意亦同歐陽，以唐代府兵爲兵農合一，此則較葉氏之無真知灼見，好爲異説而偶中者，誠有間矣。】

叁

《隋書》貳《高祖紀》下【《北史》壹壹《隋本紀》上、《通鑑》壹柒柒隋文帝開皇十年同】略③云：

開皇十年（公元五九零年）五月乙未詔曰："魏末喪亂，宇縣瓜分，役車歲動，未遑休息。兵士軍人權置坊府，南征北伐，

---

① 即歐陽修。
② 即葉適。
③ 下段引文頗有刪節，故按作者習慣加"略"字。

居處無定。恒爲流寓之人，竟無鄉里之號。朕甚愍之。凡是軍人可悉屬州縣，墾田籍帳一與民同。軍府統領宜依舊式。罷山東、河南及北方緣邊之地新置軍府。”

同書貳肆《食貨志》【《通典》貳及叁及伍及柒《食貨典》，又《周書》伍《武帝紀》上、《北史》十《周本紀》下俱同】云：

至［齊武成帝］河清三年（公元五六四年）定令，乃命人居十家爲比鄰，五十家爲閭里，百家爲族黨。男子十八已上六十五已下爲丁，十六已上十七已下爲中，六十六已上爲老，十五已下爲小。率以十八受田，輸租調，二十充兵，六十免力役，六十六退田，免租調。

［周武帝］保定元年（公元五六一年）改八丁兵爲十二丁兵，率歲一月役。建德二年（公元五七三年）改軍士爲侍官，募百姓充之，除其縣籍，是後夏人半爲兵矣。

及［隋高祖］受禪，又遷都，發山東丁，毀造宮室，仍依周制役丁爲十二番，匠則六番。頒新令：男女三歲已下爲黃，十歲已下爲小，十七已下爲中，十八已上爲丁。丁從課役，六十爲老，乃免。

其丁男、中男、永業、露田皆遵後齊之制。

開皇三年（公元五八三年）正月［隋文］帝入新宮，初令軍人【人即民也，《北史》壹壹《隋本紀》上、《通典》柒《食貨典》及《通鑑》壹柒伍陳長城公至德元年三月俱無軍字】以二十一成丁，減十二番每歲爲二十日役，減調絹一疋爲二丈。

《通鑑》壹柒伍陳長城公至德元年（公元五八三年）三月胡注云：

> 後周之制民年十八成丁，今增三歲，每歲十二番則三十日役，今減爲二十日役，及調絹減半。

《通典》貳捌《職官典》拾"將軍總叙"條云：

> 隋凡十二衛，各置大將軍一人，將軍一人，以總府事，蓋魏周十二大將軍之遺制。

《唐六典》貳肆"左右衛大將軍"條注云：

> 隋左右衛、左右武衛、左右候、左右武候、左右領軍、左右率府，各有大將軍一人，所謂十二衛大將軍也。

上章已論宇文泰欲漸改移鮮卑部屬之觀念及制度，而及身未竟其業，須俟其後繼者始完成之。兹所引史料，足證明此點，亦即西魏府兵制轉爲唐代府兵制過渡之關鍵所在也。《鄴侯家傳》【《新唐書》伍拾《兵志》、《通鑑》貳壹陸唐玄宗天寶八載同】云：

> 自置府以其番宿衛，禮之謂之侍官，言侍衛天子也。至是衛佐悉以借姻戚之家爲僮僕執役，京師人相詆訾者，即呼爲侍官。

寅恪案：周武帝改軍士爲侍官，即變更府兵之部屬觀念，使其直隸於君主。此澌洗鮮卑部落思想最有意義之措施，不可以爲僅改易空名而忽視之也。

又最初府兵制下之將卒皆是胡姓，即同胡人。周武帝募百姓充之，改其民籍爲兵籍，乃第一步府兵之擴大化即平民化。此時以

前之府兵既皆是胡姓,則胡人也,百姓,則夏人也,故云:"是後夏人
半爲兵矣。"此條"夏"字《隋書》《通典》俱同有之,必非誤衍,若不依
鄙意解釋恐不易通。岡崎教授於其所著論文之第陸頁第柒行引
《隋書·食貨志》及《通典》此條俱少一"夏"字,豈別有善本依據耶?
抑以其爲不可解之故,遂認爲衍文而删之耶? 寅恪所見諸本皆是
通行坊刻,若其他善本果有異文,尚希博雅君子不吝教誨也。

保定元年改八丁兵爲十二丁兵者,據《通鑑》壹陸捌陳文帝天
嘉二年(公元五六一年)胡注云:

> 八丁兵者,凡境内民丁分爲八番,遞上就役。十二丁兵
> 者,分爲十二番,月上就役,周而復始。

寅恪案:《隋書·食貨志》言,"隋高祖受禪,仍依周制,役丁爲
十二番",是周制分民丁爲十二番之證。胡説固確,但保定元年爲
宇文周開國之第五年,距創設府兵之時代至近,又在建德二年募百
姓充侍官之前者尚十二年,此年之令文,《周書》《隋書》《北史》《通
典》所載悉同,當無譌脱。令文既明言兵丁,而胡氏僅以"境内民
丁"釋之,絶不一及兵字,其意殆以爲其時兵民全無區別,與後來不
異,則疑有未妥也。

周武帝既施行府兵擴大化政策之第一步,經四年而周滅齊,又
四年而隋代周,其間時間甚短,然高齊文化制度影響於戰勝之周及
繼周之隋者至深且鉅,府兵制之由西魏制而變爲唐代制即在此時
期漸次完成者也。

陳傅良《歷代兵制》伍云:

　　魏、周、齊之世已行租調之法，而府兵之法由是而始基
【《通鑑·陳紀》齊顯［寅恪案：顯當作世］祖令民十八受田、輸
租調，二十充兵，六十免力役，六十六還田、免租調】，加以宇文
泰之賢，專意法古，當時兵制增損尤詳，然亦未易遽成也。故
其制雖始於周、齊，而其效則漸見於隋，彰於唐，以此知先王之
制其廢既久，則復之必以漸歟？

　　寅恪案：陳氏語意有未諦者，不足深論，但其注引齊制"十八受
田、輸租調，二十充兵"之文，則殊有識。蓋後期府兵之制全部兵農
合一，實於齊制始見諸明文，此實府兵制之關鍵也。但當時法令之
文與實施之事不必悉相符合，今日考史者無以知其詳，故不能確
言也。

　　又《隋書》貳柒《百官志》"尚書省五兵尚書"條略云：

　　　五兵統右中兵

　　　　　【掌畿內丁帳、事力、蕃兵等事。】

　　　左外兵

　　　　　【掌河南及潼關已東諸州丁帳及發召征兵等事。】

　　　右外兵

　　　　　【掌河北及潼關已西諸州，所典與左外同。】

　　寅恪案：北齊五兵尚書所統之右中兵、左外兵、右外兵等曹，既
掌畿內及諸州丁帳及發召征兵等事，疑北齊當日實已施行兵民合
一之制，此可與《隋書·食貨志》所載齊河清三年（公元五六四年）
令規定民丁充兵年限及其與受田關係者可以參證也。

　　隋文帝開皇十年(公元五九零年)詔書中有"墾田籍帳悉與民同"之語,與《北史》所載府兵初起之制兵士絕對無暇業農者,自有不同。此詔所言或是周武帝改革以後之情狀,或目府兵役屬者所墾,而非府兵自耕之田,或指邊地屯墾之軍而言,史文簡略,不能詳也。隋代府兵制變革之趨向,在較周武帝更進一步之君主直轄化即禁衛軍化,及徵調擴大化即兵農合一化而已。隋之十二衛即承魏周十二大將軍之舊,杜君卿①已言之,本爲極顯著之事,不俟贅説。所可論者,隋文帝使軍人悉屬州縣,則已大反西魏初創府兵時"自相督率,不編户貫"即兵民分立之制,其令"丁男、中男、永業、露田皆遵後齊之制"及"發使四出,均天下之田"【《隋書》貳肆《食貨志》】,雖實施如何,固有問題,然就法令形式言,即此簡略之記述或已隱括北齊河清三年規定受田與兵役關係一令之主旨,今以史文不詳,姑從闕疑。但依《通鑑》至德元年之胡注,則隋開皇三年(公元五八三年)令文與周保定元年令文"八兵丁"及"十二丁兵"顯有關係。而開皇三年令文《隋書》所載有"軍"字者,以開皇十年前軍兵不屬州縣,在形式上尚須與人民有別,故此令文中仍以軍民並列,至《北史》《通典》以及《通鑑》所載無"軍"字者,以其時兵民在事實上已無可別,故得略去"軍"字,並非李延壽、杜君卿及司馬君實任意或偶爾有所略漏明矣。

　　由是言之,開皇三年令文卻應取前此保定元年令文胡注中境

---

① 　即杜佑。

內兵民合一之義以爲解釋也。夫開皇三年境內軍民在事實上已無可別,則開皇十年以後,抑更可知,故依據唐宋諸賢李、杜、馬、胡①之意旨,豈可不謂唐代府兵之基本條件,即兵民合一者,實已完成於隋文之世耶?

岡崎教授論文之結論云:

> 隋以軍兵同於編戶云者,僅古制之復舊而已。北齊雖於法令上規定受田與兵役之關係,其實行如何,尚有問題,綜合兩方面實施者,唐之兵制也。

寅恪案:北齊法令之實施與否,於此可不論。茲所欲言者,即據上引開皇三年令文及唐宋諸賢之解釋,似可推知隋代先已實施兵民合一之基本條件,不必待李唐開國以後,方始矴行之也。又以其他法制諸端論,唐初開國之時大抵承襲隋代之舊,即間有變革,亦所關較細者,豈獨於兵役丁賦之大政,轉有鉅大之創設,且遠法北齊之空文,而又爲楊隋盛時所未曾規定行用者,遽取以實施耶?此亦與唐初通常情勢恐有未合也。然則府兵制後期之紀元當斷自隋始歟?總之,史料簡缺,誠難確知,岡崎教授之結論,要不失爲學人審慎之態度。寅恪姑取一時未定之妄見,附識於此,以供他日修正時覆視之便利云爾,殊不敢自謂有所論斷也。

總合上引史料及其解釋,試作一結論如下:

府兵制之前期爲鮮卑兵制,爲大體兵農分離制,爲部酋分屬

---

① 李、杜、馬、胡指李繁、杜佑、司馬光、胡三省。

制，爲特殊貴族制；其後期爲華夏兵制，爲大體兵農合一制，爲君主直轄制，爲比較平民制。其前後兩期分畫之界限，則在隋代。周文帝[①]、蘇綽則府兵制創建之人，周武帝、隋文帝其變革之人，唐玄宗、張說其廢止之人，而唐之高祖、太宗在此制度創建、變革、廢止之三階段中，恐俱無特殊地位者也。

　　附記：本文中所引《通典》諸條，後查得宋本與通行本並無差異，特附識於此。

---

① 即宇文泰。

讀鶯鶯傳

　　《太平廣記》肆捌捌《雜傳記類》載有<u>元稹</u>《鶯鶯傳》，即世稱爲《會真記》者也。《會真記》之名由於傳中<u>張生</u>所賦及<u>元稹</u>所續之《會真詩》。其實"會真"一名詞，亦當時習用之語。今《道藏》夜字號有<u>唐元和十年</u>（公元八一五年）進士<u>洪州施肩吾</u>【字希聖】《西山群仙會真記》五卷，<u>李竦</u>所編。【又有《會真集》五卷，<u>超然子王志昌</u>撰。】<u>姚鼐</u>以爲書中引<u>海蟾子劉操</u>，而<u>操</u>乃<u>遼燕山</u>人，故其書當是<u>金元</u>間道流依託爲之者。【見所撰《四庫書目提要》。】<u>鄙</u>意則謂其書本非<u>肩吾</u>自編，其中雜有後人依託之處，固不足怪，但其書實無甚可觀，因亦不欲多論。兹所欲言者，僅爲"會真"之名究是何義一端而已。《莊子》稱<u>關尹</u>①、<u>老聃</u>爲博大真人【《天下篇》語】，後來因有《真誥》《真經》諸名，故真字即與仙字同義，而"會真"即遇仙或遊仙之謂也。又六朝人已侈談仙女<u>杜蘭香</u>、<u>萼綠華</u>之世緣，流傳至於<u>唐</u>代，仙【女性】之一名，遂多用作妖豔婦人，或風流放誕之女道士之代稱，亦竟有以之目倡伎者。其例證不遑悉舉，即就《全唐詩》壹捌所收<u>施肩吾</u>詩言之，如《及第後夜訪月仙子》云：

　　　　自喜尋幽夜，新當及第年。

————————

① 即尹喜。

還將天上桂，來訪月中仙。

及《贈仙子》云：

　　欲令雪貌帶紅芳，更取金瓶瀉玉漿。

　　鳳管鶴聲來未足，懶眠秋月憶蕭郎。

即是一例。而唐代進士貢舉與倡伎之密切關係，觀孫棨《北里志》及韓偓《香奩集》之類，又可證知。【致堯①《自序》中"大盜入關"之語，實指黃巢破長安而言，非謂朱全忠也。震鈞所編之《年譜》②殊誤，寅恪別有辨證，兹不贅論。】然則仙【女性】字在唐人美文學中之涵義及"會真"二字之界説，既得確定，於是《鶯鶯傳》中之鶯鶯，究爲當時社會中何等人物，及微之③所以敢作此文自叙之主旨，與夫後人所持解釋之妄謬，皆可因以一一考實辨明矣。

趙德麟《侯鯖録》伍載王性之④《辨傳奇鶯鶯事》略云：

　　清源莊季裕爲僕言，友人楊阜公嘗得微之所作《姨母鄭氏墓誌》云："其既喪夫，遭軍亂，微之爲保護其家備至，則所謂傳奇者，蓋微之自叙，特假他姓以自避耳。"僕退而考微之《長慶集》，不見所謂《鄭氏誌》文。豈僕家所收未完，或別有他本爾？又微之作《陸氏姊誌》云："予外祖父授睦州刺史鄭濟。"白樂天作微之母《鄭夫人誌》，亦言鄭濟女。而唐《崔氏譜》永寧尉鵬

---

① 即韓偓。
② 《韓承旨年譜》。
③ 即元稹。
④ 即王銍。

亦娶鄭濟女。則鶯鶯者，乃崔鵬之女，於微之爲中表。正傳奇所謂鄭氏爲異派之從母者也。可驗決爲微之無疑。然必更以張生者，豈元①與張受命姓氏本同所自出耶？【原注云：張姓出黄帝之後，元姓亦然。後爲拓拔氏。後魏有國，改號元氏。】

寅恪案：《鶯鶯傳》爲微之自叙之作，其所謂張生即微之之化名，此固無可疑。然微之之所以更爲張姓，則殊不易解。《新唐書》壹貳伍《張説傳》云：

> 【武】后嘗問："諸儒言氏族皆本炎黄之裔，則上古乃無百姓乎？"

武后之語頗爲幽默。夫後世氏族之託始于黄帝者亦多矣。元氏之易爲張氏，若僅以同出黄帝之故，則可改之姓甚衆，不知微之何以必有取於張氏也。故王性之説之不可通，無俟詳辨。鄙意微之文中男女主人之姓氏，皆仍用前人著述之舊貫。此爲會真之事，故襲取微之以前最流行之"會真"類小説，即張文成《遊仙窟》中男女主人之舊稱。如後來劇曲中王魁、梅香，小説張千、李萬之比。此本古今文學中之常例也。夫《遊仙窟》之作者張文成，自謂奉使河源，於積石山窟得遇崔十娘等。其故事之演成，實取材於博望侯②舊事，故文成不可改易其真姓。且《遊仙窟》之書，乃直述本身事實之作。如：

---

① 元指元微之（元稹）。
② 即張騫。

下官答曰，前被賓貢，已入甲科。後屬搜揚，又蒙高第。

奉勅授關內道小縣尉。【寅恪案，即指寧州襄樂尉而言。】

等語，即是其例。但崔十娘等則非真姓，而其所以假託爲崔者，蓋由崔氏爲北朝隋唐之第一高門。故崔娘之稱，實與其他文學作品所謂蕭娘者相同。不過一屬江左高門，一是山東甲族。南北之地域雖殊，其爲社會上貴婦人之泛稱，則無少異也。又楊巨源詠元微之"會真"事詩【《全唐詩》第壹貳函楊巨源《崔娘詩》，當即從《鶯鶯傳》錄出】云：

清潤潘郎玉不如，中庭蕙草雪消初。

風流才子多春思，腸斷蕭娘一紙書。

楊詩之所謂蕭娘，即指元《傳》之崔女，兩者俱是使用典故也。儻泥執元《傳》之崔姓，而穿鑿搜尋一崔姓之婦人以實之，則與拘持楊詩之蕭姓，以爲真是蘭陵之貴女者，豈非同一可笑之事耶？【鶯鶯雖非真名，然其真名爲複字，則可斷言。鄙意唐代女子頗有以"九九"爲名者。如《才調集》伍及《全唐詩》第壹伍函元稹貳柒詩中有《代九九》一題，即是其例。"九九"二字之古音與鶯鳥鳴聲相近，又爲複字，故微之取之，以暗指其情人，自是可能之事。惜未得確證，姑妄言之，附識於此，以博通人之一笑也。】

又觀於微之自叙此段因緣之別一詩，即《才調集》伍《夢遊春》云：

昔歲夢遊春，夢遊何所遇。

夢入深洞中，果遂平生趣。

　　清泠淺漫流，畫舫蘭篙渡。

　　過盡萬株桃，盤旋竹林路。

及白樂天和此詩【《白氏長慶集》壹肆】云：

　　昔君夢遊春，夢遊仙山曲。

　　怳若有所遇，似愜平生欲。

　　因尋昌蒲水，漸入桃花谷。

則似與張文成所寫《遊仙窟》之窟及其桃李澗之桃亦有冥會之處。蓋微之襲用文成舊本，以作傳文，固樂天之所諗知者也，然則世人搜求崔氏家譜以求合，僞造《鄭氏墓誌》以證妄，不僅癡人說夢爲可憐，抑且好事欺人爲可惡矣。

　　夫鶯鶯雖不姓崔，或者真如傳文所言乃鄭氏之所出，而微之異派從母之女耶？據《白氏長慶集》貳伍《唐河南元府君夫人滎陽鄭氏【即微之之母】墓誌銘》略云：

　　夫人父諱濟，睦州刺史，夫人睦州次女也。其出范陽盧氏。天下有五甲姓，滎陽鄭氏居其一。鄭之勳德官爵有國史在，鄭之源流婚媾有家牒在。

　　夫諛墓之文縱有溢美，而微之母氏出於士族，自應可信。然微之《夢遊春》詩叙其與鶯鶯一段因緣有：

　　我到看花時，但作懷仙句。【此指《才調集》伍、《全唐詩》第壹伍函元稹貳柒《雜憶五首》詩言。】

　　浮生轉經歷，道性尤堅固。

　　近作夢仙詩【寅恪案，此指《才調集》伍、《全唐詩》第壹伍函元稹貳柒《夢昔時》詩言。所謂仙者，其定義必如上文所言乃妖冶之婦人，非高門之莊女可知也】，亦知勞肺腑。

> 一夢何足云，良時事婚娶。

之語，白樂天和此詩，其序亦云：

> 重爲足下陳夢遊之中所以甚感者，叙婚仕之際所以至感者。

其詩復略云：

> 心驚睡易覺，夢斷魂難續。
>
> 鸞歌不重聞，鳳兆從茲卜。
>
> 韋門女清貴，裴氏甥賢淑。

又《韓昌黎集》貳肆《監察御史元君妻京兆韋氏夫人【即微之元配】墓誌銘》略云：

> 僕射[韋夏卿]娶裴氏皋女，皋父宰相耀卿。夫人於僕射爲季女，愛之，選壻得今御史河南元稹。銘曰：
>
> 詩歌《碩人》，爰叙宗親。
>
> 女子之事，有以榮身。
>
> 夫人之先，累公累卿。
>
> 有赫外祖，相我唐明。

據元白之詩意，俱以一夢取譬於鶯鶯之因緣，而視爲不足道。復觀昌黎之誌文，盛誇韋氏姻族之顯赫，益可見韋叢與鶯鶯之差別，在社會地位門第高下而已。然則鶯鶯所出必非高門，實無可疑也。唐世倡伎往往謬託高門，如《太平廣記》肆捌柒《雜傳記類》蔣防所撰《霍小玉傳》略云：

　　大歷中隴西李生名益，以進士擢第。其明年拔萃，俟試於
天官。夏六月至長安，每自矜風調，思得佳偶，博求名妓，久而
未諧。長安有媒鮑十一娘至曰，有一仙人【寅恪案，此即唐代
社會之所謂仙人也】謫在下界。生問其名居，鮑具說曰，故霍
王小女，字小玉，王甚愛之。母曰淨持，即王之寵婢也。王之
初薨，諸弟兄以其出自賤庶，不甚收錄。因分與資財，遣居於
外，易姓爲鄭氏。

及范攄《雲溪友議》上“舞娥異”條【參《唐語林》肆《豪爽類》】略云：

　　李八座翱潭州席上有舞柘枝者，匪疾而顏色憂悴。詰其
事，乃姑蘇臺韋中丞愛姬所生之女也。【原注：夏卿之胤，正卿
之姪。寅恪案，微之妻父韋夏卿事蹟可參《呂和叔文集》陸《韋
公神道碑》，而兩《唐書》韋夏卿本傳俱不甚詳也。考韋夏卿卒
於元和元年（公元八零六年），李翱之爲湖南觀察使在大和七、
八年（公元八三三、八三四年），相去二十八九年，即使此人真
爲夏卿之遺腹女，其年當近三十矣。豈唐代亦多如是之老大
舞女耶？可發一笑。】亞相[李翱]曰：“吾與韋族其姻舊矣。”遂
於賓榻中選士而嫁之也。

皆是其例。蓋當日之人姑妄言之，亦姑妄聽之。並非鄭重視之，以
爲實有其事也。

　　若鶯鶯果出高門甲族，則微之無事更婚韋氏。惟其非名家之
女，舍之而別娶，乃可見諒於時人。蓋唐代社會承南北朝之舊俗，
通以二事評量人品之高下。此二事，一曰婚，二曰宦。凡婚而不娶

名家女，與仕而不由清望官，俱爲社會所不齒。此類例證甚衆，且爲治史者所習知，故茲不具論。但明乎此，則微之所以作《鶯鶯傳》，直叙其自身始亂終棄之事跡，絕不爲之少慙，或略諱者，即職是故也。其友人楊巨源、李紳、白居易亦知之，而不以爲非者，舍棄寒女，而別婚高門，當日社會所公認之正當行爲也。否則微之爲極熱中巧宦之人，值其初具羽毛，欲以直聲升朝之際，豈肯作此貽人口實之文，廣爲流播，以自阻其進取之路哉？【見《校補記》第十二則】

　　復次，此傳之文詞亦有可略言者，即唐代貞元、元和時小説之創造，實與古文運動有密切關係是也。其關於韓退之者，已別有論證，茲不重及。其實當時致力古文，而思有所變革者，並不限於昌黎一派。元、白二公，亦當日主張復古之健者。不過宗尚稍不同，影響亦因之有別，後來遂湮没不顯耳。

　　《舊唐書》壹陸陸《元稹白居易合傳》論略云：

　　　　史臣曰，國初開文館，高宗禮茂才。虞、許①擅價於前，蘇、李②馳聲於後。或位昇台鼎，學際天人，潤色之文，咸布編集。然而向古者，傷於太僻。徇華者，或至不經。齷齪者，局於宫商。放縱者，流於鄭、衛。若品調律度，揚榷古今，賢不肖皆賞其文，未如元、白之盛也。昔建安才子，始定霸於曹、劉③。永

---

① 指虞世南、許敬宗。
② 指蘇味道、李嶠。
③ 指曹植、劉楨。

明辭宗，先讓功於沈、謝①。元和主盟，微之、樂天而已。臣觀元之制策，白之奏議，極文章之壺奧，盡治亂之根荄。

贊曰，文章新體，建安、永明。沈、謝既往，元、白挺生。

寅恪案：《舊唐書》之議論，乃代表通常意見。觀於韓愈，雖受裴度之知賞，而退之之文轉不能滿晉公②之意。【見《唐文粹》捌肆裴度《寄李翱書》。】及《舊唐書》壹陸拾《韓愈傳》，於其爲文，頗有貶詞者，其故可推知矣。是以在當時一般人心目中，元和一代文章正宗，應推元、白，而非韓、柳。與歐、宋重修《唐書》時，其評價迥不相同也。

又《元氏長慶集》肆拾《制誥序》云：

元和十五年（公元八二零年）余始以祠部郎中知制誥，初約束不暇及。後累月輒以古道干丞相，丞相信然之。又明年召入禁林，專掌內命。上好文，一日從容議及此。上曰："通事舍人不知書，便其宜，宣贊之外無不可。"自是司言之臣，皆得追用古道，不從中覆。然而余所宣行者，文不能自足其意，率皆淺近，無以變例，追而序之，蓋所以表明天子之復古，而張後來者之趣向耳。

《全唐詩》第壹陸函白居易貳叁【汪立名本《白香山詩後集》陸】《微之整集舊詩及文筆爲百軸，以七言長句酬樂天，樂天次韻酬之。

---

① 指沈約、謝朓。
② 即裴度。

餘思未盡,加爲六韻》詩云:

> 制從長慶詞高古。

自注云:

> 微之長慶初知制誥,文格高古。始變俗體,繼者效之也。

寅恪案:今《白氏長慶集》中書制誥有"舊體""新體"之分別。其所謂"新體",即微之所主張,而樂天所從同之復古改良公式文字新體也。

《唐摭言》伍"切磋"條略云:

> 韓文公著《毛穎傳》,好博簺之戲。張水部①以書勸之曰:"比見執事多尚駁雜無實之說,使人陳之於前以爲歡。此有以累於令德。"

《毛穎傳》者,昌黎摹擬《史記》之文,蓋以古文試作小說,而未能甚成功者也。微之《鶯鶯傳》,則似摹擬《左傳》,亦以古文試作小說,而真能成功者也。蓋《鶯鶯傳》乃自叙之文,有真情實事。《毛穎傳》則純爲遊戲之筆,其感人之程度本應有別。夫小說宜詳,韓作過簡。《毛穎傳》之不及《鶯鶯傳》,此亦爲一主因。觀《昌黎集》中尚別有一篇以古文作小說而成功之絕妙文字,即《石鼎聯句詩序》【《昌黎集》貳壹】。朱子《韓文考異》陸論此篇云:

> 今按方本簡嚴,諸本重複。然簡嚴者,似於事理有所未盡,而重複者,乃能見其曲折之詳。

---

① 即張籍。

《白氏長慶集》貳《和答詩序》云：

> 頃者在科試間常與足下【微之】同筆硯。每下筆時，輒相
> 顧語，患其意太切，而理太周。故理太周則辭繁，意太切則言
> 激。然與足下爲文，所長在於此，所病亦在於此。足下來序果
> 有詞犯文繁之説。今僕所和者，猶前病也。待與足下相見日，
> 各引所作，稍删其繁而晦其義焉。

據此，微之之文繁，則作小説正用其所長，宜其優出退之之
上也。

唐代古文運動鉅子，雖以古文試作小説，而能成功，然公式文
字，六朝以降，本以駢體爲正宗。西魏、北周之時，曾一度復古，旋
即廢除。在昌黎平生著作中，《平淮西碑文》【《昌黎集》叁拾】乃一篇
極意寫成之古文體公式文字，誠可稱勇敢之改革，然此文終遭廢
棄。夫段墨卿之改作【《唐文粹》伍玖】，其文學價值較原作如何及
韓文所以磨易之故，乃屬於別種問題，兹不必論。惟就改革當時公
式文字一端言，則昌黎失敗，而微之成功，可無疑也。至於北宋繼
昌黎古文運動之歐陽永叔①爲翰林學士，亦不能變公式文之駢體。
司馬君實②竟以不能爲四六文，辭知内制之命。然則朝廷公式文體
之變革，其難若是。微之於此，信乎卓爾不群矣。

復次，《鶯鶯傳》中張生忍情之説一節，今人視之既最爲可厭，

---

① 即歐陽修。
② 即司馬光。

亦不能解其真意所在。夫微之善於爲文者也，何爲著此一段迂矯議論耶？考趙彥衞《雲麓漫鈔》捌云：

> 唐之舉人先藉當世顯人，以姓名達之主司，然後以所業投獻，踰數日又投，謂之温卷。如《幽怪録》、傳奇等皆是也。蓋此等文備衆體，可以見史才、詩筆、議論。

據此，小説之文宜備衆體。《鶯鶯傳》中忍情之説，即所謂議論。《會真》等詩，即所謂詩筆。叙述離合悲歡，即所謂史才。皆當日小説文中，不得不備具者也。

至於傳中所載諸事跡經王性之考證者外，其他若普救寺，寅恪取道宣《續高僧傳》貳玖《興福篇・唐蒲州普救寺釋道積傳》，又渾瑊及杜確事，取《舊唐書》壹叄《德宗紀》貞元十五年（公元七九九年）十二月庚午及丁酉諸條參校之，信爲實録。然則此傳亦是貞元朝之良史料，不僅爲唐代小説之傑作已也。

附：校補記十二

抑更有可論者，近人據《新唐書》貳佰叄《崔元翰傳》略云：

> 崔元翰名鵬，以字行，舉進士，博學宏辭，賢良方正，皆異等。義成李勉表爲幕府，馬燧更表爲太原掌書記，召拜禮部員外郎，竇參秉政，引知制誥，罷爲比部郎中，時已七十餘。卒。

王性之據《崔氏譜》云永寧尉鵬，亦娶鄭濟女。則鶯鶯者乃崔鵬女，於微之爲中表。應推得一結論謂鶯鶯即崔元翰女。檢宋子京作《新唐書・崔元翰傳》，實採用《權載之文集》叄叄《唐尚書比部郎中博陵崔元翰文集》序。【參姚鉉《唐文粹》玖貳及《全唐文》肆捌玖。】其文云：

> 考某，以經明歷衛州汲縣尉，虢州湖城主簿。親沒，遂不復仕。[元翰]洎博學宏詞。直言極諫，凡三登甲科，名動天下。初自典校秘書，連辟汴公、北平王司徒府，管奏記之職，歷太常寺協律郎，大理評事，錫以命服登朝，爲太常博士，禮部員外郎。貞元七年春，轉職方員外郎，知制誥。八年冬，罷爲比部郎中。十一年夏，寢疾不起。

夫權氏《崔元翰集序》載元翰父良佐及元翰本人所歷官職極爲詳盡。《崔氏譜》謂崔鵬爲永寧尉，與權氏所載元翰父及元翰本身所歷官職皆不符合。故鶯鶯之非良佐或元翰之女可知。至元翰之所以改其初名鵬，而以字行者，乃特避其族人中之同名耳。又《新唐書》柒貳下《宰相世系表》有清河崔鵬之名，今《全唐文》捌佰肆有崔鵬之文一篇，但此崔鵬爲懿宗咸通時人，實與王性之所謂永寧尉崔鵬者絕無關係。由是言之，《新唐書·崔元翰傳》採用權德輿《崔元翰文集序》，不但可以證明鶯鶯非元翰之女，亦可推知《崔氏譜》之永寧尉崔鵬實與鶯鶯絕無關涉也。

收入《元白詩箋証稿》

圖書在版編目(CIP)數據

陳寅恪六朝隋唐史論/陳寅恪著;熊存瑞編校.—
上海:上海人民出版社,2024
ISBN 978‑7‑208‑16821‑3

Ⅰ.①陳… Ⅱ.①陳…②熊… Ⅲ.①中國歷史‑研
究‑六朝時代 ②中國歷史‑研究‑隋唐時代 Ⅳ.
①K237.07 ②K240.7

中國版本圖書館 CIP 數據核字(2020)第 223284 號

責任編輯 吕 晨
封面設計 何 浩
内文設計 朱雲雁

陳寅恪六朝隋唐史論

陳寅恪 著

熊存瑞 編校

出　版　上海人民出版社
　　　　　(201101 上海市閔行區號景路 159 弄 C 座)
發　行　上海人民出版社發行中心
印　刷　浙江新華數碼印務有限公司
開　本　890×1240 1/32
印　張　13.5
插　頁　5
字　數　264,000
版　次　2024 年 8 月第 1 版
印　次　2024 年 8 月第 1 次印刷
ISBN 978‑7‑208‑16821‑3/K·3023
定　價　92.00 圓